GUAGUASÍ

ANDRÉS HERNÁNDEZ-ALENDE
JORGE RONET

Guaguasí:

los símbolos del delirio

BIBLIOTECA CUBANA CONTEMPORÁNEA
Serie Cine

© *Guaguasí* es un largometraje propiedad de Bolero Films, República Dominicana.
© Derechos reservados del guión de *Guaguasí*, Jorge Ulla, USA, 1979.
© Derechos reservados de este libro propiedad de Jorge Ronet y Andrés Hernández-Alende, 1986.
A través de EDITORIAL PLAYOR, 1986.
Dirección postal: Apartado 50.869. Madrid.
Dirección oficina central: Santa Clara, 4.
28013 Madrid. Tel. 241 28 02.
Diseño de cubierta: J. A. Pérez Fabo.
Depósito legal: M-19084-1986.
ISBN: 84-359-0452-0.
Impreso en España / Printed in Spain.
Talleres Gráficos Peñalara.
Ctra. Villaviciosa a Pinto, km. 15,180.
Fuenlabrada (Madrid).

ÍNDICE

LA FÁBULA	11
ADVERTENCIA	13
EL CLAVO DE DUMAS: LOS SÍMBOLOS DEL DELIRIO	17
GUAGUASÍ	35
REPARTO	194
FICHA TÉCNICA	195
24 POR SEGUNDO	197
ENTREVISTAS	209
Ramón Suárez: el sitio de las luces	211
Gloria Piñeyro: la artesana	221
Matacena: el actor se prepara	227
Danilo Bardisa: Tribulaciones y ventajas del «cine de la miseria»	233
Chico O'Farrill: poniéndole ritmo al caos	240
Julio Matilla: la recreación del mito	252
Jorge Ulla: la realidad es un truco de la imaginación	260
ATAQUES Y CONTROVERSIAS	277
MANERAS DE VER	289
CASI CONFIDENCIAL	305
¡VIVA MARINA! GUAGUASÍ O LA DOLCE HABANA DE JORGE ULLA	311
AGRADECIMIENTOS	323
CRÉDITOS FOTOGRÁFICOS	324
FICHAS BIOGRÁFICAS DE ANDRÉS HERNÁNDEZ-ALENDE Y JORGE RONET	325

... Pero a mí la verdad que me gusta estar de aparejo con la gente.

GUAGUASÍ

... Todo hombre puede ser útil a la revolución, Moya, aunque te parezca el hombre menos importante...

MONTIEL

Tienes que cavilar, asere... Aquí también hay que pegar... La Habana no es solamente pa'l relajito.

MOYA

... No vayas a creer que yo hago esto con todo el mundo... Yo para estar con un hombre tiene que gustarme mucho, gustarme de verdad; además tiene que haber algo... tú sabes, algo espiritual entre nosotros.

MARINA

... El imperialismo, utilizando los grandes monopolios cinematográficos, sus agencias cablegráficas, sus revistas, libros y periódicos reaccionarios, acude a las mentiras más sutiles para sembrar el divisionismo...

FIDEL CASTRO

Para Guillermo Cabrera Infante y su esposa Miriam Gómez, por quienes siempre me he sentido tan estimulado espiritual y literariamente. Especialmente por la época en que tanto me ayudaron en Londres en 1971.

JORGE RONET

A la ciudad de La Habana, donde nací y me crié, y que no sé por qué siempre me recuerda a esas mujeres misteriosas de las que uno se enamora en el andén del Metro o en una revista.

ANDRÉS HERNÁNDEZ-ALENDE

La fábula

Guaguasí es una historia hermosa pero terrible que transcurre en una isla una vez idílica. Esta fábula muestra el ascenso de una versión cubana del *noble salvaje* en su trayecto hacia la «conciencia social». Pero su alma sencilla se ve primero degradada y luego virtualmente obliterada al involucrarse en la lucha por el poder totalitario: si bien él es capaz de ofrecerla y protegerla, resulta incapaz de prever su corrupción.

Moraleja de la fábula: el poder corrompe, pero los campesinos en el poder se corrompen bestialmente.

Filmada en asombrosas imágenes de un esplendor gauguinesco, esta película realizada con modestos recursos expone toda la sucia trastienda detrás de la primitiva belleza de una isla tropical, Cuba, donde el hombre acecha en su estado más perverso: un depravado predator político detrás de su presa siempre a su alcance. Aquel que corrompe tiene su habitat aquí, donde también mora aquél que es corrompido, el pacífico, ingenuo Guaguasí, el guajiro que termina por convertirse en un asesino profesional en el proceso.

Como el *Huracán* de John Ford, esta película de nombre exótico revela que el paraíso en la tierra es precisamente el lugar ideal para construir el infierno.

G. CABRERA INFANTE

ADVERTENCIA

El film *Guaguasí*, de Jorge Ulla, es el primer logro importante de un ala potencialmente grande de la cinematografía contemporánea: cine norteamericano en idioma español. Se trata de un trabajo de gran seriedad, impecable profesionalismo y amplia apelación tanto para los públicos hispanos como para los de habla inglesa, creo yo.

Aunque los realizadores de *Guaguasí* son en todo sentido independientes e inconformistas, la película tiene virtudes del cine comercial; quiero decir, pensando por ejemplo en John Ford, la tradición *hollywoodense* de una narrativa a escala épica.

Guaguasí triunfa al entregarnos una visión compleja del momento revolucionario épico *(ALGO QUE NO LE PERDONARÁN LOS PENCOS POLITIZADOS)*, y porque nos cuenta una historia inquietante y conmovedora sobre la inocencia sexual y la corrupción.

Yo le deseo a esta película humana, nada dogmática y hermosa, la impresionante carrera que se merece.

SUSAN SONTAG

**El clavo de Dumas:
los símbolos del delirio**

Andrés Hernández-Alende

Un discurso contra-histórico

No. *Guaguasí* no pretende ser la Historia. Ulla opta por situarse *al borde* de la historia y decide tratarla con minúscula. Su film es una exploración personal que se inspira y nutre de la *memoria colectiva*.

La revolución no se esboza como hecho determinantemente fatalista en sí mismo. El designio siniestro que la va permeando insidiosamente proviene de cierto sentido de la vida que carece de bandera política. A pesar del refrescante humor de la película, *Guaguasí* es también una dramática reflexión en torno a un criterio de su autor sobre la circularidad de la vida como fuente simultánea de encanto y desencanto.

Cuba, la guerrilla, la revolución, el lenguaje cubano en sus diferentes manifestaciones, son apenas catalizadores de los que el director extrae *signos* y *significadores* que pasan a formar parte de una estrategia narrativa más ambiciosa.

Para lograr este propósito, la película parece pugnar con la historia «en un empeño por des-historizarse» *. Más que los hechos (llamados) reales, al realizador le interesa una especulación a partir de la cual puede elaborar un «mundo propio» que, misteriosamente, terminará por ser fiel a la realidad.

Los recuerdos e impresiones del proceso cubano *per se* serían insuficientes para Ulla de no formar parte de un discurso narrativo más profundo y significante. Para él, Cuba puede ser anécdota, la revolución episodio; en cambio, las constantes de la precariedad del individuo constituyen la verdadera temática perdurable.

* Entrevista con el director.

Definir la realidad es, para él, imposible, pero también innecesario. Entiende la realidad como *apariencia* («es un truco de la imaginación que muchas veces sale mal», dice en su entrevista) y esta creencia en la «apariencia de realidad» es, en sí misma, una *declaración de escepticismo*.

Ulla es marxista. Lo es en el sentido que comprende que el ser humano hace su propia historia, aunque *no* en circunstancias que él determina. Pero es un *marxista escéptico* en el sentido que sus «tropos» no se quedan encerrados dentro de un esquema estructural estrictamente marxista. Prefiere organizar su *experiencia de ver* de una manera más dispersa y plural. Se monta una estructura abierta —tan libre como cohesiva— para tratar de dar una visión alterna de la historia.

La historicidad para él no es «artículo de fe». Por eso no evangeliza. Su axioma es dudar. Y si queda alguna certeza, ésta se basa en la complejidad del hombre.

Como resultado, *Guaguasí* es un revolucionario *discurso contra-histórico,* al centro del cual hay una visión microcósmica del poder de destrucción inherente a la condición humana y un poético rechazo a todas las encarnaciones del poder.

Guaguasí utiliza la revolución cubana como trayecto o simple carretera para emprender ese milenario viaje del artista en busca de sí mismo a través de los *semas* de su gente. Es el viaje del artista incontaminado por la política o presto a descontaminarse de ella. El conflicto castrista, por ejemplo, será sólo un pretexto del film, una pauta para crear algo nuevo. De este, Ulla y sus co-guionistas (Matacena y Hernández) han tomado el caos nihilista de los últimos días del dictador Batista y los primeros tiempos del ya largo período fidelista para configurar, con la arcilla de dichos instantes convulsivos, sus inconvencionales arquetipos, sus héroes atípicos.

Guaguasí de Tarascón

Decía Alphonse Daudet en *Tartarín de Tarascón* que el sol del *Midi,* ese fuerte sol del sur de Francia, afecta a los hombres y los induce a la exageración, a la hipérbole. La pequeña planta criada en maceta por Tartarín se convertía —bajo la acción de este sol mediterráneo— en gigantesco —y auténtico— baobab. La inocente y nada riesgosa distracción dominguera de disparar cartuchos contra gorras lanzadas al aire (¿habrá sido Tartarín el precursor del *skeet?*) se transformaba en emocionante cacería, más agobiante aún por el calor de este sol de marras; se hacía jornada plena de aventura y esfuerzo, entre el estrépito de las escopetas y el humo de la pólvora.

Si el sol del *Midi* convierte el acto de pararse en jarras frente a un león encerrado a cal y canto en su jaula, en heroica hazaña, y transforma a un torpe burgués que no se aventura más allá de los arrabales de Argel, en intrépido Stanley, ¿qué espejismos no será capaz de crear, entonces, ese sol del Caribe, más ardiente que ninguno, ese sol a cuyo lado el del *Midi* es una opaca bombilla? ¿Cómo se verán los hombres en medio de esta cortina de rayos cegadores? ¿Qué trabajo de Hércules no será cualquier empeño un poco fuera de lo común? ¿En qué epopeya de Jenofonte no se convertirá cualquier escapada de un puñado de delirantes? ¿En qué carga de la Brigada Ligera no devendrá un tiroteo de esquina?

La gran hipérbole caribeña del 59 en Cuba habría sido inagotable tintero para la pluma de Daudet. Bajo el mágico toque de nuestro sol, bajo esa ardiente luz reverberante que aumenta las cosas como espejo de parque de atracciones, la revuelta contra el dictadorzuelo Batista, las escaramuzas en la Sierra, alguna que otra acción urbana de limitada relevancia, adquieren la magnitud de «guerra» revolucionaria. No por gusto la cámara de Ramón Suárez usa este sol como protagonista estacionario, como luz de fiebre a la que Guillermo Cabrera Infante ha descubierto un «esplendor casi gauguinesco». En la temática múltiple de *Guaguasí* figura este aspecto de la *desmesura histórica* en el largo avatar cubano. ¿Es esta proclividad a lo desmesurado un rasgo del subdesarrollo? ¿Es acaso un ardoroso signo tropical? ¿O una constante histórica cuyos antecedentes podrían remontarse a los componentes culturales de la hispanidad? La respuesta parcialmente afirmativa a cada una de estas interrogantes no es lo que parece preocupar a Ulla. Su reflexión en este sentido es para apuntar, sutilmente, la persistencia de esta desmesura y la manera en que la irreflexión colectiva ha abortado soluciones más temperadas. El fenómeno de la super-historia aparece en *Guaguasí* como una superstición que apela a la naturaleza pueril de las masas y que siempre termina siendo provechosa para la minoría que controlará el poder.

Guaguasí sitúa a esa revolución cubana, tan polémica, en su verdadera dimensión. Ahora puedo contestar a lo que cierta vez me dijeron en Madrid: «pero ustedes también sufrieron una guerra civil». ¿Guerra civil? Veamos. Las guerrillas de las dos sierras nunca alcanzaron la importancia del Viet-Cong. Ni la furia del M-19 colombiano. Ni el vigor de los Montoneros de Argentina. Ni la cólera de los Tupamaros de Uruguay. Resulta especialmente curioso que Cuba haya aportado supuestos «moldes» de insurgencia a América Latina cuando, en realidad, la trifulca criolla del 59 fue un suceso mucho más modesto.

La «puericia de los quimeristas»

Léase: el infantilismo de los ilusos. Ya Carlos Alberto Montaner ha señalado el valor desmitificador de *Guaguasí* que se contrapone a la leyenda que los propagandistas de la revolución cubana (Fidel Castro el primero) han forjado en torno a esa contienda. El film rompe esa aureola romántica y esto, como ha advertido brillantemente Susan Sontag, «es algo que no le perdonarán los pencos politizados». Todavía hoy —al comienzo de 1986— la *visión romántica* de la revolución cubana es una realidad de consumo externo que muchos extranjeros han aceptado, «como la existencia del unicornio» *. Esta contumaz defensa está pasada de moda, claro, pero se explica.

---

* Entrevista con el director.

Primero, están los proselitistas del régimen cuya atadura puede ser de índole i(deo)lógica o lucrativa. Luego están aquellos que defienden el precario modelo cubano proyectando la frustración que sienten con el tipo de gobierno existente en sus países: en estos se produce una caprichosa fantasía antitética. Por último, está el grupo de aquellos que no pueden relacionar la experiencia *totalitaria* de la izquierda porque no han pasado por ella y en los que se produce la curiosa contradicción de desear para otros aquella «solución a medias» que sería incompatible con ellos y sus tradiciones civilizadas para la promoción del desarrollo.

Estrategias ideológicas y narrativas en Guaguasí

Relato e ideología están indivisiblemente unidos en *Guaguasí*. El cinismo ante la historia no excluye una conciencia histórica. Ulla reconoce las *determinantes* sociales, políticas, culturales y económicas, y las identifica, codifica y comenta a través de las actitudes de sus personajes. Como Dickens, no escatima en caracteres y arriesga a veces la cohesión de su trama principal con la introducción de sub-tramas. Estas historias paralelas pueden distraer a cierto espectador. No hay duda que desde un punto de vista estrictamente cinematográfico ellas constituyen el mejor reproche a *Guaguasí* —teniendo en cuenta que Hollywood nos ha «conditioned»—, pero sin la introducción de las mismas el realizador no habría podido llevar a cabo una de sus más importantes estrategias ideológicas: la de quintaesenciar los componentes de la sociedad cubana. Aquí está la sanción caricaturesca a una burguesía que practicaba el egoísmo y la idiotez política como quien juega *backgammon*, y una clase media políticamente impreparada, emocionalmente subdesarrollada, que se aferraba a los finales felices, como en las películas norteamericanas de los 50. Carlos Alberto Montaner ha descrito a Ulla como «la pupila azorada que estaba allí». La revolución llega a él cuando cuenta menos de quince (aventajados) años. Como él mismo afirma, es una Cuba que se ha «construido *a escala*». Esto explica también su *distanciamiento brechtiano*.

Otra estrategia ideológica del realizador está en la arquitectura de todo un andamiaje culto en torno a un relato *naif*. Una sinopsis inmediata del film excluiría, injustamente, algunas de sus principales formulaciones. A la vez, esta apertura a múltiples lecturas hace que la película sea muy accesible popularmente hablando. El nivel culto de la película —más allá de «la inclinación filosófica» que le descubrió *Variety*— está en la manera en que se interrelacionan los textos, los elementos de la cultura popular cubana, y en la forma en que el relato central y las sub-tramas paralelas se ven «informados» por una constante de semas, fragmentos, voces, canciones y anuncios. La película emplea, por ejemplo, cuatro niveles de lenguaje:

1. El habla popular cubana, arbitraria e incongruente. Ésta arrastra una tradición oral de subjetividad y es un reflejo del bajo nivel de educación predominante en el país; el lenguaje, prácticamente como instrumento secundario de expresión —mera apoyatura de lo gestual—, produce una voz contradictoria casi dadaísta.

2. El lenguaje de la mediaburguesía como instrumento para rechazar y guarecerse de *los peligros del cambio*, una voz que perpetúa y justifica males ancestrales sin el menor sonrojo.

3. El lenguaje de la clase media como voz de un indefinido estadio social; una clase de difusos parámetros que carece de una imagen de sí. Sin un entrenamiento democrático, por otra parte, desconoce y sufre de la ausencia de mecanismos institucionales en el país. Es un lenguaje retórico e incauto que tiende tanto a la idealización como a la idolización. Es (fue), en el mejor de los casos, «una voz que clama en el desierto».

4. El lenguaje marxista. En la voz de Fidel Castro es una mezcla ecléctica y demagógica de superchería social, política y económica. Ulla asigna a varias escenas esta voz (la máxima voz) que retumba en su delirio alucinante: el gran fidelista es,

por supuesto, el gran dadaísta marxista-leninista. Sin embargo, el personaje de Raúl en la película (que *no* es Raúl Castro, por supuesto) es la voz más coherente en *Guaguasí*. Va a lo suyo: la toma del poder.

Estrategias audio-visuales en Guaguasí

Así como *Guaguasí* prescinde de una narrativa clásica, el relato central, cercado por las sub-tramas que se yuxtaponen y contribuyen a conformar el cosmos del personaje, se ve alterado constantemente por estrategias audiovisuales.

El montaje —en definición más cerca de D. W. Griffith que de S. Eisenstein— es recurso constante en la película. Ulla organiza un juego de rupturas que estimula la relación mesianista-marxista entre lo *lineal-histórico* y lo *mixtilíneo-arbitrario* de cualquier proceso humano.

Cortes bruscos. / Música que comienza / y termina abruptamente. / Ernestico bosteza como un hipopótamo / mientras Raúl está sumido en sus reflexiones político-filosóficas (¿y qué otra cosa hace la gente —para sus adentros, desde luego— en los *círculos de estudio* de los CDR*, que se imparten —¡encima!— por la noche?)

Sin embargo, Ulla parece favorecer el MASTER SHOT en oposición al CLOSE UP. Muchas escenas parecen resolverse dentro de su inicial «encuadre maestro», sin acercamientos para subrayar. Esta economía de «planos cerrados» parece ser producto de tres razones:

1. Una manera de ver, una opción estético-narrativa: el drama está en la interacción que se logre dentro del encuadre.

2. Cierta impericia del realizador hace que, al estrenarse, limite su estrategia composicional en su primer largometraje. Su uso del *long take* es también la manera de hallar su propia sintaxis. Esta búsqueda se vuelve entrenamiento.

---

* Comité de Defensa de la Revolución.

3. Cuestión de presupuesto. Cada acercamiento *(CLOSE UP)* implica tiempo/dinero que toma reemplazar luces, situar cámara, cambiar de ángulo, etc.

Ya fuera «suerte o verdad», el realizador apostó bien: la totalidad visual del film —su efecto panóptico— es de una estilización sobresaliente que combina lo *real caribeño* y un cierto manerismo que se alimenta del cine, la pintura, la fotografía, la escultura, filtrados por el entorno cubano. ¿Cómo variará la *mise-en-scène* de este director? Cosa del futuro. Por ahora, se le puede reconocer que ha hecho un film que no nos manipula visual/emocionalmente, una película que pone a trabajar al espectador.

En su aspecto auditivo, *Guaguasí* propone un constante contrapunto a la imagen. Este contrapunto discurre tanto·en la zona psíquica del film como en sus áreas más obvias. He aquí una posible descomposición auditiva:

1. El campo. Está respaldado por una ingenua música lírica, pastoral, criolla. Esta música llega a intoxicar ilusoriamente la imagen pastoral y contribuye a trasmitir ciertos valores inherentes a la isla. Es música para Alberto-Guagua-sí.

2. La ciudad. Recibe un tratamiento diferente. Aquí, Arturo O'Farrill construye una base de *jazz afro-cubano* de manifestaciones diversas. Exteriormente, exalta la vitalidad habanera y define el imperio de la locura colectiva. Es una música de influencia norteamericana: mundana a veces, sutilmente psicologista otras. Sirve de contrapunto antitético al proceso, pero es, definitivamente, música para el poderoso personaje de Marina.

3. Discursos políticos de Fidel Castro. Estos, al igual que los ruidos, funcionan como elementos de oclusión. Castro —motor de la revolución— no puede parar.

4. Los ruidos. Perturbadores y constantes repercuten en el comportamiento de la gente y marcan momentos de fractura ontológica en la trama: voces en aeropuertos, altoparlantes, motocicletas promiscuamente yuxtapuestas a diálogos y silencios.

5. Canciones populares. El colapso del presente se ve

acompañado por las canciones del pasado: se entrelazan a personajes y momentos cruciales como un invisible y persistente protagonista onírico.

La gente no es de película

El dilema *libertad/dominación/uso* en las relaciones humanas es axiológico en *Guaguasí*. Estos no son meros personajes de película. Primero que todo, Guaguasí y Moya. El guajiro ignorante «del medio del monte» que, bajo la dirección de su mentor Moya, se une a los rebeldes por embullo, se queda en La Habana por deslumbramiento, y sigue formando parte del ejército por *comemierda*. Y Moya, el «vivo», el rey de la calle, el jodedor cubano, más ansioso de diversión que de poder, pero consciente de que para participar en el banquete «hay que mojarse las nalgas». Curiosa pareja. Otelo y Yago. Laurel y Hardy. César y Antonio. Pinocho y Pepe Grillo. En otro ambiente, claro, bajo otras circunstancias, con otros valores y a otras revoluciones-por-minuto. Moya es quien bautiza al guajiro Alberto como Guaguasí. Y Moya es guagüero, chofer de ómnibus, el que maneja la guagua. Dirigirá a Alberto con la misma habilidad con que conducía la ruta 4 por Mantilla *. Porque Alberto, con su disfraz verde olivo de heroico soldado rebelde, jamás sabrá las implicaciones del chanchullo en que se ha metido y se dejará llevar por la corriente de una revolución que —como le dice Marina— él no entiende. ¿Qué promesa puede haber en estos hombres para el Tercer Mundo? ¿Será cierto lo que dice Cabrera Infante sobre la fábula de Guaguasí: «los campesinos en el poder se corrompen bestialmente»?

De todas maneras, existe aquí una problemática independiente del poder o de aquel momento histórico. La problemática del uso y manipulación de la gente. Aunque resulte imposible descontextualizar la película porque sabemos de sobra que todo proceso histórico incide en la historia personal de la gente,

---

* Mantilla: barrio de La Habana, en este caso es un decir.

es bueno reconocer que esta problemática puede darse en un contexto bien distinto. Estas son cuestiones del ser humano, como la extrañeza que experimenta Guaguasí en la escena 74, que es algo que el hombre puede sentir bajo cualquier circunstancia.

Este tema *dominación/manipulación* está al centro del precario trance amoroso Guaguasí-Marina. Esto nos remite inmediatamente, y en forma directa, a la cuestión no sólo del oportunismo —que es obvio— sino al *fetichismo del poder* en las relaciones, una tentación que no parece estar confinada a un poder específico y que puede ser política, sexual, emocional o económica. Por eso el «sueño traicionado» aquí es también el de Marina y Guaguasí. La política es al cabo una partícula minúscula en el universo vital del triángulo Moya-Guaguasí-Marina. Juzgarlos a la luz de Castro, Marx y Lenin sería tan incompleto como hacerlo solamente a la luz de Freud, Jung y Reich.

The show must go on

El pietaje documental de *Guaguasí* que describe el triunfo de los revolucionarios —apoyado sonoramente por una música que, a pesar de tener fuerte influencia de *jazz*, recuerda el reclamo de la comparsa cubana— y el CORTE inmediato a la bachata del cabaret (en la cual, por cierto, están presentes —como romanos en Egipto— los soldados rebeldes Moya y Guaguasí) es un símbolo anti-épico que desmitifica la leyenda (aunque lo hace acusando cierta ligereza que permite al espectador una mayor posibilidad de análisis personal) de que la entrada de los barbudos en La Habana fue el triunfo de todo un pueblo que dijo basta y echó a andar. La gente aceptó a Fidel porque no querían a Batista, pero lo mismo hubieran batido palmas por el Partido Ortodoxo o por José Antonio Echeverría si éste hubiera mostrado desde el balcón de Palacio la cabeza del dictador en la punta de una pica en vez de haber muerto en la intentona. No había una conciencia política fundiendo a las masas en una fuerza única para luchar con-

tra un *status,* sino ese malestar generalizado que ha permitido
—en muchísimos avatares históricos— que los audaces de
siempre, apoyados por sus «perros de la guerra» y por un golpe de suerte, se hagan con el poder. Y hablando de suerte, la
de Castro, que aprovechó la coyuntura más favorable —quizá— para una revolución en Cuba: todos los sedimentos sociales estaban condicionados para un cambio político y esa circunstancia permitió que la entrada de los rebeldes en La Habana
alcanzara la apoteosis —a escala, claro— de la liberación de
París. Luego aflora el criterio marxista con salsa criolla para
conformar en medio del clima delirante de los primeros tiempos un mejunje político radical con que la gente no había soñado ni en su peor borrachera, pero al despertar de la mona
ya no se podía echar «para atrás, ni para coger impulso». La
fiesta tercermundista continúa; de un ritmo se pasa a otro, pero el relajo sigue, *the show must go on;* sólo cambian los decorados, el director de la orquesta y las banderas. El mismo perro con diferente collar.

Ulla matiza todo esto con imágenes estrepitosas, superluminosas, llenas de colorido, abigarramiento de cuerpos, tonos y
música rumbera. Y esta opción artística es prácticamente obligatoria, porque eso sí: el relajo en el Caribe alcanza las dimensiones del espectáculo y el clímax de la estridencia. ¿Para qué,
si no, tenemos las mulatas, las tumbadoras y el sol... ese sol?
¿Para qué, si no, ya estás muerto, Daudet? ¿O acaso te habrías dejado deslumbrar, *tu quoque,* por ese sol abrasador, ese
sol maldito, enajenante, creador de espejismos, paridor de delirios de grandeza y de RUSO 2: «Creo que es un ingeniero
muy importante...»?

Porque deslumbra, desde luego —aunque uno no sea un Brutus—, ese sol que hizo exclamar al porfiado Almirante: «esta
es la tierra más hermosa que ojos humanos vieron», y que
ahora caldea una colosal empresa revolucionaria de dirigir —todavía no sabemos bien por qué— toda una mescolanza abigarrada de creencias santeras, doctrinas importadas, cantos lucumíes, raíces españolas, caderas mulatas, añoranzas de *rock
and roll,* juegos clandestinos, sueños, recuerdos y deseos: la

presencia de un crisol humano moviéndose al ritmo de una revolución a la que —como dice el cha-cha-cha— hay que cogerle bien el compás, y que se percibe como una gran bachata peligrosa y dominante de cuyo vórtice es difícil escapar. En *Guaguasí* —con mayor o menor acierto— se mide el ritmo de este *collage*... Córtelo todo, dóctor... ¡la justiciaaa!... ¡Mil dólares por muerto!... ¿Qué es esto?... Aquí está para ustedes: «Cógele bien el compás»...

Matreshka con azúcar

Ciertos rasgos peculiares —pero no exclusivos— de los cubanos y ciertas características —tampoco exclusivas— de la revolución se expresan a lo largo de todo el film en una mermelada de semas, imágenes, música y diálogos, a veces con una sutileza felina y elegante, otras en una explosión de delirio. No se entra en detalles, porque aquí el proceso juega el mismo papel que la historia en la obra de Dumas: un clavo para colgar el andamiaje de sus novelas, pero ahí están los ingredientes del guiso pueblo/revolución: el *machismo* que permea toda pose, toda acción (Moya rechaza el Chesterfield que le ofrece Elisa porque es «un cigarro de jeva»; Gloria —la mujer— se retira cuando Vidal y el padre Sagredo —los hombres— van a discutir sus asuntos), y que tiene una revolución protagonizada por «guajiros machos» e inspirada en la imagen del «hombre fuerte» que se abre paso a tiro limpio desde el cerco en la playa hasta las escabrosidades de la Sierra y que hunde de un solo disparo al *Houston* en Bahía de Cochinos (¿pero ese barco no era un carguero y por añadidura embarrancado?). El *protagonismo* y el *delirio de grandeza:* Carlos confirma teatralmente —a lo Charlton Heston en *Ben Hur*— su decisión de quedarse en la Sierra; Marina finge que ella también participó en la lucha; las frases de Fidel Castro en sus discursos y carteles encierran un sentido apocalíptico de la historia. El *oportunismo:* arma más adecuada para un pueblo subdesarrollado, ambicioso y habituado a usar antifaz de fiesta a la mesa de Damocles.

El *culto a la personalidad,* secuela de ese machismo de marras cuyo más alto exponente es la admiración hacia el conductor de muchedumbres, enérgico y viril: afiches de Batista y de Fidel Castro. La *superstición* y la *creencia en lo sobrenatural:* los rebeldes usan rosarios; el canto a Santa Bárbara; Marina tiene en su cuarto un altar con una copa roja —entre otros objetos— dedicada a los santos, y de la cual da de beber a Guaguasí.

Al guiso, claro, no podía faltarle *azúcar.* La caña es un elemento integrante e indisoluble de la cultura cubana, porque las sucesivas metrópolis, guiadas por sus intereses, prefirieron convertir a la isla en una plantación azucarera y apostaron por una economía de monocultivo. El paisaje cubano cambia: la ceiba autóctona cede su puesto a la caña de azúcar importada hace siglos de la India (pero no por los antepasados árabes del novio que Marina se inventa). El dulce tallo no ha devenido un símbolo patriótico como la palma, pero aparece con mayor frecuencia. Al peso, la moneda nacional, se le llama popularmente caña. Los cubanos, que son muy aficionados al dulce, le ponen azúcar al daiquirí y a otros cocteles del patio —por supuesto, no nos referimos solamente al *Patio* del *Havana Hilton,* hoy *Habana Libre*—, y también se le suele poner a los frijoles negros, plato típico. Es frecuente escuchar en cualquier esquina el piropo: «¡Azucaaa...!», dirigido a alguna belleza tropical. En la escena 59, Moya le dice a Elisa: «... tienes la azuca abajo». Flor presenta a la cantante Ana Gloria (escena 57) como *sweeter than sugar cane*.

La última escena está enmarcada en extensos cañaverales que se pierden en el horizonte. Raúl ha soñado: «... ¿te imaginas, Alberto, cuando no tengamos que depender de nuestra zafra azucarera solamente...? ¿Te imaginas?» El rasurado Guaguasí —probablemente— nada o muy poco sabe de terratenientes peninsulares, de encopetados latifundistas criollos y de *místeres* dueños de centrales, pero acaso recuerda las quimeras de Raúl cuando conduce a los técnicos rusos por el terraplén rodeado de cañaverales y sabe que algo anda mal; percibe —aunque no sabe definirlo ni ajustarle un por qué— cierto intento kafkiano por encajar la conducta social de un pueblo «latinoafricano» dentro de un molde ajeno —por las razones que fueren— y no acaba de apreciar —daltónicamente— el color de una revolución «tan verde como las palmas», frase que debió de leer en el cartel detrás del sillón de limpiabotas donde Moya se sentaba mientras un negro viejo le pulía los llamativos zapatos de dos tonos que mal iban con la austeridad del uniforme militar.

En igual número que las banderas cubanas, los bustos de José Martí y otros emblemas nacionales, han desfilado fotos de Lenin, de Karl Marx y la de un abrazo fraternal entre Fidel Castro y Nikita Jruschov. Marina, la hermosa corista que de revolucionaria no tiene un pelo, adorna la mesilla de noche de su cuarto con una *matreshka*. En la nueva coreografía que le sugieren a Flor en su espectáculo cabaretero —a pesar de que la anterior prometía un resonante éxito—, el *vedetto* ejecuta una danza de aire cosaco en la cual, en cierto momento, se coloca en una posición supina que caricaturiza la esencia de la ejecución del poder en Cuba. La escena en que Marina aparece sentada en el muro del Malecón habanero, de perfil, recortada contra un carguero ruso, seria, solemne, con una boina que sin duda le prestó una de las heroicas muchachas de *Los amaneceres son aquí apacibles,* merece convertirse en una portada de la revista *Unión Soviética.*

Guaguasí no escapa al influjo y trata de seguir la corriente. Intenta comunicarse, entablar una relación humana con los compañeros que le ha asignado la suerte: los técnicos rusos enviados desde Moscú para ayudar a una economía planificada con audacia y flexibilidad, pero que aún no ha logrado iniciar su despegue. ¿*Musikaka, Tovarisch*? ¿*Musikaka*? Pero es inútil. Nada que sea forzado sale bien. Se escacha la cosa. No hay comunicación. Kaka.

Ese es el marco en que se (des)encadena la trama del amor loco, ingenuo e imposible entre el guajiro que no llegó a ser príncipe y la corista. El contexto podía haber sido cualquier otro, pero también este que se inscribe entre personajes-aristas, de Raúl a Montiel, de Carlos a Moya, de Isabel a Elisa, pasando por ese campesino de azadón al hombro que avanza con paso cansado en la última secuencia —en unos fotogramas que apenas duran segundos subliminales— por el camino largo y polvoriento, quemado por el sol, ese hombre que encarna la imagen tercermundista, la más importante —después de todo— de la bachata: Atlas que soporta sobre sus hombros, no el peso del mundo, pero sí el de la mesa del gran banquete y a quien todavía —¡todavía!— no le ha llegado su oportunidad. Ni siquiera la oportunidad de convertirse en Guaguasí.

Guaguasí

Guión cinematográfico escrito por
Jorge Ulla, Orestes Matacena y Clara Hernández

Basado en un argumento de
Jorge Ulla

ESCENA 1. CARTEL NEGRO CON LETRAS EN BLANCO

Mientras se ve este cartel en pantalla, se escuchan voces lejanas de la calle, y el ruido de la puerta de un automóvil que se abre y luego otra. Se oye el sonido característico del cambio de estaciones en el cuadrante de un radio, y un auto que se pone en marcha.

TEXTO DEL CARTEL

Estos *hechos* pudieron haber ocurrido en Cuba, entre 1957 y 1961: los últimos tiempos de Batista y los primeros de la revolución cubana...

El nombre *Guaguasí* se forma de la unión del vocablo «guagua» (anglicismo de *wagon*) que en algunos países es el nombre vulgar que se da al ómnibus, y del adverbio afirmativo «sí».

El guaguasí es también un árbol silvestre de esa isla.

De acuerdo con los cultos afrocubanos de Santería, el mágico guaguasí pertenece a la deidad Babalú-Ayé.

Los santeros aseguran que su resina puede curar la sífilis, y sus hojas los intestinos y el reumatismo...

SECUENCIA DE TÍTULOS

Sobre el fondo negro, los créditos en letras blancas van entrando y saliendo de pantalla por FADE IN y FADE OUT. Se oye la voz de un parqueador callejero como ayudando al chofer de un auto.

VOZ EN OFF del parqueador: *Córtelo todo, dóctor.*

En la radio de un automóvil se escucha la melodía de un *jingle* de la cerveza Hatuey y, sobre esta música, la animada VOZ EN OFF de un locutor: *Hatuey, la gran cerveza de Cuba, presentó Alegrías de Hatuey. Les invitamos cordialmente a otra cita con la Sonora Matancera, el decano de los conjuntos musicales; la Guarachera de Cuba, Celia Cruz; el inquieto anacobero, Daniel Santos; el bigote que canta, Bienvenido Granda... Mañana a las 7 de la noche, en Radio Progreso, Cadena Nacional, la Onda de la Alegría. Pimentel Molina, que les habla, les desea muy buenas noches. Y a continuación en Radio Progreso, Cadena Nacional, Fiesta en Ritmo, con la orquesta América y el ritmo alegre y contagioso del cha-cha-cha... Aquí está para ustedes «Cógele bien el compás»...*

Termina secuencia de títulos.

ESCENA 2. EXT/INT. NOCHE. CALLES DE LA HABANA VIEJA

Un auto se desliza sigilosamente por la ciudad. Desde el P.O.V. de los ocupantes del vehículo se aprecia la calle y la gente que deambula por las aceras. Vemos las siluetas de dos muchachas que tripulan el auto. La que conduce es Carmen, de unos dieciocho años. Junto a ella va sentada Isabel, de unos veintitrés años. Ambas son estudiantes, activistas antibatistianas provenientes de la clase media.

ESCENA 3. INT. NOCHE. BARRA DE LA HABANA VIEJA

Nos hallamos en la Habana Vieja, una zona de trazado colonial, la más antigua de la ciudad. En un pequeño bar, al que la gente acude de noche a divertirse y pasar el rato, un grupo de negros soneros tocan el son «Suavecito». Varias parejas bailan. Un hombre y una mujer se besan en los labios mientras bailan. La cámara describe al moverse la atmósfera disipada del lugar, lleno de parroquianos de bajo nivel económico: jornaleros, trabajadores, desempleados y vagos.

ESCENA 4. INT. NOCHE. AUTO

Por el parabrisas delantero, vemos el juego de luces a uno y otro lado de la calle y peatones que cruzan descuidadamente, casi a punto de ser atropellados.
ISABEL: *¡Por tu madre, vieja, maneja con cuidado!*
CARMEN: *Yo estoy bien, Isabel, déjame, que yo estoy bien...*

ESCENA 5. EXT. NOCHE. PATIO DE MANSIÓN

En una suntuosa casa habanera —ubicable en la zona residencial llamada Miramar— se está celebrando una fiesta. Los invitados conversan de pie o sentados alrededor de mesas al aire libre, bajo reflectores, en el patio. Se ven señoras enjoyadas, hombres trajeados, dos mujeres jóvenes que pasan conversando y una criada de uniforme y cofia que cruza llevando una bandeja. Es la casa de Mónica, mujer de la media burguesía, cuyo hijo, Carlos, se ha ido a la Sierra para unirse a los alzados que luchan contra Batista. Por entre las mesas e invitados caminan Mónica y su acompañante, el padre Sagredo. Mónica es una mujer de unos cuarenta y siete años, distinguida, elegante, con cierto porte aristocrático; fuma en boquilla y la define cierta afectación teatral. El padre Sagredo es un cura criollo, calvo, de unos cuarenta y cinco años, que ha adquirido un ligero deje castizo en el ambiente eclesiástico. Tras su mirada crédula hay una astucia mundana.

ESCENA 6. EXT/INT. NOCHE. AUTO DE ISABEL Y CARMEN

El auto se detiene de súbito frente a unos latones de basura. Junto a los latones, en una pared, se ve una hilera de afiches con la foto de Fulgencio Batista, el dictador que preside el país en esos momentos. Isabel comienza a bregar con lo que parecen ser explosivos. Vemos un CLOSE UP de sus manos enroscando un niple. Lleva un vestido rojo, de flores, y sus manos, mientras trabaja, se mueven bajo el vestido y acercan el niple a sus muslos, con cierto erotismo involuntario del que no se percata.

ESCENA 7. EXT. NOCHE. AUTO

En la oscuridad, vemos el ángulo bajo del automóvil, la puerta derecha que se abre y, por el estribo de esta puerta, los pies de Isabel en lo que la muchacha sale del vehículo misteriosamente. En el radio se oye el cha-cha-cha «Cógele bien el compás».

ESCENA 8. INT. NOCHE. BARRA

PANEO desde el sonero que canta «Suavecito», mientras que con una mano se cubre un oído, hasta la guitarra en primer plano, por CORTE. El ambiente del bar continúa igual, en lo que se escucha una estrofa del son: *Me vuelvo loca, chiquito, por la música cubana...*

ESCENA 9. EXT. NOCHE. PATIO DE MÓNICA

En la espléndida fiesta, ahora se descubren entre los invitados algunos militares. El sacerdote Sagredo y Mónica caminan entre los presentes. El cura se dirige a algunos de ellos.
PADRE SAGREDO: *A la misa... el domingo... sin falta, sin falta.*

ESCENA 10. EXT/INT. NOCHE. AUTO DE ISABEL Y CARMEN

Se producen CORTES vertiginosos de ACCIÓN PARALELA. Vemos a Isabel entrando en el auto al volver de colocar una bomba en los latones de basura. Abre la puerta y entra. CORTE a un guardia que vemos de pronto, a cierta distancia: es un hosco policía de Batista, tolete en mano, que descubre la presencia del auto y se intriga al verlo detenido frente a los latones, hacia los que se encamina. CORTE a Isabel cerrando la puerta. CORTE al auto que se pone en movimiento. Desde el auto vemos al policía en MEDIUM SHOT. Un emplazamiento desde un lateral alto nos permite ver al policía en LONG SHOT que ahora pasa caminando por delante de los latones. Se descubre que el edificio es una institución bancaria. Estalla la bomba.

ESCENA 11. INT. NOCHE. AUTO

CARMEN (aterrorizada): *¡Dios mío!*
Isabel reacciona tratando de tomar control de la situación.

ESCENA 12. EXT. NOCHE. BANCO

Estallido en progreso desde el P.O.V. del auto. El policía ha saltado por los aires producto de la explosión y cae al suelo de bruces, entre chispas.

ESCENA 13. INT. NOCHE. BARRA

Músicos y bailadores sobresaltados corren hacia la puerta del barcito entre exclamaciones de: *¡Una bomba, una bomba!*

ESCENA 14. EXT/INT. NOCHE. AUTO

El auto se detiene bruscamente. Carmen, llena de pánico, intenta bajarse quizá con el apremio de ayudar al policía. Isabel la sujeta por el brazo y la coacciona para que acelere de inmediato. CLOSE UP del pie izquierdo de Isabel presionando el acelerador.

ISABEL: *¡Entra! ¿Adónde tú vas? ¡Dale, anda! ¡Dale, coño, dale!*

Inician la fuga del lugar. Tiro lateral del auto que viene en dirección al barcito en cuya acera se ha asomado un grupo de parroquianos que tratan de precisar lo ocurrido en la proximidad.

VOCES EN OFF de gente en la calle: *¿Qué fue lo que pasó?... ¡Tremendo bombazo!*

Un auto pasa velozmente tras el de Isabel y Carmen.

ESCENA 15. INT. NOCHE. CASA DE MÓNICA

En el zaguán de la casa están Mónica y el cura sentados en un sofá. La pieza es de cierta opulencia burguesa que la cámara resalta en un PANEO circular por el ostensoso mobiliario y decorado: antigüedades, platería, vajillas y adornos en elaboradas vitrinas; cortinajes, marcos, búcaros y espejos exquisitos.

MÓNICA (con inquietud): *Yo siempre he sido muy entusiasta con todos estos cambios, pero es que bueno es lo bueno, pero no lo demasiado. Usted sabe lo que es que mi hijo...* (abatida) *... yo, es que no lo puedo creer que se haya ido para la Sierra, así como así. Es que esto no tiene sentido...* (exagerando un tanto su abatimiento, como si participara de los distraídos rezos en un Via Crucis) *... mi hijo, padre, mi hijo, que es el principio y el fin de mi vida, un muchacho que lo tiene todo, que no le falta nada, porque la revolución podrá estar muy bien y todo, pero no esta plaga contra la paz de mi hogar...*

PADRE SAGREDO (confortándola): *Tranquilícese, Mónica.*

MÓNICA (con desabrimiento): *Es que ya son muchos los golpes, muchos los golpes.*

ESCENA 16. EXT/INT. NOCHE. AUTO

Frenazo súbito del auto. Carmen, aún al volante, está muy nerviosa e Isabel trata de calmarla. Isabel comienza a bregar con otra bomba.

CARMEN (impaciente): *¡Por tu madre, que horror!*

ISABEL: *Cálmate, muchacha. Vamos, prepárame la otra.*

ESCENA 17. INT. NOCHE. CASA DE MÓNICA

TWO-SHOT del cura y Mónica en el zaguán. Mónica, igualmente dramática, pero controlando su pesadumbre, se incorpora y camina resueltamente hasta donde reposa una gastada maleta de cuero negro. CLOSE UP de las manos de Mónica que abren la maleta. Se ve que la maleta está llena de fajos de billetes de alta denominación del Banco Nacional de Cuba.

MÓNICA: *Padre Miguel... yo quiero que esto sea mi contribución a la causa, no mi hijo.*

El padre Miguel Sagredo reacciona asombrado pero acatante. MEDIUM SHOT de ambos en silencio.

ESCENA 18. INT/EXT. NOCHE. AUTO DE ISABEL Y CARMEN

Las manos de Isabel —la más serena de las hermanas terroristas— trajinan preparando otra bomba.

ISABEL: *Vamos, hazme otra, anda.*

CARMEN (precavida): *Sí, ten cuidado.*

Isabel sale del auto a poner una bomba en otro establecimiento y deja a la inquieta Carmen preparando aún otra bomba dentro del automóvil.

ESCENA 19. EXT/INT. NOCHE. AUTO

Se produce ACCIÓN PARALELA de las manos de Carmen bregando con los explosivos dentro del automóvil. Conecta unos cables a una batería.

CORTE a plano exterior del auto visto desde atrás.

Casi al unísono de una tos nerviosa de Carmen hay un súbito chispazo de las baterías y cables.

El auto estalla y prontamente se ve envuelto por las llamas.

ESCENA 20. EXT. NOCHE. CALLE DE LA HABANA VIEJA

Isabel reacciona con un sobresalto de espanto, desde cierta distancia, donde ha estado colocando la otra bomba. En una pared vemos el nombre Batista que se repite en una hilera de carteles en la pared. El rostro de Isabel se llena de conmoción e impotencia en lo que se empiezan a escuchar ruidos de sirenas que se acercan.

El auto sigue ardiendo, envuelto en llamas.

Isabel, lívida, avanza apenas un paso, en un vano intento de salvar a su hermana, pero enseguida comprende que sería inútil.

Mezclado con el ruido de las sirenas y el crepitar de las llamas, se produce una larga DISOLVENCIA de las llamas a la siguiente escena que comienza en humo.

ESCENA 21. EXT. AMANECER. MONTAÑAS DEL ES-CAMBRAY

Estamos en la Sierra del Escambray, que se extiende hacia la parte sur de Las Villas —la provincia central de la isla de Cuba—, y está formada por montañas de no mucha altura, cubiertas por una vegetación abundante que a veces llega a ser intrincada. El Escambray sirve de cobijo a rústicos campesinos que viven en caseríos aislados. Muchos de ellos —de las zonas más recónditas— nunca han bajado al llano. Este lomerío se ha convertido en un segundo frente guerrillero que rivalizará con el baluarte de la Sierra Maestra —comandado por Fidel Castro— en la lucha contra Batista.

De las llamas del auto ardiendo en La Habana, la DISOLVENCIA encadena al humo de una pila de carbón. La cámara PANEA lentamente sobre la tierra humeante hasta detenerse en el rostro de un hombre, de unos veintiséis años. Es un campesino que viste ropas tiznadas y usa sombrero de yarey. Es Alberto. Lleva un bigote fino, afeitado de tal modo que parece una débil línea dibujada sobre su labio superior. En su actividad como carbonero, le vemos brevemente paleando tierra, secándose el sudor de la frente, quitándose y poniéndose el sombrero y entrando y saliendo de cuadro.

ESCENA 22. EXT. DÍA. CAMPO

Con el alba, comienza una ACCIÓN PARALELA.

Está llegando a la zona un grupo de rebeldes antibatistianos. Se define visualmente la región montañosa, cubierta por una espesa vegetación que trepa por las laderas y de la cual sobresalen, a intervalos, algunas palmas.

Por un trillo viene caminando Yelán. Es la hermanastra de Alberto, una muchacha hermosa, de cabellos largos, de unos dieciocho años; va descalza, con un sencillo vestido. Es la típica campesina joven. Camina rumbo al bohío, donde vive con su madre, la vieja Rosa. Lleva un poco de leña en sus brazos.

Se recrea una atmósfera campestre, en la que vemos, por CORTE, vacas pastando, que se alejan con la llegada de la guerrilla.

Por CORTE, vemos de nuevo a Alberto, ahora montado en una mula, que se acerca a los rebeldes. Estos se alertan y reaccionan.

El guía del grupo rebelde reconoce a Alberto y les señala que es inofensivo.

Se escucha la VOZ EN OFF de la vieja Rosa, lejana, llamando: *¡Yeláaan... Yeláaan...!*

Los rebeldes intercambian palabras. Van dirigidos por el comandante Jorge Montiel, de unos treinta y ocho años, de aspecto citadino.

MONTIEL (en lo que ordena movimiento de cajas): *Vamos, vamos, dale, dale... Ellos no suben sin artillería... sin tanques... ¡Cuidado...!* (saludando a Alberto que pasa en la mula) *¿Qué hubo?*

ALBERTO: *¿Quihubo?*

MONTIEL (enérgico): *Vaya, dale, pasa... Arriba, vamos, vamos, adelante... Por allá, por allá... por el otro lado... Ponme las cajas más para allá.*

ESCENA 23. EXT/INT. DÍA. BOHÍO DE LA VIEJA ROSA CRUZ

Dos jóvenes rebeldes llevan un cerdo atado a una vara; el animal va dando berridos. Pasan frente al bohío de la vieja Rosa. Yelán está asomada a la ventana, peinándose. Viste una camiseta de hombre que le cuelga libremente y debajo lleva pantaletas. Para los rebeldes que pasan y la ven en la ventana, ella luce más vestida de lo que está, aunque algo seductora en la acción de acariciar su cabellera con el peine. Los dos rebeldes son el joven Ernestico, de unos veintidós años, que es operador de radiocomunicaciones proveniente de una familia humilde, y Carlos Montes de Oca, de unos veinte años, un joven de la media burguesía habanera, hijo de Mónica. Ernestico va sin camisa, con el torso desnudo, y Carlos viste una camiseta. Ambos tienen barba.

ERNESTICO (saludando a Yelán en la ventana): *Buenos días.*

YELÁN (entre amable y melosa): *Buenas.*

Carlos, que va atrás, se queda mirando a Yelán y esboza una sonrisa, pero un tirón de Ernestico a la vara lo obliga a seguir andando. Las gallinas en el exterior del bohío marcan la TRANSICIÓN por CORTE.

ESCENA 24. INT. DÍA. BOHÍO

La vieja Rosa le echa maíz a las gallinas al pie de una puerta de su bohío. Tiene el maíz en un delantal que lleva puesto. Es una mujer fuerte, de más de sesenta años, un poco tosca. Su mirada descubre a la persona reservada, algo taimada. Alberto come toscamente de un plato, sentado en una rústica mesa. Desaliñado, tiene la camisa desabotonada y el rostro tiznado.

ROSA (taimada): *Han tomado el caserío, Albertico... Ya esto es de ellos y hay que ayudarlos...*

(PAUSA)

... Y que están armaos como los soldaos de verdad.
Alberto reacciona ante las palabras «están armados».

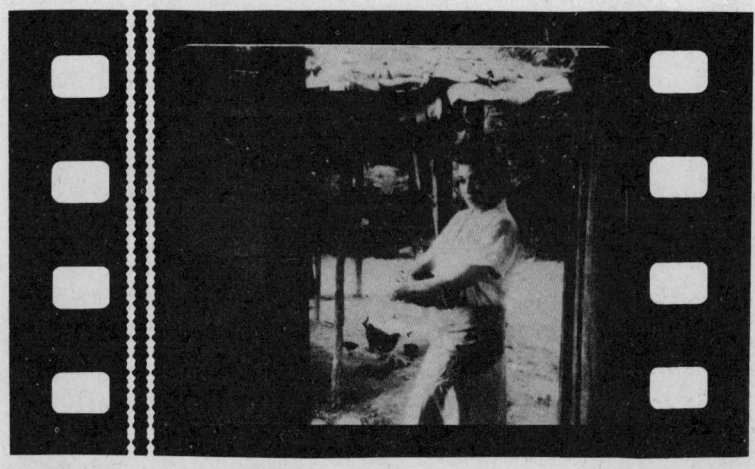

ROSA: *Esta gente está aquí para cosas muy serias, ¿verdá?* (áspera). *El que se quiere salir del campo y de la miseria se mete a soldao...*

Alberto vuelve a reaccionar, como provocado, al tiempo que con la mano espanta un gallito que se ha subido a la mesa.

Dos hombres llegan al bohío, apareciendo por una de las anchas puertas. Son Crespo, de unos cincuenta años, vestido de civil, con ropa de trabajo, y el soldado rebelde Irenaldo Moya, de unos treinta y ocho años, vistiendo uniforme verde olivo y sombrero tejano. Su actitud revela al campesino aclimatado a La Habana tras muchos años de residencia en la capital, y que se siente algo ajeno, algo incómodo, en el medio donde nació pero al cual ya no pertenece.

MOYA (asomándose): *¿Quihubo?*

CRESPO: *Buenas por aquí.*

ROSA (amable): *Pasen, pasen adelante.*

MOYA: *Buenos días.*

Entran al bohío y se acomodan en sendos taburetes. Rosa se ha movido a un lado de la casa, hacia donde está el colador del café. La luz de la mañana reverbera en el jarro que la mujer sostiene en la mano, y tras ella, por la ventana, la vegetación brilla en insólita gama de verdes.

ROSA: *¿Quieren un sorbito de café?*

MOYA: *Bueno, a eso nunca se le dice que no.*

Rosa les trae el café y mira a Crespo.

ROSA (feliz de reencontrar al amigo): *Crespo...*

CRESPO (igualmente feliz): *Rosa...*

MOYA (bebiendo el café de la jicarita): *Poco, pero bueno.*

ROSA (lisonjera): *No se ocupe. Ahorita les cuelo más pa' ustedes y pa'l jefe y se los mando con Albertico.*

Moya reacciona a las palabras de Rosa y mira con cierto asombro a Alberto.

MOYA: *¡Ah, así que tú eres Albertico! ¡No! ¿Tú sabes que yo creí que tú eras un fiñe?*

CLOSE UP de Rosa que se sonríe.

MOYA (con sorna criolla): *Ven acá, Albertico. ¿Y cuánto tiempo tú llevas aquí en el monte?*

Para Alberto el tema es escabroso. Provoca su timidez, lo avergüenza. Cuando abre la boca se le descubre un dejillo nasal y una desanimada resignación.

ALBERTO: *Toa la vida.*

ROSA (rematando con dejadez): *Ese nunca ha salío de aquí.*

MOYA (cortés y animándolo): *¿Y por qué tú no aprovechas y te unes a nosotros, eh?*

Alberto continúa comiendo, ahora sonrojado.

ROSA: *Pero si esto no sirve pa' nada.*

Se escuchan las VOCES EN OFF de Crespo y Moya. CRESPO: *Figúrese, Moya, gente de monte adentro.* MOYA (jactancioso): *¿Me lo dice?... Yo sí que no... Yo soy del Cotorro, ¡cinco mil habitantes!*

Con el rostro contrariado, Alberto se toma la última cucharada de su plato, que parece tener frijoles. Su amilanamiento se torna en disgusto: aleja el plato, se pone de pie y se va. CLOSE UP de la vieja Rosa con una mueca de sorpresa por la reacción de Alberto.

ESCENA 25. EXT. ATARDECER. CAMPAMENTO REBELDE

El sol es una bola rojiza que se oculta entre dos lomas. Las sombras resbalan por las laderas y el atardecer llena el valle de tinieblas. En el campamento rebelde, se escuchan sonidos de estética de radio y voces que trasmiten claves. A estos ruidos se mezcla un canto popular a Santa Bárbara proveniente de una estación de radio que se une a las interferencias: ... *Santa Bárbara bendita / para ti surge mi lira / y con emoción se inspira / ante tu imagen bonita. / ¡Qué viva Changó, que viva Changó, que viva Changó, señores! / Con voluntad infinita / arrancó del corazón / la melodiosa expresión / pidiendo que desde el cielo / nos envíes tu consuelo / y tu santa bendición. / ¡Que viva Changó, señores! / Virgen venerada y pura / Santa Bárbara bendita / nuestra oración favorita / llevamos hasta tu altura. / Con alegría y ternura / quiero llevar mi tonada / allí en tu mansión sagrada / donde lo bueno ilumina / junto a tu copa divina / y tu santísima espada... /*

En una tienda de campaña, semiabierta, con un farol de luz brillante que pende de la entrada, sentados a la derecha están el joven Carlos y el radiooperador Ernestico. A la izquierda, Moya y el comandante Montiel. Algunos rebeldes presentes usan brazaletes rojinegros del movimiento 26 de julio. Llega al grupo Alberto, impecablemente vestido con su mejor atuendo, una camisa blanca, planchada, almidonada, y una jarra de café.

ERNESTICO (comunicando): *Monte Escondido llamando a Caña Dulce... Monte Escondido llamando a Caña Dulce... Monte Escondido llamando a Caña Dulce...*

ALBERTO (haciendo su entrada amistoso y sonriente): *Buenas noches.*

MONTIEL (serio): *Buenas noches.*

ALBERTO (asombrado con el radioteléfono): *Oye... ¡cómo suena eso, compay! Parece que allá 'entro hay un hombre.*

MOYA (valiéndose de que lo conoce): *Oye, Alberto, dale, que aquí estamos trabajando.*

ALBERTO (ruborizado): *No, no, no, yo nada más que vine aquí a traer café...*

MONTIEL: *Gracias, gracias, no tengo deseos ahora.*

MOYA: *Yo quiero un poco, gracias.*

La comunicación radiotelefónica esperada por el comandante Montiel no prospera y el radiooperador se lo hace saber.

ERNESTICO: *Nananina,* * comandante.*

Montiel, el barbudo líder del grupo, con su casi inseparable habano y su boina vasca, se pone de pie y deja al resto de los rebeldes y a Alberto. Al incorporarse, se dirige a Ernestico.

MONTIEL: Trata otra vez dentro de un rato, y si localizas a Camilo, avísame.

Moya bebe el café que trajo Alberto y brinda la jarra de aluminio al resto de los compañeros.

MOYA (ablandándose): *¡Está bueno! Coge un poco.*

Los rebeldes siguen sentados y Alberto sigue de pie. No le quita los ojos al equipo de radio.

---

* Nananina significa nada. Viene del nombre o apodo femenino Nananina, popularizado por un personaje de una comedia radial de la picaresca criolla, cuyos protagonistas eran Pototo y Filomeno.

ALBERTO (intrigado): *Eso es un radio que se joye y jabla, ¿eh?*
MOYA: *No, eso no es un radio, compadre. Eso es un teléfono.*
ALBERTO (con risa nerviosa): Un te...
MOYA: *Te lé fo no.*
ALBERTO (con sonrisa nerviosa): *Un telé... Yo nunca ha visto un tellé...*

MOYA (comprensivo): *Claro, aquí en Monte Escondido no se ve ná. Tienes que irte al llano... bajar al llano...* (sonsacándolo).... *irte pa'la Habana.*
Alberto reacciona admirado, como quien finge nostalgia por algo que, en realidad, no ha conocido.

ALBERTO: *¡La Habana!*

MOYA: *La Habana, compadre... Allí sí que se respira y se vive: un carro...* (hace el ademán de manejar un vehículo) ... *tremendos edificios, tremendos jevas...* * (mueve las manos como pasándolas por los redondeados contornos de una mujer imaginaria) ... *vaya, y la guagua.* (PAUSA, nostálgico)... *Coño, ¿usted sabe lo que es ir en una guagua montado a las cinco de la tarde...?* (se golpea varias veces el puño de una mano con la palma de la otra) ... *¡y llena!*

ALBERTO (otra vez admirado): *Una guagua...*

MOYA (con escepticismo burlón): *Una guagua... ¿Tú sabes lo que es una guagua, eh?*
Alberto trata de explicarlo con las manos. Su torpeza gestual no le ayuda. Es en vano; obviamente, nunca ha visto un ómnibus puesto que no ha bajado a la ciudad o a los pueblos con transporte. De repente, los rebeldes se percatan de esta realidad. Alberto se afana en gesticular la palabra.

ALBERTO (acorralado): *Guagua... sí.*

MOYA (imitándole los gestos): *Guagua, sí.*
Los rebeldes se echan a reír a costa de la ignorancia de Alber-

---

* Jeva: mujer, en el *argot* popular.

to. A este también le entra una risa tonta. El joven Carlos es quien trata en vano de ayudarlo.

CARLOS: *Una guagua, guajiro, una guagua.*

MOYA: *Con que guaguasí... Guagua (*PAUSA) *sí.* (Lo mira fijamente con expresión de cachondo y con mucho humor le dice) *¿De dónde diablos tú habrás salido, Guaguasí?*

Moya se lleva las manos a la cabeza. El grupo ríe de lo lindo. Alberto el que más. Acaba de aceptar su nuevo bautismo. En lo adelante será Guaguasí. Dirigiéndose a Moya, en un verdadero ataque de risa y con la admiración proveniente de la camaradería que él intuye se ha iniciado, lo lisonjea ante sus compañeros.

GUAGUASÍ (cautivado, apuntando a Moya y riéndose): *¡Este hombre es tremendo!*

ERNESTICO (como fijando el nombre): *Guaguasí.*

MOYA (rematando jocosamente): *¡Ave María, caballeros!*

La conversación se convierte en una bacanal de risas.

ESCENA 26. EXT. DÍA. SIERRA DEL ESCAMBRAY

Temprano en la mañana, la cámara PANEA por el campo abierto, por el boscoso lomerío de la sierra, y CORTA al exterior del bohío de Rosa. Yelán está sentada en un quicio de la puerta trasera, en lo que Rosa cuela café junto a la tendedera de ropa bajo un pequeño bajareque (techo de guano improvisadamente levantado a unos metros del bohío).

Pasa delante de ellas un fornido campesino a caballo. Es el vecino, Perdomo, de unos cuarenta y ocho años, pequeño comerciante de ganado menor. Viste la clásica guayabera cubana y lleva sombrero campesino.

PERDOMO (deteniendo el caballo): *Soooo...*

ROSA: *Aah, ¿qué se dice, Perdomo?*

PERDOMO (escéptico): *Naa... que esta gente me han sacao un puerco del corral y me han dado un papel ahí que dicen que es un bono que me lo van a pagar después que triunfe la revolu-*

ción... *Mire pa' ahí, a mí que toda la vida me han pagado con dinero y no con papeles que no sirven pa' ná.*

Moya ha estado escuchando tras unos arbustos. Se le acerca por detrás y lo regaña bromeando por la protesta que ha hecho.

MOYA (entre bromista e inquisidor): *¿Qué es lo que usted dice, compay?*

Perdomo comprende que no tiene más nada que hacer ahí y decide marcharse.

PERDOMO (cínico): *¡Lo que te dé la gana!*

TWO-SHOT de Rosa y Yelán sonriendo.

Moya pasa por el lado del caballo de Perdomo, en lo que Perdomo hala las riendas.

MOYA (bromeando): *¡Huuye, guajiro!*

ESCENA 27. EXT. DÍA. CAMPAMENTO REBELDE

El comandante Jorge Montiel fuma calmadamente su tabaco, tirado en una hamaca, en el área del lomerío donde los rebeldes han instalado su campamento. A poca distancia de él está Moya, sin camisa y con sombrero, comiéndose un mango. Se acerca Guaguasí montado en un burro y halando otro, ambos cargados de carbón. Al seguir por el trillo por el que avanza, pasará por delante de ellos.

MONTIEL (sentencioso): *... Todo hombre puede ser útil a la revolución, Moya, aunque te parezca el hombre menos importante...*

MOYA (en lo que chupa el mango): *Tú sabes que yo siempre trato...*

GUAGUASÍ (al pasarles por delante): *¿Quihubo?*

MOYA: *... pero a la verdad que el tipo está en la luna.*

MONTIEL: *A lo mejor nos ilumina.*

Del CLOSE UP de la cara de Montiel, exhalando bocanadas de humo de su habano, CORTE a CLOSE UP del coronel Esteban Acosta.

MOYA: ... *la verdad que el tipo está en la luna.*

*ESCENA 28. INT. NOCHE. ESTACIÓN DE POLICÍA HA-
BANERA*

Vemos en CLOSE UP al coronel Acosta, de unos cuarenta y
ocho años, viste traje blanco y corbata roja. Está sin la chaqueta, dejando ver una cartuchera cruzada al pecho. Fuma un
puro. Es un esbirro implacable que se deleita en resquebrajar
la voluntad de los detenidos por medio de la tortura. Está inte-
rrogando a Ricardo, un estudiante de unos veinte años, en una
de las oscuras oficinas de una estación de policía en La Habana. En la penumbra que rodea a la luz de una sencilla lámpara
en forma de disco que pende del techo, podemos ver paredes
sucias, algunas quizá ensangrentadas, y un archivo metálico en
un extremo. Se hacen visibles algunas herramientas de mecá-
nica y carpintería que se insinúan como posibles instrumentos
de tortura. En la radio cercana se escucha un imparable y
emocionado narrador de un animado juego de béisbol. Sobre
una mesa de inmaculado blanco, hay un viejo ventilador gira-
torio negro que se convertirá en una especie de testigo monó-
tono del siguiente diálogo:

CORONEL ACOSTA (irónico): ... *conque tu tío es inspector de
Hacienda, creo. ¡Já! Coño, yo no lo sabía...* (Tomando una
carpeta que está sobre el buró blanco) ... *Coño, pero ahora
que me acuerdo, tu noviecita reventó como un siquitraque,
¿eh? ¿Tú sabes que la hermana ni se portó por el velorio?* (Le
abre la carpeta delante a Ricardo y vemos INSERT de las fotos
de Carmen y el automóvil que estalló en La Habana) ... *¡Qué
cosa más grande! Porque mira, ¿tú sabes lo que pasa, chico?*
(Brega con los fósforos para encender de nuevo su puro, que
se le ha apagado) ... *Ya yo me estoy cansando de las toallas y
los pañitos tibios y que la gente me llame por teléfono y yo los
tenga que soltar a ustedes...* (enciende el puro) ... *y sanseaca-
bó. ¿Tú me entiendes, verdad? Claro que tú me entiendes.*
(Muy cerca ahora de Ricardo, en tono taimado.) *Tú eres un
muchacho inteligente. Tú estás estudiando Medicina, tengo entendido, ¿verdad? ¡Ujum! Entonces tú debes saber de anato-*

mía, ¿eh? (Le toca la rodilla.) *¿Tú sabes cuántos huesos tú tienes? ¿Tú sabes?* (Rotundo.) *Tú tienes 286 huesos, ¿oíste, eh? 286 huesos, ¿qué te parece?*

RICARDO (atónito, ofuscado): *¡208, que yo no soy un dinosaurio!*

TWO-SHOT de ambos. Acosta le agarra por la cara, con aversión.

ACOSTA: *¡Cállese la boca! ¡Usted tiene los huesos que a mí me dé la gana, coño! Y los dientes, a ver los dientes. A ver los dientes, a ver los dientes. No jodas, tú tienes 38 dientes, ¿me oíste?, 38 dientes, pero sabes una cosa, pendejo, que te puedes ir de aquí con los huesos hechos aserrín y sin un solo diente como una negra vieja, para que lo sepas.*

Ahora en la radio se escucha claramente un *jingle* de la Coca-Cola: *La Coca-Cola, sí. Con su burbujear y su gran sabor, refresca mucho más. Trabaje mejor y de buen humor con la frescura que da Coca-Cola.*

Acosta se acerca a donde está el ventilador y ofrece dirigirlo hacia su detenido, a quien vemos a través del movimiento de las hélices.

ACOSTA (falsamente aplacado): *¿Tienes calor? Vaya, para que no pases calor.*

Ahora Acosta camina rumbo a Ricardo, quien sigue casi inmóvil amarrado a la silla de tortura. El coronel se le para por atrás y le escarba el pelo.

ACOSTA: *Ave María Purísima, mira este remolino que tiene este muchacho aquí en el pelo, deja ver...* (Caminando hacia el costado de Ricardo.) *¡Qué remolino!*

De pronto lo agarra por el pelo y lo fuerza a bajar la cabeza mientras levanta bruscamente la rodilla para golpearlo en pleno rostro. Le rompe la boca. Cuando lo suelta, se ve la cara de Ricardo un poco ensangrentada.

RICARDO (furioso, gritando): *¡Hijo de putaaa!*

El coronel Acosta vuelve a situársele por detrás, masca su tabaco y se inclina sobre el hombro de Ricardo mientras extiende las manos y le dice como atenuando.

ACOSTA: *Calma, calma, muchacho, calma, si ahorita vamos a llamar a tu casa.* (Tras la silla de Ricardo y aún con los brazos extendidos.) ... *Hazte la idea que estás en la consulta de un médico.*

Ahora lo golpea con ambas manos algo ahuecadas, en los oídos: el clásico golpe del teléfono. Ricardo queda lívido y atontado.

ACOSTA (cínico): *Mira eso, el teléfono de tu casa está ocupado. Y eso que se pasaron toda la noche llamando, ¿eh?*

Ricardo voltea el rostro y de lado escupe al coronel Acosta un buche de sangre que le mancha la camisa al esbirro. Acosta se echa para atrás y se limpia la barbilla con un pañuelo. Llama a otros esbirros para que lo asistan.

ACOSTA: *Bigote, ¡aplícale el tratamiento!*

Cuando dos corpulentos policías llegan, él se traslada a una habitación adyacente donde hay un buró con una lámpara, un teléfono y en la pared una bandera del 4 de septiembre, que representa al movimiento batistiano.

BIGOTE: *Vas a hablar, cabroncito...*

Comienza la peor tortura en lo que Acosta se sienta en la otra habitación, murmurando: *Maricón, hijo de puta.* VOZ EN OFF de Bigote: *Hijo de puta, vas a cantar más que Tina de Mola.*

Acosta, en CLOSE UP, marca un número de teléfono muy calmadamente.

En lo que marca se escucha un *jingle* por Celia Cruz de los cigarrillos Regalías. Escuchamos el comienzo de una conversación.

ACOSTA: *Marina...* (PAUSA)..., *¿como tú estás?* (PAUSA) *Naa... en la misma bobería de siempre... sí...*

Se hace visible en la muñeca del coronel un reloj de gruesa manilla de oro.

ESCENA 29. EXT. DÍA. CALLES DE LA HABANA

La cámara en TRAVELING capta la fachada y el mural de un moderno hotel y autos que atraviesan la avenida al frente de éste. Se escuchan las VOCES EN OFF de voceadores de periódicos: *¡Vaya, el Zig-Zag, Pilar Mata en La Habana! ¡Vaya, el Zig-Zag, el Zig-Zag!*

Un cura camina por el vestíbulo del hotel, llevando una maleta. Es el padre Sagredo.

Un maletero del hotel trata de llevarle la maleta para ayudarlo. El sacerdote se niega entre distraído y amable, y continúa su atareado paso hacia los ascensores. Un cartel a la izquierda del elevador anuncia la presentación del cantante argentino Hugo del Carril. El maletero observa algo extrañado al religioso. Llega el elevador, descienden un turista norteamericano ataviado de camisa tropical y pantalones cortos, acompañado de una niña que pide en inglés que la lleven a la piscina.

El padre Sagredo aborda el ascensor, quedándose sólo con el ascensorista y fijando la vista en un anuncio de la playa de Varadero que se destaca en la pared del elevador. Al siguiente piso, aborda otro turista norteamericano, cámara al cuello. El elevador cierra la puerta y abre de nuevo al llegar a otro piso, donde para asombro del cura, sube el coronel Acosta, hombre obviamente conocido por el religioso por ser el matón de moda en La Habana. Acosta viste de blanco, excepto por su corbata roja que trae semizafada y ante el calor tropical lleva la chaqueta en el brazo, dejando ver la pistola. Le acompañan dos de sus esbirros, con gafas oscuras; uno de ellos es Bigote. Haciendo que sus secuaces participen de cierto humor sardónico y privado, Acosta coloca una mirada excesivamente fija en el sacerdote, recorriendo la maleta que carga, la sotana que usa y hasta su calva. Continuando el chiste privado con sus secuaces, y un poco para asustar al sacerdote, no le quita la mirada de encima. Cuando el padre va a bajarse en el siguiente piso, Bigote, entre dientes, le dice: *La bendición, padre, la*

bendición. Y Acosta, antes que se cierre la puerta del elevador, le dice: *Aldeaseca... ¡que Tres Medallas lo acompañe!* *
Se cierra el elevador, y el cura, afuera, sólo en el pasillo, exhala un suspiro de alivio.

ESCENA 30. INT. DÍA. HOTEL HABANERO

El cura toca en una puerta y una mujer le abre. Es Gloria, de unos cuarenta años, quien se comporta como compañera en la vida y en el clandestinaje del dirigente antibatistiano Mario Vidal. Mujer de la pequeña burguesía, viste elegante bata de casa y tiene su rubia cabellera recogida en un elaborado moño.
GLORIA (al abrir la puerta): *¿Padre Sagredo?*
PADRE SAGREDO: *Sí, señora.*
GLORIA: *Pase.*
El sacerdote entra a la amplia habitación en la que lo aguarda Mario Vidal, hombre de unos cuarenta y cinco años, corpulento, de modales elegantes, correcto, vestido con camisa y corbata. Vidal es uno de los activistas más importantes de la clandestinidad. Tiene una apariencia serena, y su robusta anatomía, aunque algo descuidada en el abdomen, todavía revela a la persona que ha practicado un deporte.
Es obvio que la habitación del hotel se utiliza como refugio de los conspiradores urbanos. A un lado de la habitación, un hombre joven, silente y misterioso, con bigote, fuma un taba-

---

* Aldeaseca: se refiere al padre Jaime de Aldeaseca, sacerdote jesuita español que tenía un programa de televisión en Cuba a finales de los cincuenta, de gran audiencia, llamado «Mientras el mundo gira». Su elocuencia permite decir que era la versión cubana de Fulton Sheen. Exiliado en los sesenta, colgó los hábitos y se dedicó a los negocios.
La frase «que Tres Medallas lo acompañe» se deriva del *slogan* publicitario de la bebida Tres Medallas por esa época.

co, sentado al borde de la inmensa cama; parece ser uno de los ayudantes de Vidal.

VIDAL: *Bienvenido, padre. ¿Trajo eso?*

PADRE SAGREDO (nervioso): *¿Mario Vidal?*

VIDAL: *Sí.*

Sagredo le entrega la maleta a Vidal y este, a su vez, se la pasa a su ayudante.

En la habitación hay dos camas. Vidal se sienta al borde de una de ellas y Sagredo hace lo propio en la otra. Gloria se excusa con una mirada cariñosa a Vidal y pide permiso para irse a la habitación contigua. En el radio se escucha el programa del mediodía del comentarista José Pardo Llada,* quien

---

* José Pardo Llada militaba en el Partido del Pueblo Cubano (Ortodoxo), organización democrática de tendencia populista fundada por Eduardo Chibás, dirigente que se distinguió acusando a políticos de gobiernos anteriores por malversación y quien finalmente se suicidó en circunstancias tan confusas como espectaculares. Pardo Llada se unió a los rebeldes en la Sierra Maestra. Emigró después de la revolución, adquirió la ciudadanía de Colombia y es hoy un político de relevancia, a nivel local, en ese país.

haciendo uso de las garantías que Batista toleraba a veces, enumera y combate los abusos del régimen en uno de sus habituales comentarios.

PADRE SAGREDO: *Yo fui amigo de su tío cuando fue ministro del gobierno anterior.*

VIDAL: *En este país todo el mundo se conoce, padre. Es la desgracia de los países chiquitos.*

PADRE SAGREDO: *O la suerte.*

VIDAL: *La donación es muy importante, padre, y yo puedo hacer una recomendación, pero no olvide que esa decisión depende del muchacho.*

PADRE SAGREDO: *Con referencia al muchacho, a lo de la Sierra...*

Se siente una puerta que se cierra. Gloria vuelve vestida elegantemente de la habitación adyacente, la vemos cómo se acerca a un mueble donde reposan unas copas, un llavero y una pistola, que ella toma y esconde en su bolso, en lo que le habla al cura con disposición conspirativa. VOZ EN OFF de Gloria: *Venga conmigo, padre, que si salimos juntos no van a sospechar.*

Vidal y el cura ya están de pie, casi junto a la puerta.

VIDAL (impreciso): *¿Dónde me dijo que estaba el muchacho, padre?*

PADRE SAGREDO: *En la Sierra del Escambray.*

ESCENA 31. EXT. DÍA. SIERRA DEL ESCAMBRAY

La cámara fija capta la vegetación exuberante del escabroso lomerío. Se escucha a Ernestico, el joven radiooperador, que canta: *Mamá, yo quiero saber de dónde son los cantantes, con sus trovas fascinantes, que me las quiero aprender...* Por un atajo del monte, lo vemos ahora llegar montado en un caballo. Le sigue un soldado rebelde a pie, y de una ladera se resbala el joven Carlos. Los rebeldes han esperado a Ernestico, quien parece llegar de un punto de contacto cercano con algunos encargos menores. Algunos esperan cartas y todos le piden cigarrillos.

ERNESTICO (es como la última orden a su cansado caballo): *¡Andá!*

CARLOS (ansioso): *¿Oye, me trajiste algo?*

ERNESTICO: *Millonario, no tengo nada para ti.* (Fatigado, desmontándose.) *Ay, coño.*

REBELDE: *Ernesto, ¿me trajiste cigarros?*

ERNESTICO: *Nada. Lo único que tengo aquí es para Isabelita, pero chequeen con Crespo, que viene por allá atrás.*

Se revela a Isabel, la bella combatiente del clandestinaje que ahora está entre los alzados: tuvo que abandonar la lucha urbana tras la noche de las bombas en que murió su hermana Carmen. Ella se acerca para ver qué es lo que le ha traído Ernestico.

ISABEL (curiosa): *Ay, déjame ver.*

ERNESTICO (reverente): *Para usted, Isabelita.* (Dirigiéndose a uno de los rebeldes.) *Mira a ver si le das un poco de agua al caballo, no vaya a ser que le vaya a dar algo al caballo...*

Isabel ha abierto un sobre de donde ha sacado un recorte de prensa. Lee. Es una noticia en la que vemos la foto de Ricardo, el joven que había sido torturado por el coronel Acosta. Isabel solloza.

ERNESTICO (se percata del llanto de Isabel): *¿Qué te pasa? ¿Qué te pasa, chica?*

ISABEL (muy quedamente, la voz casi se le va): *Ricardo...*

Ernesto toma el recorte de prensa y lo lee rápidamente. INSERT de la noticia cuyo titular dice: «ESTUDIANTE DE MEDICINA MUERE EN EXTRAÑO ACCIDENTE.»

El papel cae a la tierra. Ernesto abraza a Isabel. Ella llora más fuerte. Él aprieta el abrazo.

ESCENA 32. INT. DÍA. BOHÍO DE ROSA

Yelán, frente a un mosquitero, se quita la camiseta que usa por blusa y se toca los pechos desnudos con gran naturalidad. La vieja Rosa la ve por la puerta entreabierta y se asoma a hablarle.

ROSA: *¡Yelán, muchacha! Tápate, mira que ahora hay mucho hombre por aquí.*

YELÁN (con inocencia): *Ay, mamaíta, no es pa' tanto.*

ESCENA 33. EXT. INMEDIACIONES DEL BOHÍO DE ROSA

Se crea ACCIÓN PARALELA para describir la interrelación de los campesinos y los soldados rebeldes.

Vemos a Guaguasí paleando carbón en un día de sol ardiente. A su lado, en el suelo, hay un gran saco de yute abierto. Guaguasí levanta la mirada al cielo y se seca la frente con el antebrazo.

En un río de la cercanía, vemos llegar a Yelán. Viene bien vestida, con una falda y una blusa de colores terrosos, la cabellera suelta. La proximidad del río despierta en ella extraños sentimientos. Se establece una relación que tiene visos de ritual entre las aguas y la joven campesina. Yelán entra vestida en el río y se pone a nadar. Vemos llegar al joven Carlos, con su uniforme rebelde. Se detiene en la margen del río y descubre la presencia de Yelán. Carlos sonríe entre recatado y calculador. El ser un habanero sociable y económicamente pudiente, le da una sobreconfianza que ahora es más fuerte que su prudencia: prescinde de formalidades y dejándose llevar por su impulso, se echa al agua y nada en dirección a la joven.

En el área del carbón, no muy lejos de allí, vemos a Guaguasí que sigue en sus tareas de carbonero. Su figura se pierde entre el humo de la pila que parece hacerse más denso por la pesadez de los rayos del sol a esta hora del día.

Alberto (Guaguasí) contempla la escena del río.

Del humo se CORTA al río donde ahora Carlos llega por detrás de Yelán, en el agua, y la abraza sorpresivamente.

Por ACCIÓN PARALELA, vemos a Guaguasí abandonar la pila de carbón, caminar con una cubeta en la mano rumbo al río, adonde llega, por fin, y se esconde tras un arbusto. ZOOM IN lento hacia la cara de Guaguasí, que sin mucho asombro observa a su hermanastra en el agua y al rebelde que la ha abrazado por la espalda. Se sonríe entre admirado y pícaro. Escuchamos la VOZ EN OFF de Rosa llamando a Alberto (Guaguasí) desde lo lejos: *¡Berticoooo!*

ESCENA 34. INT. NOCHE. CASA DE CAMPAÑA

El silencio de la noche se quiebra sin aspereza por armónicos y distantes chirridos y los peculiares grillos y lechuzas que rivalizan con el omiso trajín de las comunicaciones y la machacona estática de la planta de radio de los rebeldes. Todo esto se confunde con las voces sosegadas de los guerrilleros que conversan las últimas nimiedades antes de dormirse. En su casa de campaña, el comandante Jorge Montiel, con su inseparable boina vasca, fuma su habano y se deleita en un solitario juego de barajas que va colocando sobre un cajón de balas convertido en mesa. Llega el capitán Raúl. Es un hombre alto, delgado, de unos treinta y seis años, opaco, con un aire intelectual que le confiere aspecto de profesor universitario. Cierta densidad que proyecta lo hace menos criollo que sus compañeros. Fuma en pipa y trae varios libros en la mano. Los pone a un lado, toma del suelo varios libros de Montiel y se pone a revisar uno de ellos.

RAÚL (dirigiéndose a Montiel): *¿Qué haces? ¿Cómo estás?*

Montiel no detiene su juego con las barajas.

MONTIEL (irónico pero cortés): *Aquí, resolviendo el problema de Cuba...*

RAÚL (serio): *¿Te leíste el que te dije?*

MONTIEL (distraído): *¿Qué? ¿El libro?... ¿Das Kapital?*

La conversación es interrumpida por la inesperada entrada de Guaguasí. Viene de nuevo impecable, con su mejor atuendo, muy afeitado, el bigotito arreglado con esmero, cortado en el centro. Escrupulosamente acicalado. Montiel y Raúl lo miran como si fuera un visitante de otro mundo.

GUAGUASÍ (sonriente): *Buenas noches. ¿Cómo andan los alzaos?*

MONTIEL: *¿Qué tal?*

GUAGUASÍ (tímido): *Ahora acabé de comer y se me ocurrió*

GUAGUASÍ: LOS SÍMBOLOS DEL DELIRIO 67

que ná... que no les vendría mal un buen café... bueno, y aquí se los traigo...

MONTIEL (amistoso): *Pasa, pasa, pasa. Gracias. Pasa y siéntate.*

GUAGUASÍ: *Muchas gracias.*

Guaguasí, animado y sonriente, se acomoda en uno de los improvisados asientos cerca de Raúl y Montiel.

MONTIEL: *Siempre viene bien el café.*

Entra Isabel. Trae unas jicaritas.

ISABEL (cariñosa): *¿Cafecito?*

MONTIEL: *Siií...*

GUAGUASÍ (pasándole el jarro a Isabel): *Mire, señora.*

ISABEL: *Gracias...* (En lo que sirve el café, arrodillada en la tierra, inicia conversación con Raúl.) *Óyeme... ¿tú sabes que el Directorio y el Segundo Frente* * *han avanzado muchísimo en sus esfuerzos de lucha...?*

Guaguasí mueve la cabeza asintiendo desabridamente. Es obvio que no entiende de qué se trata y está como tratando de adivinar.

RAÚL (algo incómodo): *Umju... Esto no va a avanzar nada hasta que no se formule aquí un programa político y un programa social... que es aún mucho más importante.*

Montiel mira a Isabel y mueve negativamente la cabeza como indicando que Raúl se vuelve susceptible con dicho tema. Raúl no advierte este gesto.

MONTIEL (tratando de cambiar de tema): *¡Está bueno el café!*

---

* Se refiere al Directorio Revolucionario Estudiantil, organización antibatistiana que realizó el ataque al Palacio Presidencial el 13 de marzo de 1957, y al Segundo Frente Nacional del Escambray, compuesto por grupos provenientes de la lucha urbana que se concentran en la sierra del Escambray. Ambas organizaciones, junto al Partido Auténtico y al Movimiento 26 de Julio, configuran al frente que combate a Batista.

GUAGUASÍ (orgulloso): *Mi mamá lo hizo.*

Raúl se mantiene ensimismado y a la vez se le advierte que está algo contrariado, porque se ha esquivado el tema que él quería discutir. Guaguasí tiene buena parte de la culpa por haber llegado con el café. Y Raúl, molesto, ni siquiera bebe el suyo.

MONTIEL (con amabilidad): *Raúl, se te enfría el café... el café se enfría...*

RAÚL (poniéndose de pie para irse): *No, gracias. Buenas noches.*

Montiel se sorprende un poco por la repentina salida de Raúl.

ISABEL (del asombro a la indiferencia): *Buenas noches.*

Al marcharse Raúl, Guaguasí se acerca más a Montiel y a Isabel, toma la jicarita que dejó Raúl sobre el cajón de balas y se bebe el café.

GUAGUASÍ (sonriente y feliz): *No sabe lo que se ha peldío... Yo puedo estar tomando café to el día... ¡to el día!*

Montiel e Isabel se ríen de las cosas de Guaguasí, disfrutan su disimilitud. El se siente feliz de que se rían con él, incluso a costa de él.

ESCENA 35. EXT. DÍA. CAMPAMENTO

PANEO de la cámara bajando desde las copas de los árboles. Guaguasí llega al área central del campamento. Es un claro entre altos árboles. El sol se cuela por el follaje pintando una atmósfera de absoluta tranquilidad. La tropa está entregada al ocio del mediodía. Entre los rebeldes, vemos a Carlos e Isabel. Ernestico toca guitarra tirado en una hamaca. Raúl hace anotaciones en un cuaderno mientras fuma su pipa. Guaguasí trae y reparte frutas que lleva en una jaba de yute.

Nos percatamos de que Raúl escribe una carta cuando se escucha su VOZ EN OFF diciendo el texto que va redactando.

VOZ EN OFF de Raúl: ... *Esta gente carece de alcance político... No comprenden que la insurrección tiene propósitos más allá de devolver al país honestidad administrativa.*

Se produce una PAUSA en el *monólogo interior,* con la llegada de Guaguasí. De espaldas, ofrece frutas a los rebeldes. VOZ EN OFF de Guaguasí: *Buenas por aquí, aquí les traigo frutas.*

VOZ EN OFF de Raúl: ... *la revolución, Fidel, aunque nos duela, está en manos de la burguesía.*

Guaguasí sigue moviéndose entre los rebeldes y brindándoles las frutas: *Frutas por aquí.*

VOZ EN OFF de Raúl: ... *en manos de una clase media, políticamente tonta, políticamente inculta...*

En lo que Raúl escribe su carta, los rebeldes se asombran con la belleza de las frutas que trae Guaguasí. VOZ EN OFF de rebelde sobre el plano general: *¡Mira, eso, tú, batíbiri!* Guaguasí se sienta junto a Raúl, muy confianzudamente, en lo que ofrece el resto de las frutas que le quedan. Cándidamente, se pone a pelar un plátano. Guaguasí: *¡Mire, papaya!* VOZ EN OFF de un soldado rebelde: *¡Vaya, mamey!* VOZ EN OFF de otro soldado rebelde: *Doy medio peso por un mamey. Lo que sea.*

Se escucha durante toda la escena el canto de los pájaros.

Por medio de CLOSE UPS captamos los momentos en que Raúl parece perder el hilo del texto que escribe. CLOSE UP de Raúl que recorre el campamento con la mirada. Reanuda la redacción. VOZ EN OFF de Raúl: ... *es que no comprenden que después de vencer a Batista serán los Eisenhower y los Rockefeller quienes tratarán por todos los medios de triturarnos...* (PAUSA)... *aunque nos llamen totalitarios, la revolución ha de ser total, porque las estructuras de Cuba...* (Ernestico, que ha estado jugando con la guitarra, bosteza) ... *son corruptas, inmorales, decadentes...*

Se siguen escuchando los acordes de la guitarra que Ernestico ha estado tocando casi todo el tiempo. Se escucha la VOZ EN OFF de otro soldado rebelde: *Oyeme, pásame un plátano, Guaguasí... Ño, plátano, cabeza de bote.*

ESCENA 36. EXT. DÍA. CAMPAMENTO REBELDE

Desde la hamaca donde descansa Montiel, vemos llegar un forastero en una mula halada por uno de los guías rebeldes. El visitante es el padre Sagredo. Al pie de la hamaca está Moya, que se incorpora con el resto de los presentes para recibir al sacerdote. Atrás queda el guía. Montiel parece haber estado esperando.

MONTIEL: *¿Qué tal, padre?*

PADRE SAGREDO (sofocado): *Figúrese, la falta de costumbre.*

MONTIEL: *Cuidado ahí.*

PADRE SAGREDO: *Bueno, ¿cómo va todo por aquí?*

MONTIEL: *La misma lucha, padre, la misma lucha, pero adelante siempre.*

Moya observa un poco apartado.

MOYA (para sí mismo): *Un cura...*

MONTIEL: *Venga por aquí, padre.*

El joven Carlos, que conoce al cura amigo de su familia, se ha acercado al padre Sagredo y camina con un brazo tirado por encima del hombro del religioso.

ESCENA 37. INT. DÍA. CASA DE CAMPAÑA

Carlos, de uniforme, está de espaldas. En su brazo derecho, extendido, vemos el brazalete rojinegro del movimiento 26 de julio, puesto al revés, con la franja negra hacia arriba. El padre Sagredo, a causa del calor, sólo lleva ahora una camiseta blanca de mangas cortas. Entre los dos hombres reina una atmósfera de solemnidad matizada por sus miradas tensas, preocupadas.

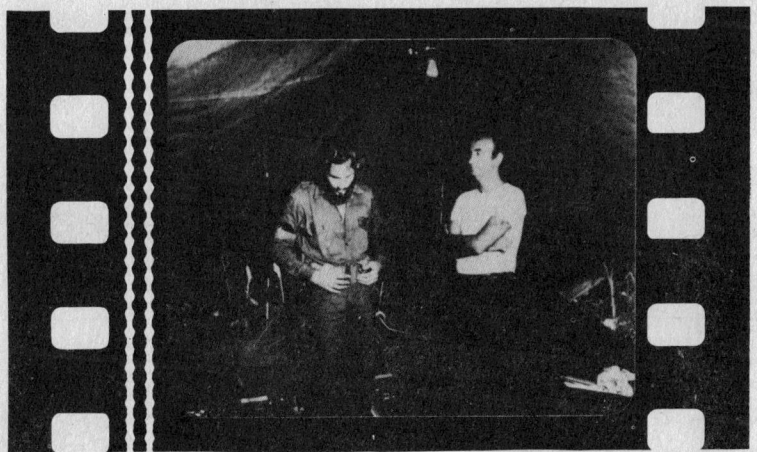

CARLOS (firme): *No insista, padre. Me quedo.*

CLOSE UP de cada uno mirándose mutuamente. MEDIUM SHOT de Carlos que se apoya en el poste de la tienda, con una mano en la cintura y la expresión decidida. TWO SHOT de ambos hombres que se miran; Sagredo un tanto desanimado, pero conforme.

ESCENA 38. EXT. NOCHE. FOGATA

Es noche cerrada en el monte. Los rebeldes se hallan en un claro del bosque, sentados alrededor de una fogata donde se asa un puerco. Ernestico toca la guitarra y canta. Moya está junto a él y lleva el ritmo con la cabeza. Guaguasí, vestido de carbonero, juguetea con su machete, haciendo marcas en la tierra y disfrutando de la música más que nadie. Se sienta a la derecha de Moya. Detrás, entre Moya y Guaguasí, hay un rebelde de pie con una ametralladora Thompson en la mano. Se escuchan ladridos de perros en la lejanía.

ERNESTICO (cantando):
 «... *Y si ves a mi mulata...*»

MOYA (exclamando): *Sí, señor...*

ERNESTICO (continuando la canción):
 «... *que se llama Caridad:*
 la mulata más sabrosa
 de toda la humanidad...»

CLOSE UP de Isabel sonriente y feliz. CLOSE UP de Guaguasí también sonriente y alegre. TWO SHOT de Moya y Ernestico. Isabel y Guaguasí aplauden.

ERNESTICO (prosigue la canción):
 «... *Virgencita, si eres buena,*
 haz un milagro de amor
 mira que muero de pena
 si tú no mitigas este cruel dolor»
 (SE REPITE)...

MOYA (en reto amistoso): *Vaya, a que tú no me cantas algo del Beny Moré, ¡vaya!...*

ERNESTICO (le riposta cantando):

«... *Santa Isabel de las Lajas, querida...*»

MOYA: *No, no, no, no, no, esa no. La que yo digo es la que dice:*

«... *Beny Moré, qué banda tiene usted, Beny Moré...*»

CLOSE UP de Isabel riéndose.

ERNESTICO (cínico): *No...*

RISAS y VOCES EN OFF de los soldados rebeldes: *Oye, Moya, Beny Moré, el bárbaro del ritmo...*

MOYA: *Ah, entonces tú no te sabes nada del Beny.*

ERNESTICO: *¿Que yo no me sé nada del Beny, chico?*

MOYA: *Nada, nadita.*

ERNESTICO: *Oiga, el Beny se ha sentado conmigo en «La Bombilla» y se ha dado tres o cuatro tragos de ron...*

MOYA (asombrado): *¿En persona, contigo?*

ERNESTICO (jactándose): *En persona. Hemos compartido ahí... ¡como hermanos!* (Aún más expresivo.) *Ay, viejo, el Beny y yo... ¿tú nunca te has dado un trago con Beny Moré?*

CLOSE UP de Carlos riéndose.

MOYA (tímido, acorralado): *No, yo no.*

ERNESTICO: *¿Tú nunca te has sentado a compartir con él?*

MOYA: *No.*

ERNESTICO (como quien gana la partida): *Ahh...*

MOYA (tratando de salvarse): *Yo lo vi una vez... en la guagua...*

CLOSE UP de Guaguasí, interesado, que mira a Moya en lo que juega con el machete clavando la punta en la tierra.

ERNESTICO (asombrado): *¿En la guagua?*

MOYA (humilde): *Sí, yo paré en la esquina y él se montó.*

ERNESTICO (confundido): *¿Pero qué?... El se montó en la esquina, ¿dices tú?*

MOYA (recuperando el orgullo): *¡Ah, compadre! Es que tú no sabes que yo soy guagüero, ¿no?*

ERNESTICO: *¡Nooo!*

MOYA (confiado): de la ruta 4...

GUAGUASÍ: *Una guagua... una guagua...*

MOYA: *... ¡y especial!... Especial: que hay que calzar un 10 y medio para pisar el freno.*

GUAGUASÍ (con risa tonta): *¿Tú eres guagüero, Moya?*

ISABEL: *¿Cómo está el lechoncito ese?*

ERNESTICO (insistiendo en tomarle el pelo a Moya y con mirada exageradamente expresiva): *¿Pero tú nunca te has dado un trago con Beny Moré?*

(PAUSA, sagazmente, en lo que Moya reacciona sin argucia.) *¡No has vivido, no has vivido, qué va!*

GUAGUASÍ (a Moya): *Yo no sabía que tú eras guagüero...*

Ernestico ha conseguido tomarle el pelo a Moya, quien hábilmente usará sus artimañas para desviar la atención ahora hacia Guaguasí y convertirlo entonces en blanco de los chistes del grupo.

MOYA (a Guaguasí): *¿Por qué tú no cantas algo?*

VOZ EN OFF de soldado rebelde: *¡Que cante!*

MOYA (azuzándolo): *Canta algo...*

VOZ EN OFF de soldado rebelde: *¡Canta, guajiro!*

MOYA: *¡Que cante el guajiro! ¡Dale, eh!*

VOZ EN OFF de soldado rebelde: *¡Guajiro, canta «Granada»! Granada, la, la, la...*

GUAGUASÍ (azorado y como pensativo): *¡Espérate, chico!*

PAUSA, mira hacia arriba como buscando inspiración, tose y rompe a cantar un punto guajiro.)

«*Esta noche tan hermosa,
Charco Azul, te canto a ti...*

CLOSE UP de Isabel que se pasa la mano por el pelo.

GUAGUASÍ (cantando):

«*... Esta noche tan hermosa,
Charco Azul, te canto a ti,
a tu luna, tus estrellas,
y a este amigo...*

(señala a Moya)

«*... que tengo aquí...*»

MOYA: *Ese soy yo, ¡qué bien! Sigue, dale.*

ISABEL: *Está inspirado el muchacho...* (conminándolo) *... ¡sin pena!*

Guaguasí se ha detenido como quien olvida la letra o pierde la inspiración. Se escuchan ladridos de perros en las cercanías.

MOYA: *Dale, sigue. No, no, no, es que se está inspirando, caballeros.*

VOZ EN OFF de Isabel: *¡No se abochorne, compay!*

MOYA (entusiasmándolo): *Dale, Guagua, sigue, dale.*

VOZ EN OFF de soldado rebelde: *¡Fuego a la lata, vaya, Moya!*

GUAGUASÍ (vuelve a su punto guajiro):

«*... ya mi mula está dormida
y mi gallito descansa...*»

CLOSE UP de Isabel que bosteza.

MOYA (imitando el canto de un gallo): *¡Quiquiriquí!*

GUAGUASÍ:

«*... ya mi mula está dormida
y mi gallito descansa...*»

MOYA: *¡Sí, señor!*

GUAGUASÍ (se le traba la inspiración):

«... y mi puerco está...
está lleno de estar comiendo...
y está lleno...
(lo único que se le ocurre)
¡echándose la panza!»

MOYA (tratando de ayudar): *El puerco estaba lleno.*

Guaguasí calla. Se escuchan comentarios entre los rebeldes que insisten que continúe cantando. Se oyen ladridos en la distancia y el casi imperceptible sonido de algo que parece ser un motor.

GUAGUASÍ (inquieto): *Moya... Moya...*

Guaguasí está tratando de alertar a Moya sobre algo, pero este no le hace caso.

MOYA: *Ahora voy a cantar yo.*

GUAGUASÍ (alarmándose): *Moya, Moya...*

MOYA: *Tócame algo ahí...* (Al ver los ojos azorados de Guaguasí.) *¿Qué pasa, chico?*

Se hace obvio que el zumbido distante que preocupaba a Guaguasí era un avión del ejército. El avión se lanza sobre el claro, volando casi a ras de los árboles, y dispara ráfagas de ametralladora que atraviesan el claro. Reina una gran confusión. Guaguasí, sentado junto a Moya, ha reaccionado instintivamente agarrándolo por la camisa, lanzándolo detrás del tronco sobre el cual estaban sentados y salvándole así la vida.

GUAGUASÍ (aterrado): *Moyaaa... ¡Cuidao, Moya!*

Se escucha el tableteo de una calibre 30 y de varias ametralladoras y armas siendo disparadas.

En ACCION PARALELA, vemos al comandante Montiel que sale de su casa de campaña, ametralladora en mano, y dispara al aire. Se ve al avión disparando. CLOSE UP de la calibre 30. El capitán Raúl, que tampoco estaba alrededor de la fogata, grita pidiendo que apaguen la hoguera y que no gasten balas por gusto. Guaguasí, quien ha demostrado tener un oído sobrenatural, cubre a Moya sobre la tierra con su propio cuerpo en un gesto protector y airoso dentro de la confusión y el pandemónium generalizados.

Se escuchan las siguientes VOCES EN OFF. RAÚL: *¡Apaguen el fuego! ¡Apaguen esa fogata! ¡No gasten balas por gusto!* SOLDADO REBELDE: *¡Apaguen la fogata, coño!* GUAGUASÍ: *¿Qué pasó, Moya? ¿Qué es esto, Moya?* RAÚL: *Recuerden lo que dijo el Che: ¡tranquilos! Cuidao, cuidao.* ISABEL: *Pacheco, avísale a Jorge.*

Se recupera un poco la tranquilidad, cesa el fuego y todo indica que el avión no volverá en medio de la oscuridad que ahora se cierne. Vemos un TWO SHOT de Guaguasí y Moya tirados en la tierra tras un tronco.

GUAGUASÍ (recuperándose del susto): *¿Qué pasó, Moya?*

En otra parte del campamento, vemos a un rebelde en CLOSE UP. Es un campesino fornido, que usa una gorra que debió pertenecer al ejército batistiano. Está al mando de la ametralladora calibre 30. Luego de vaciar contra el objetivo volador varios magazines, el rebelde se dirige a otros hombres a su alrededor, convencido de que el avión no volverá.

REBELDE (seguro): *Se fue.*

ESCENA 39. INT/EXT. NOCHE. CASA DE CAMPAÑA DE MONTIEL

Montiel imparte órdenes a Ernestico, el radiooperador, para que se comunique con otras tropas rebeldes en la Sierra del Escambray.

MONTIEL: *Mantente en contacto con el Che y avísame cualquier cosa.*

Ernestico se va. Adentro, Isabel trata de transmitirle seguridad a Montiel.

ISABEL (en lo que se arregla la canana): *Jorge, mi amor, no le des tanta importancia a esto... No ha sido más que un avioncito que tiró cuatro tiros para asustarnos, como siempre.*

Se escuchan radiocomunicaciones en clave: *Indio Azul, Indio Azul. Atención, Caracas. C03QV. Desde las montañas del Escambray.*

A la entrada de la casa de campaña, Montiel ve pasar a Moya, que viene sin camisa y sudoroso.

MONTIEL: *Moya, Moya...*

MOYA: *¿Qué pasa?*

MONTIEL: *Los planes siguen iguales: al amanecer búscate a Crespo y mándalo a Trinidad a que me chequee bien la zona.*

MOYA: *Crespo no está. Bajó a buscar los suministros...*

Montiel reacciona contrariado y exhala una bocanada de su habano.

Moya no teme hacer su sugerencia.

MOYA: *Voy a mandar a Guaguasí...*

Montiel reacciona como quien escucha la más cretina de las ideas, pero no dice una palabra. Moya trata de convencerlo.

MOYA: *Guaguasí es bueno, comandante...* (Recordando la pequeña hazaña de hace apenas unas horas.) *... Guaguasí es bueno...*

ESCENA 40. EXT. DÍA. INMEDIACIONES DEL CAMPAMENTO

Al amanecer, divisamos una montaña y a su pie un riachuelo. Del riachuelo vemos una espesa niebla mañanera y se escucha el canto de un gallo.

Un joven soldado rebelde, fusil en mano, se asoma a cuadro como chequeando el área, y hace señas a los que vienen tras él. Son Guaguasí, que viene halando una mula, y Moya, que lo sigue.

GUAGUASÍ (inquieto): *Oiga, Moya. Yo lo que voy a hacer es que voy a vender carbón al pueblo pa' distraer a la gente por allá abajo... a los soldaos.*

MOYA: *Está bien.*

GUAGUASÍ: *Ah, oígame, venga acá, ¿puedo llevar la escopeta?*

MOYA: *¿Quién ha visto un guajiro armado, compadre? La mula, y va que jode.*

GUAGUASÍ (lamentándose): *¡Ah, cará...!*

MOYA: *¿Tú no te das cuenta que si te ven armao...?*

GUAGUASÍ (al tropezar y perder el equilibrio): *¡Coño su madre!*

MOYA: *... Ten cuidao... si te ven armao, se dan cuenta que eres uno de nosotros, compadre.*

(PAUSA)

... Además, Guaguasí, las armas están en los campamentos allá abajo. Hay que arrebatárselas a los soldados de Batista, ¿tú me oyes? Arrebatárselas.

GUAGUASÍ (conforme y acotejando las mercaderías en la mula): *Sí.*

MOYA (con aires de maestro): *Tú vas en una misión muy importante: tienes que abrir bien los ojos, fijarte muy bien en todo...*

(PAUSA)

... Quiero que te fijes bien si hay tanques allá abajo.

GUAGUASÍ: *¿Tanques de agua?*

MOYA: *¿Qué coño tanques de agua, chico...? Tanques de los que tiran tiros, compadre, de los grandes, verdes esos...*

GUAGUASÍ: *Aah...*

MOYA (incrédulo): *¿Tú sabes cuáles son ya?*

GUAGUASÍ: *Ahh... Sí, sí, sí. Yo creo que sí.*

MOYA: *Mírame a ver más o menos cuántos tanques hay. Mira a ver si hay muchos soldaos... ¿Está claro eso?*

GUAGUASÍ: *Sí, sí, sí. Yo lo que estoy viendo es que un guardia de esos se vaya a dar cuenta y me vaya a sacar un arma, y yo esté desarmao... Me da cuatro tiro y me tengo que quedar con los cuatro tiro dao. Bueno, ya yo le di a usted mi palabra y yo tengo...* (en lo que se monta en la mula) ... *yo, la palabra mía es sagrada...*

Se lleva la mano abierta hasta la frente, con la palma hacia abajo, y la mueve una y otra vez desde su frente hacia Moya —que está junto a la mula—, como queriendo indicar que él prefiere estar al mismo nivel que la gente y que se va a encontrar en una posición desigual con respecto a los soldados. Recalca el gesto al decir «de aparejo».

GUAGUASÍ: *... pero a mí la verdad que me gusta estar de aparejo con la gente.*

MOYA: *Está bien, dale, dale.*

GUAGUASÍ (resignado): *Bueno, vamos a ver qué es lo que sucede...* (Pica a la mula.) *¡Muuula...!*

MOYA (al verlo alejarse): *¡Y abre bien los ojos!*

ESCENA 41. EXT. DÍA. SIERRA DEL ESCAMBRAY

Guaguasí inicia su misión. Una bandada de palomas cruza el aire a ras de los árboles. Lo vemos por cerros, bordeando riscos, llegando a un inmenso valle con un riachuelo y un frondoso árbol al centro, en la orilla del arroyo. Cae la noche. DISOLVENCIA.

ESCENA 42. EXT. DÍA. SIERRA DEL ESCAMBRAY

Guaguasí sigue en su mula, flanqueando lomeríos, cabalgando al centro de otro valle hasta que parece llegar a un sitio con mayor acceso a la comunicación. Desde una valla que anuncia el popular jabón Candado, Guaguasí divisa una carretera angosta, no asfaltada, al final de la cual se produce cierto trasiego militar.

P.O.V. de Guaguasí desde la valla anunciadora: se precisan en la distancia dos tanquetas y un yipi dando marcha atrás y quizá una veintena de soldados del ejército. Un hombre vestido de guayabera está siendo interrogado o charla con los soldados de Batista. El hombre en guayabera monta su caballo y se despide de los militares. Las tanquetas y el yipi se marchan por la carretera.

Guaguasí se ha movido ahora hacia una cuneta cerca de la valla desde donde ha visto todo. El hombre que hablaba con los soldados le pasa por delante, a caballo, y Guaguasí descubre que se trata de su vecino Perdomo, el comerciante de ganado menor. Como Guaguasí se ha tomado tan en serio su misión, opta por no saludarle ni hablarle.

ESCENA 43. INT. NOCHE. CAMPAMENTO REBELDE

Se escuchan los habituales sonidos de la planta de radio, y en la casa de campaña del comandante Montiel, este juega con sus barajas sobre el cajón, en compañía de los jóvenes rebeldes Carlos y Ernestico. Este último bromea con Montiel sobre su suerte. Es obvio que Carlos está ganando el juego.

MONTIEL: *A ver, a ver, compadre. Esta es su noche de suerte.*

ERNESTICO (irónico): *Está sapiao...* *

MONTIEL: *No, el que está sapiao eres tú. ¿Seguimos?*

CARLOS (satisfecho): *No, qué va. No quiero que me cambie la suerte esta noche.* (Dirigiéndose a Ernestico.) *Ernesto, ¿te quedas?*

ERNESTICO: *No, no, no. Yo me voy a surnar.* **

MONTIEL (riéndose): *¿A queeé?*

ERNESTICO: *A surnar...* (confianzudo) *... que entre usted y yo, comandante, me parece que usted estaba amarrando las cartas.*

---

* Sapiao: sapeado, de sapo, el que tiene o le echan mala suerte.
** Surnar: dormir, en el *argot* popular habanero.

Montiel se ríe. Se marchan los jóvenes. Montiel se queda jugando solo. Vemos la luna llena sobre el campamento. Montiel e Isabel se abrazan dentro de la casa de campaña. Termina el día. Va a negro.

ESCENA 44. EXT. DÍA. CAMPAMENTO REBELDE

En la ladera de una montaña, vemos a Montiel, Moya e Isabel. Montiel, fumando su habano como siempre; Isabel se seca su larga cabellera negra con una toalla blanca; Moya ayuda a Guaguasí, quien acaba de llegar de la misión, tan cansado como su mula.

GUAGUASÍ (desmontándose): *¡Hacía una calor allá abajo tremenda!*

MONTIEL: *Bájate, ven.*

GUAGUASÍ: *No, no, no, allá abajo, alabao, alabao sea Dios, allá abajo...*

MONTIEL: *Cuidao...*

GUAGUASÍ: *Está lleno to de soldaos... Está cundío.*

Montiel quiere medir la fuerza del enemigo, quizá con el propósito de avanzar la lucha hacia el llano. Inquiere de Guaguasí insistentemente.

MONTIEL: *Bueno, ¿y los tanques?... ¿Tanques? Me interesa saber, ¿viste tanques?*

GUAGUASÍ: *Bueno, yo vi...* (se lleva el dedo índice a los labios, con el rostro inmovilizado en gesto de duda, como tratando de recordar) *... a ver ...* (levanta la mano con dos dedos extendidos) *... yo vi dos.*

MONTIEL ¿Dos? (Reconfortado): *Eso está bueno. Aquí donde estamos encaramao, esos tanques jamás podrán subir hasta aquí. Está perfecto.*

Del bolsillo de la camisa de su uniforme saca un puro y se lo da a Guaguasí.

MONTIEL: *Toma, mira, lo estaba guardando pa' ti. Te ganaste un tabaco, guajiro... por eso...*

GUAGUASÍ (feliz): *Muchas gracias.*

MONTIEL: *Buen trabajo.*

Guaguasí y Moya ven alejarse a Montiel y a Isabel. Montiel le pone el brazo por detrás a Isabel.

GUAGUASÍ: *Buena gente.*

Moya lo mira con la satisfacción de saber que es su descubrimiento.

MOYA: *Ñooo...*

Los dos hombres se ríen en camaradería.

ESCENA 45. EXT. DÍA. CAMPAMENTO

La cámara panea por un claro de lo que parece ser el centro del campamento. Se capta la serenidad del campamento en esta pacífica hora de la mañana. Se escuchan comentarios de los soldados rebeldes. VOZ EN OFF de rebelde: *Oye, Jaime, ¿no hay ninguna revista que leer por ahí?* En un cercano riachuelo, vemos a Moya con sus pantalones verde olivo subidos hasta las rodillas y sin zapatos; recoge algunas piedrecillas del suelo y las tira al río, se lava el rostro y las manos. Hacia la izquierda, Guaguasí orina de espaldas a cámara. Es tanta la pesadez del sol que produce un efecto de niebla sobre el río, como si éste despidiese vapor. Moya abandona el río y se acomoda sobre una roca cerca de la margen. En lo que se pone las botas, le habla a Guaguasí como revisando la misión que le había confiado. Guaguasí continúa orinando.

MOYA (afectuoso): *Guagua.*

GUAGUASÍ (de espaldas a Moya): *¿Queé?*

MOYA (cortante): *La verdad que lo de Perdomo no tiene precio, compadre.*

GUAGUASÍ (cándido): *¿Pero qué ha hecho el individuo ese?*

MOYA (más cortante): *¿Qué ha hecho ni qué ha hecho? ¿Tú no ves que ese lo que está haciendo es trabajar para los batistianos?*

Guaguasí se cierra su bragueta, se voltea y se acerca a Moya. Ya se ha ganado el derecho a tener su arma y ahora no la suelta. Es una escopeta de dos cañones. Se sienta con ella entre las piernas. Toma piedrecillas del suelo y comienza a tirarlas al riachuelo. Moya tiene la camisa abierta, dejando ver su barriga, y el pelo mojado por haberse echado agua en la cabeza. Durante toda la escena se escucha el murmullo del riachuelo.

GUAGUASÍ: *... si el hombre lo único que estaba haciendo era hablando con los soldao, Moya...*

MOYA: *Con los soldao, ¿no?*

GUAGUASÍ: *Ji.*

MOYA (confrontándolo): *¿Pero usted es verraco, compadre, eh?*

GUAGUASÍ: *No, yo no soy verraco. No, no, no. Ese tipo de cosas la verdad que no me gusta, Moya. No, no, no. Yo no soy verraco.*

MOYA: *Pues lo pareces, ¿está bien?*

GUAGUASÍ: *No, no, no.*

MOYA: *Lo pareces. ¿Tú no ves que cualquiera que esté hablando con un soldado de Batista no puede estar haciendo nada bueno? Ese tipo es un chivato y hay que limpiarle el pico...*
    (PAUSA y comienza a seducirlo)
... Guagua, vaya, digo yo, no sé, se me estaba ocurriendo a mí... (Se echa para atrás, acomodándose para lanzar su idea.) *... Ven acá, ¿a ti no te gustaría algún día poder ser el jefe de Charco Azul?*

GUAGUASÍ (como tragándose las palabras): *A mí me da igual.*

MOYA: *¿Me da igual? Siga por ahí, chico. Me da igual ni me da igual...* (Apelando a su codicia.) *Bueno, como te da iguar, yo me imagino que a ti no te importe irte pa' La Habana, tener tu jeva, tus billetes... ¿Te da igual, no, eh?*

GUAGUASÍ (deja de tirar piedrecitas al río y se incorpora): *Bueno, eso sí, eso sí. ¿Tú te crees...?* (fusil en mano, camina hacia donde Moya está sentado)... *¿Tú te crees que yo soy bobo, eh?*

MOYA (subiendo la mirada): *¿Bobo?*

GUAGUASÍ: *¿Eh?*

MOYA (demandando más): *Sí, pero óyeme, para hacer eso hay que mojarse las nalgas.*

Guaguasí sigue de pie, acompañado del fusil que sostiene por el cañón. La culata del arma se apoya en la tierra.

GUAGUASÍ (hablando consigo mismo): *Eh, y yo me las mojo.*

MOYA (escéptico): *¿Tú te las mojas?*

GUAGUASÍ: *Sí.*

MOYA (incrédulo): *Está bien.*

GUAGUASÍ (emocionándose): *Yo me las mojo.*

MOYA (satisfecho): *Está bien.*

GUAGUASÍ: *¡Pero cómo no me las voy a mojar!*

MOYA (cansado de la chuscada): *Está bien...*

GUAGUASÍ: *Tú vas a ver ahora mismo...*

Tomando literalmente el reto de Moya, Guaguasí suelta la escopeta y corre vestido con sus ropas de carbonero, hacia el riachuelo. El agua cae en un hilillo por la ladera. Dentro del río, con el agua por los tobillos, se detiene, se baja los pantalones, se moja las nalgas y se inclina para mostrárselas a Moya.

GUAGUASÍ: *¡Moya, Moya, mira, Moya, mira p' acá!*

MOYA (resignado): *Este tipo está loco. ¡Qué va!*

GUAGUASÍ: *¡Mira, me las mojé!*

Corre en dirección a cámara, chapoteando.

*ESCENA 46. EXT. DÍA. OTRA MARGEN DEL RIA-
CHUELO*

Montiel e Isabel conversan a la sombra de un árbol, junto al río. Isabel está sentada en un tronco; Montiel, en el suelo, le rodea las piernas con sus brazos. Ella muestra dudas sobre la violencia, las pugnas, el terror y las venganzas dentro del proceso insurreccional. Sus argumentos tienen un cierto dejo cristiano, pequeñoburgués y están inspirados en cierta melancolía. Montiel defiende el precio de la lucha y sus aspectos caóticos, anteponiendo una especie de fe patriótica.

ISABEL: ... *Es que todas las venganzas estas nunca van a parar.*

MONTIEL: *No, yo no creo en eso. Los cubanos no somos así.*

ISABEL: *Pero no es cuestión de creer o no creer sino de analizar a dónde nos va a llevar todo esto.*

MONTIEL: *Todo eso va a cambiar y va a haber paz y va a haber armonía...*

Sube las manos cariñosamente hacia el muslo de la muchacha mientras ésta, quitándose la boina, deja que su larga cabellera caiga suelta.

MONTIEL: ... *y tú verás que vamos a echar esto p' alante.*

*ESCENA 47. EXT. DÍA. TRILLO DE LA CASA DE PER-
DOMO*

Aquí comienza una ACCIÓN PARALELA para seguir el diálogo de Montiel e Isabel combinándolo con la nueva acción de Moya y Guaguasí en las sucesivas escenas.

Guaguasí encamina apresuradamente a Moya hacia la casa de Perdomo, un bohío bien cuidado y rodeado de chivos y otros animales. Extrañamente, es Moya quien lleva la escopeta de Guaguasí. Apuran aún más el paso. Guaguasí se nota nervioso. Llegan justo ante la casa y se detienen ante su portal, en cuya baranda hay un caballo amarrado. En el suelo, hay una llanta de camión con el nombre de Rivero Agüero (el candidato que Batista promovía en un intento de elecciones amañadas dentro de la insostenible situación de su régimen) pintado a mano con letras blancas.

GUAGUASÍ: *Mire, esa es la casa de él.*

ESCENA 48. EXT. DÍA. RIACHUELO

CORTE a Isabel y Montiel en situación similar a la de la escena 46.

ISABEL: *... la verdad es que yo no puedo ser tan optimista, y lo peor de todo es que lo único que estamos aprendiendo es a odiar y a matar.*

MONTIEL: *Lo que estamos haciendo es para lograr un bien común. Es como...*

ESCENA 49. EXT. DÍA. BOHÍO DE PERDOMO

Moya y Guaguasí se detienen casi ante la puerta.

GUAGUASÍ (tajante): *¡Perdomo!*

PERDOMO (desde adentro): *¡Adelante!* (Se asusta al ver que ya Guaguasí está adentro) *... Ajá. ¿Quieres un poco de café, Alberto?*

GUAGUASÍ (intenso): *Yo no tomo café en esta casa.*

Perdomo está fumando, sentado a una mesa con mantel de hule rojo. En la pared tras él, hay un pequeño cuadro con un ojo pintado, símbolo de protección africano enraizado en la creencia popular cubana. Guaguasí sigue de pie como imantado al suelo, tenso; su mirada está llena de terror.

Por una puerta lateral, detrás de Perdomo, vemos entrar sigilosamente a Moya. Lleva la escopeta de Guaguasí en la mano. Perdomo no advierte su presencia hasta que siente el frío cañón de la escopeta en la nuca.

MOYA (entre dientes y con mirada torva): *Te vinimos a buscar pa' que pagues todas tus chivaterías y aprendas a ser un hombre, ¿oyes?* (Tras levantar a Perdomo, le ordena a Guaguasí.) *Guaguasí, agarra esa soga y amárralo a la guásima ahí...* (A Perdomo.) *Camina, tú.*

ESCENA 50. EXT. DÍA. RIACHUELO

TWO SHOT de Montiel e Isabel. Se miran. Parecen sentirse lejos de cualquier caos, separados de toda violencia. Parecen buscar alguna paz dentro de ellos mismos.

ESCENA 51. EXT. DÍA. BOHÍO DE PERDOMO

Guaguasí empuja a Perdomo quien avanza tensa pero obedientemente.

GUAGUASÍ: *Arrímate ahí, coño.*

Guaguasí ha atado a Perdomo a un árbol en el que hay un madero en cruz. El madero sobresale a ambos lados de Perdomo.

PERDOMO (aterrado): *Concho, concho, compay.*

MOYA (devolviendo la escopeta a Guaguasí): *Agarra, agarra ahí.*

PERDOMO (incrédulo): *Concho. Esto es una jarana, ¿no?*

MOYA (al mando): *Ven p'acá, párate ahí.*

(Guaguasí lo obedece y se para tieso junto a él.)

... En nombre de la revolución y del pueblo cubano, se le aplica a este chivato la justicia revolucionaria. ¡Prepara!

TWO SHOT de Moya y Guaguasí. PLANO GENERAL de los tres. MEDIUM SHOT de Perdomo atado al árbol.

Guaguasí es un amasijo de nervios. Parece reventar de terror. Esquiva las órdenes enérgicas de Moya no sólo porque carece de eficacia militar, sino porque ni siquiera puede entenderlas en medio de su pavor.

MOYA (vociferando): *¡Que prepares, compadre! ¡Dale!*

Los animales de Perdomo perciben el peligro y se produce una sinfonía de berridos. Moya insiste en su grotesco ritual y explica a Guaguasí en qué dirección debe colocar la escopeta.

MOYA: *Ahí... apunta, p' arriba.*

(PAUSA)

¡Fuegooo! (decepcionado.) *¡Ave María! ¡Que tires, chico, tira, vamos!*

GUAGUASÍ (vacilante y jadeando): *En nombre de la revolución, de todo... todos los chivatos... del pueblo cubano...*

En un ataque que es mezcla de asco, pánico e ira, Guaguasí no dispara sino que arroja con fuerza la escopeta contra la tierra.

ESCENA 52. EXT. DÍA. RIACHUELO

La ACCIÓN PARALELA retoma a Montiel e Isabel, en su conversación a la margen del río. En CLOSE UP, vemos el rostro algo contrariado de Montiel, que es acariciado suavemente por la mano de Isabel. Montiel vuelve a mirarla fijamente y sonríe con un resoplido carente de significación.

ESCENA 53. EXT. DÍA. BOHÍO DE PERDOMO

La ACCIÓN PARALELA concluye bruscamente con Guaguasí que ha recogido la escopeta y ahora la empuña temblorosamente.

GUAGUASÍ (disparando): ... *¡la justiciaaa...!*

El cartuchazo de la escopeta de Guaguasí destroza el pecho de Perdomo. Su cabeza cae hacia delante, su cuerpo queda sujeto por la soga al madero cruzado y su camiseta se ve ensangrentada. El grito de ¡justicia! ha quebrado la voz de Guaguasí, quien ahora más nervioso, parece ser batido por fuertes vientos junto a un Moya inconmovible, con su inseparable sombrero tejano y escaso de reacción en este momento brevísimo. Aumenta la algarabía de los animales.

ESCENA 54. INT. NOCHE. PASILLO DE EDIFICIO HABANERO

Vemos la puerta de un apartamento moderno en la cual hay una decoración navideña. A la misma llega Bigote, uno de los esbirros del coronel Acosta, vestido con el uniforme azul de la policía de Batista. Toca a la puerta con el puño cerrado. Se escuchan ruidos, música, un piano y general ambiente de fiesta provenientes de otros apartamentos en el mismo pasillo.

Abre la puerta Rafael —a quien todos conocen como Flor—, un coreógrafo de nite-club, de unos treinta y cuatro años. Es delgado, esbelto, con el pelo excesivamente teñido de un rubio que se ha tornado rojizo. Sus modales son afectados y gesticula desmesuradamente. Cuando abre la puerta y sale, vemos que tiene en la mano un gorrito verde, de cartón, de los que se usan en fiestas de fin de año. Viste pantalones y camisa de *smoking*, con lacito a medio quitar. De una habitación dentro del apartamento, se hace más clara ahora la música de un cha-cha-cha. Flor mira a Bigote con cierta lascivia y pasa la punta del gorrito de cartón por el pecho del esbirro, juguetonamente.

FLOR (pronunciando con exageración su inglés cubanizado): *Japi niu yiar.*

Se producen PLANOS y CONTRAPLANOS del diálogo entre Bigote y Flor.

BIGOTE: *Flor, dile al coronel que el presidente lo llama de la FAE.*

FLOR: *¿FAE?*

BIGOTE: *Fuerza Aérea del Ejército, chico.*

FLOR: *Uy, directico de El Indio,* * *¡que caché!*

BIGOTE: *Déjate de comer mierda, dile que lo espero en el carro.*

ESCENA 55. INT. NOCHE. APARTAMENTO DEL CORONEL ACOSTA

Flor ha cerrado la puerta. Camina por un largo pasillo, patea al aire una servilleta de papel sobre el regado suelo, tras lo que evidentemente ha sido una fiesta. Llega a la puerta de una de las habitaciones de donde provienen voces y música. Toca a la puerta.

FLOR (pegando el oído a la puerta): *¡Coroneel...!*

VOZ EN OFF del coronel: *¡Fuera, fuera!*

---

* El Indio: apodo de Batista, relacionado a una figura de la santería que reúne las siete potencias africanas y que tiene gran arraigo entre los creyentes. El Indio es una versión del ángel de la guarda. Se le considera milagroso y principalmente una figura de fuerza. Se decía que Batista era hijo de Changó, que es Santa Bárbara en la creencia santera; el rayo y el fuego son sus armas favoritas y con ellas destruye a sus enemigos.

FLOR: *Coronel... coronel... Lo llaman de la FAE...*

VOZ EN OFF del coronel: *Fuera, fuera...* (como alardeándole a alguien) *Dom Perignon... Champán de la Viuda, lo que tú quieras. Dom Perignon... ¡lo que tú quieras...!*

Flor desiste y se va caminando el resto del pasillo hasta una vitrina blanca en la que hay un árbol de Navidad blanco con adornos pascuales. A un lado vemos un gorro amarillo de cartón, rezago de la fiesta, y también sobre la vitrina, una copa de champán que Flor bebe entre resignada y mecánicamente. Se vuelve apoyando sus nalgas en el mueble. Bebe y se torna algo pensativo. Al voltearse de nuevo, se descubre un adorno: un elefante blanco, de cerámica, al que probablemente se asigna la facultad de proporcionar la buena suerte; hay también una foto del dictador Batista en un marco dorado y una abandonada invitación al coronel Acosta, para un evento de esa misma noche. Flor descubre la invitación y lee para sí algunas líneas de la misma con cierto asombro burlón.

FLOR: *¡Uyy... guarapo! «El general Batista y su distinguida familia tiene el placer...» Ujum...*

Texto del INSERT de la invitación que vemos en CLOSE UP:

       (escudo de la República)

> *El Honorable*
> *Señor Presidente de la República de Cuba*
> *General Fulgencio Batista y Zaldívar*
> *y su señora esposa*
> *tienen el honor de invitarle a Ud.*
> *y a su distinguida familia*
> *a despedir el*
> *Año 1958 en la*
> *«Gran Fiesta de Año Nuevo»*
> *en el Palacio Presidencial*
> *el 31 de Diciembre de 1958*

Etiqueta   *RSVP*

Flor vuelve a poner la invitación sobre el mueble y ante la foto de Batista, sacude sus manos contra el viento como en un acto de despojarse de acuerdo a los ritos afrocubanos. Se va de cuadro. La suite queda sola. Vemos la amplitud del salón principal. Hay comida abandonada en una bandeja y un cerdo asado con una manzana en la boca. De la habitación donde estaba el coronel Acosta vemos salir ahora al temible jefe de policía vistiendo pantalón blanco y camiseta blanca. Lo acompaña Marina, una mujer de unos veinticinco años. Viste un ajustado deshabillé negro que revela la belleza de su figura. Tiene la negra cabellera recogida en forma de moño. Marina lleva una copa de champán en la mano, y el coronel Acosta una botella. Es evidente que están ebrios, condición que se acentúa en sus ojeras y cuando tratan de caminar abrazados hasta la terraza del moderno e impersonal apartamento. Van riéndose y el coronel exclama.

ACOSTA: *Coño, qué clase de nota tengo.*

Llegados a la puerta de la terraza, el esplendor de la luz del amanecer se cuela por la transparente cortina de tul blanco. Se escuchan disparos, ráfagas y sirenas lejanas de coches de policía. Cuando el coronel abre la puerta corrediza de la terraza,

los antes remotos sonidos callejeros irrumpen de tal modo que silencian el cha-cha-cha proveniente de la habitación contigua. Los disparos y las sirenas parecen dibujar un anuncio maldito en el rostro de Acosta y una mueca de augurio cumplido en el cansado pero bello rostro de Marina. El coronel sólo atina a cerrar de nuevo la puerta corrediza de cristal de la terraza, y al apoyarse sobre la misma, una vez cerrada, parece estar marcando el final de una época, su derrotación.

ESCENA 56. MONTAJE DE PIETAJE DOCUMENTAL

Se recrea la caída del dictador Batista y el triunfo de la revolución, a través de un MONTAJE respaldado sonoramente por voces y anuncios sobre los acontecimientos, mezclados con instrumentos metálicos que parecen repetir la llamada de una típica comparsa cubana. Predomina el saxofón, lujurioso, que motiva los instrumentos percusivos. Estas son las imágenes del MONTAJE:

Coche perseguidor de la policía que entra velozmente en cuadro; en un amplio portal habanero, vemos soldados armados controlando un gentío; policías sacando de un automóvil a un detenido; soldados con cascos y armas largas disparan en lo que suben una escalinata; un vehículo que ha sido incendiado; el caos de una manifestación sobre la que avanzan guardias armados; un sacerdote que se acerca en son de paz a un soldado en medio de una reyerta; una hilera de policías, cubriéndose y disparando, pegados a una pared; un grupo de activistas civiles, en su mayoría estudiantes, que suben cargando a un herido por una escalinata; soldados batistianos cubriéndose y avanzando con armas largas por una callejuela; más universitarios y activistas civiles que pelean y embisten a la policía sin temor, en presencia de un fotógrafo; en el claro de una azotea, la silueta de un soldado dibujada por el sol de la tarde, mientras dispara un fusil; más soldados de Batista que avanzan cautelosos; un civil que dispara desde una ancha columna de un portal citadino con una ametralladora Thompson; un hombre carga a otro que va herido y pasa por entre unos guardias, seguido de otro civil; desde otra gruesa columna de portal, donde descansa un palo de billetero vacío, un soldado que dispara agachado; muchedumbre de cuerpos y piernas que se mueven al compás del caos; dos hombres cargan a una joven mujer que se convulsiona y grita como en un ataque de nervios (lo que los cubanos suelen llamar una «sirimba»), en medio de otra reyerta, viéndose al fondo un cartel que anuncia una verbena (baile popular) con la orquesta Aragón; activistas civiles junto a un auto, uno de ellos sujetando a un herido; frente a un edificio, un grupo de civiles destruye muebles y artículos de una casa recién saqueada; otro civil que tira al suelo un teléfono público que ha sido arrancado de alguna cabina; el teléfono cae en medio de la calle y la muchedumbre le propina estacazos; una pira hecha con muebles saqueados frente a un edificio donde se leen los siguientes emblemas:

Confederación de Concejales de Cuba, CPN, GUÁS INCLÁN, Alcalde-Oficinas; vemos balcones donde la gente se apretuja y saluda con banderitas cubanas; entre una multitud que avanza corriendo jubilosamente, eufórica, por la calle, va un hombre en bicicleta; otro hombre con un pequeño letrero en el que se lee: *Llegó Fidel, huyó Batista;* un automóvil de cuyas ventanillas salen manos que se agitan y una bandera del 26 de julio al revés; otra aglomeración de ciudadanos frente a la Universidad de La Habana; primer MEDIUM CLOSE UP de Fidel Castro, barbudo y con su uniforme de rebelde, junto al periodista y documentalista José Guerra Alemán, sobre un tanque que entra en la capital habanera.

VOCES EN OFF —en inglés, italiano, francés y alemán— como provenientes de radios: *Voceros del movimiento 26 de Julio, del Directorio Revolucionario 13 de Marzo y otros factores de la resistencia cubana contra el dictador Batista, confirmaron la debacle de dicho régimen... El pueblo se abraza en las calles...* Gritos en la calle (como en una comparsa): *Abre que voy, cuidao con los callos, ¡Viva la Revolución!, ¡Abajo Batista!, ¡Viva Fidel Castro!, ¡Viva el 26 de Julio!*

El MONTAJE ha continuado y seguimos viendo: un camión repleto de gente en plan de celebración; soldados rebeldes de la Sierra Maestra en otro camión; un autobús del central Jobabo, de cuyas ventanillas surge una formación de brazos que saludan de una manera indeliberadamente uniforme; un acto multitudinario; un camión lleno de otros rebeldes que saludan, jubilosos; una rastra que carga un tanque con rebeldes.

VOZ EN OFF de Fidel Castro: *Lo que Cuba puede dar a los pueblos, y ha dado ya, es su ejemplo...*

CLOSE UP de Fidel Castro que lleva a su espalda su rifle de mira telescópica apuntando al cielo. La cámara se acerca a sus ojos para verle curioso, pensativo, decidido, hinchado de gloria.

VOZ EN OFF de Fidel Castro: *¿Y qué enseña la revolución cubana?*

El MONTAJE concluirá en su rostro sobre el que se escuchará el final del tema musical de este segmento, los últimos gritos de la muchedumbre, el enloquecido fundido de instrumentos metálicos que sepultarán al saxofón más tenue que inició el MONTAJE para dar paso a una explosión artificiosa de voladores y cohetes sobre la que se escucha la conclusión de su arenga. VOZ EN OFF de Fidel Castro: *¡Que la revolución es posible!* Se produce un encadenado sonoro del rostro de Castro en blanco y negro al reflector de un cabaret donde tres hermosas coristas en primer plano dan inicio a una coreografía bullanguera y tropical con el tema «Cachita».

ESCENA 57. INT. NOCHE. CABARET

Es un amplio salón; el escenario principal es como el de un teatro y de esta pista sale una pasarela que atraviesa el centro mismo del salón, a ambos lados de la cual hay muchas mesas con manteles rojos y pequeñas lámparas. Está abarrotado de público entusiasta y elegantemente vestido. En las mesas, el público comenta y lanza opiniones que se pierden en el bullicio general.

Más de veinte mujeres danzan en la pista del cabaret: son coristas jóvenes y hermosas que visten fastuosas trusas, capas, sombreros y mallas festoneadas por lentejuelas. Hay variedad de atuendos, y dos bailarinas llevan maracas en la cabeza y en el trasero de la trusa. Tres forzudos vestidos como guardianes de un harén mueven tres plataformas rodantes con escenografía de cocoteros, sobre cada una de las cuales se apoya una mujer. En las plataformas van Marina, quien parece esteralizar el espectáculo; Elisa, una risueña mulata de unos veinticuatro años, alta; y Cassandra, de tez muy blanca y aire de española, con el pelo oxigenado, de unos veintidós años.

El espectáculo tiene una estrella masculina, el *vedetto*, hombre joven, de estatura mediana y cuerpo de bailarín. Es el cantante.

En el público, sentados a una mesa circular, de color verde billar, están los soldados rebeldes Irenaldo Moya y Alberto (alias Guaguasí), celebrando en La Habana la llegada de la revolución en sus primeros días. En su mesa hay una botella de ron Bacardí de la que beben sin cesar. Moya viste su mismo uniforme verde olivo, ahora algo más acicalado, y su habitual sombrero tejano. Lleva un pañuelo blanco en la mano derecha. Casi nunca lo guarda: es como su talismán contra el feroz calor. El pañuelo en la mano es también un símbolo de «guapería» callejera. Guaguasí ha cambiado mucho desde los días de la Sierra y ya no parece un carbonero: una melena le llega a los hombros, la larga barba le da el aspecto de uno de los héroes de moda, y viste uniforme verde olivo con una boina vasca. En el cuello tiene puesto un rosario negro. Moya se dirige a Guaguasí que está deslumbrado.

MOYA: *¿Qué te parece esto?*

Guaguasí responde con sus azorados ojos.

CANTANTE:

> «*Oyeme, Cachita, tengo una rumbita*
> *pa' que tú la bailes como bailo yo*
> *muchacha bonita, mi linda Cachita,*
> *la rumba caliente es mejor que el son.*
> *Mira que se rompen ya de gusto las maracas*
> *y el de los timbales ya se quiere alborotar...*»

MEDIUM SHOT: Una de las bailarinas, de las que llevan dos maracas enganchadas al trasero de su trusa y otras en la cabeza, las sacude con su frenético contoneo ante el cantante bailarín que sin perder el ritmo interrumpe la canción, posa su vista pícaramente en las inquietas posaderas de la bailarina y exclama casi cantando:

CANTANTE: *¡Ay, mamá!*

Reacciones de asombro y risas del público en las mesas.

CANTANTE:

> «*... Se divierte hasta el francés*
> *y también el alemán*

> *y se alegra el irlandés*
> *y hasta el musulmán.*
> *Y el que tenga su pesar:*
> *que se busque su Cachita,*
> *y le diga: ven, negrita,*
> *vamos a gozar...»*

Moya le hace un gesto a Guaguasí como pidiéndole su aprobación por el espectáculo que están viendo. Los dos fijan sus ojos en el cocotero rodante que lleva a Marina. CLOSE UP de Marina, que está un poco asustada ya que debe mantener el equilibrio con el cocotero que se mueve.

CANTANTE:

> *«... Y en la rumba no hay frontera*
> *pues se baila hasta en el Polo,*
> *yo lo he visto bailar solo*
> *hasta a un esquimal.*
> *Cachita está alborotá,*
> *ahora baila el guapachá.*
> *Como quiera que te pongas se te ve*
> *por delante y por detrás*
> *qué buena estás...»*

Con el último estribillo terminan las evoluciones de la compañía de baile y todos quedan como congelados en la pista, esperando el aplauso que se hace ensordecedor. Cae el telón. Vemos de nuevo a Moya y Guaguasí aplaudiendo desenfrenadamente, aunque algo atrasados con relación al público. Moya sostiene el pañuelo en la boca, mordiéndolo. Guaguasí está aprendiendo a aplaudir: lo hace incordinadamente y con la alegría de un niño en una feria.

Sale a escena el coreógrafo-animador del espectáculo. Es Flor. Viste camisa blanca con lazo rojo, pantalón y chaqueta rojos con lentejuelas doradas en la solapa; un maquillaje exageradamente blanquecino acentúa el oxigenado de su pelo y lo coloca de inmediato en un marco de decadencia circense. Con sus amplios gestos, micrófono en mano, se vanagloria de la presentación.

FLOR: The Capri Nite Club, *el Cabaret Capri, se siente tan orgulloso en haberles presentado en esta gloriosa noche...* feels so proud to have presented tonight, *su producción «París en La Habana»...*

TWO SHOT de Moya y Guaguasí en la mesa.

MOYA (provocándolo): *¿Tú no te das cuenta que estás en La Habana?*

GUAGUASÍ (tímido, desconcertado): *Sí, sí.*

MOYA (alterado): *Que sí ni sí, cangro-e-yuca.* * *Estás en La Habana, el París de las Américas.*

En el fondo se escucha la voz de Flor, el coreógrafo-animador. Habla en su presentación a los norteamericanos presentes en el público. VOZ EN OFF en Flor: *Ha, ha, but hold on to your sombreros... The show must go on...* MEDIUM SHOT de Flor.

FLOR (agarrándose de la cortina): ... *From the land that Christopher Columbus discovered and baptized as the most beautiful land in the world... heeeere is, sweeter than sugar cane: Ana Gloria...!*

MOYA (sigue provocando a Guaguasí): *Quítate el arique.*

Guaguasí, nervioso y deslumbrado todavía por el espectáculo, toma literalmente las palabras de Moya y mira para abajo de la mesa para comprobar que no lleva un arique (cordón que puede ser de soga o de hoja de palma que el campesino usa para amarrar el bajo de su pantalón para mayor comodidad en el trabajo).

GUAGUASÍ (algo enojado): *Óyeme, Moya, no me gusta que juegues conmigo de esa manera: yo no tengo ningún arique. No me gusta que me engañen.*

---

* Cangro-e-yuca: expresión campesina que significa imbécil, tonto. También se emplea «tabla de yuca».

MOYA (contemplándolo): *La verdad que usted es cómico, compadre.*

GUAGUASÍ (lastimado pero no ofendido): *No, yo no le veo ná de cómico a esto, chico.*

ESCENA 58. INT. NOCHE. CAMERINOS

Es una habitación larga y estrecha, con las paredes prácticamente cubiertas por los espejos donde se maquillan las coristas. A un extremo, hay largas perchas para colgar los fastuosos trajes del espectáculo. Cada espejo tiene una mesita adosada, cubierta por polveras, pintalabios, pequeños frascos de pintura de uñas, peines, cepillos y demás artículos de maquillaje. Encima de los espejos, hay bombillas que derraman su fuerte luz sobre los mismos. En los bordes de los espejos, las coristas han colocado imágenes de santos, fotos de ellas mismas, de sus familiares, de artistas nacionales (Rita Montaner, Beny Moré, etc.) y de Hollywood (Rita Hayworth, Marilyn Monroe, Rock Hudson, etc.).

El choque de la luz que se refleja en los espejos, con el colorido general de la habitación, crea una difusa tonalidad rojiza, que impregna el ambiente y le confiere una atmósfera de desenfado y consentimiento. Provenientes de la pista del cabaret, vemos llegar a los que participaron en el número «Cachita». Se escucha música americana del nuevo número (un *foxtrot*). Flor entra a cuadro, sin camisa, con una cadena de oro al cuello y llevando un termo. Le sigue Marina. Se detienen ante uno de los espejos. Ella se revisa el maquillaje facial. Todo el tiempo se verán reflejados en el espejo, creándose así una doble imagen. Les pasa cerca un joven bailarín, muy delgado, casi escuálido, cuyo rostro es un exceso de brillos. El bailarín mira con suspicacia a Marina y a Flor, como recelando de lo que hablan. Al pasar junto a ellos, le habla a Flor.

BAILARÍN (afectado): *Rafaelito, déjate de compincheo.*

Flor lo observa irse y le comenta a Marina.

FLOR: *¡Ay, qué arpía! La criaron con leche de aplanadora.*

Se escuchan voces de coristas y bailarines llamando, conversando, discutiendo y riéndose.

Diferentes VOCES EN OFF: *Esa mujer está loca... está loca... China, ya voy... Carmita, ¿quedó café?... Reina, pásame el termo... Lo que pasa es que es muy chismosa... Mirta, Mirtica, ¿vieja, dónde están mis cosméticos?... Ahora ella se ha echado a un jabao, siempre se trae un brete...*

Parada ante su espejo, en cuyo borde se precisa una estampa de Santa Bárbara, Marina se quita el gorro de plumas en lo que Flor le habla conspirativamente.

FLOR: *Oye, y tú mejor ponte pa' tu número, hija mía. Aquí la cosa se ha puesto que no puede haber nada, nada, que huela al pasado...*

Flor la ayuda a quitarse un collar.

MARINA: *No, mi vida, si yo lo vi venir todo clarito, clarito. Llámalo tú intuición, espiritismo, brujería, los santos, como tú quieras, pero yo lo vi venir todo clarito, clarito, en un sueño que tuve.*

FLOR (cándidamente): *Ay, ¿en serio?*

MARINA: *Fíjate tú qué cosa, la semana pasada yo soñé...*

Los dos se sientan ante el espejo y Marina comienza a quitarse ganchos del moño de su pelo. Flor la escucha ansioso.

MARINA: *... que estaba sentada en el muro del Malecón y en eso pasa un tipo del SIM* y me da tremendo pellizco en una nalga...*

Al quitarse el último gancho, el pelo le cae sobre los hombros. En ese preciso momento, pasa por detrás de ellos la más alta y corpulenta de las coristas, cubierta sólo por una toalla blanca que la envuelve desde la altura de los pechos hasta el principio del muslo.

FLOR (reaccionando al cuento de Marina): *Uyuyui...*

---

* Servicio de Inteligencia Militar en el régimen de Batista.

MARINA: *No te rías, si es verdad.*

Entra en cuadro la mulata Elisa. MEDIUM SHOT de Elisa en vestido color lila escotado y grandes aretes en las orejas.

ELISA (muy entusiasmada): *¡Oye, Marina, apúrate, que ahí está el ligue, vieja!*

Marina no parece impresionarse con la noticia que le ha traído Elisa y sigue hablando con Flor en lo que se levanta maquinalmente, camina hasta donde están las perchas, seguida de Flor que le lleva su capote blanco, y una vez aquí, remata.

MARINA: ... *porque óyeme, yo sí te digo que el que a mí me hace daño... o se mete conmigo, a ese...* (se besa el índice y el pulgar de la mano derecha, puestos en cruz) ... *¡a ese Dios lo castiga!*

Desde donde están Marina y Flor, se ven algunas coristas, sin más ropa que la pieza inferior del bikini tipo taparrabo (G-string), arreglándose sensualmente frente a los espejos.

FLOR (dándole la razón a Marina): *Ay, niña, te deberías de meter a espiritista. Mira que ya yo te he visto acertar veces.*

MARINA (pícara): *A lo que me voy a meter es a pelotera, porque le pienso echar el guante a uno de esos rebeldes que están sentados en mesa de pista.*

FLOR (interesado): *¿Co man dan te?*

MARINA (apática): *Yo ni sé.*

FLOR (intrigante): *Bueno, del lobo un pelo. Y ni una palabra del coronel.*

MARINA (juguetona y cínica): *¿De quién tú hablas, loca insensata?*

ESCENA 59. INT. NOCHE. APARTAMENTO DE MARINA

Es un apartamento típico de la Habana Vieja, de aire mediterráneo, tropical, de puntal muy alto, en su segundo piso. El suelo es de mosaicos, a veces con figuras muy elaboradas. Tiene ventanas muy amplias todo alrededor, varias con vitrales, y algunas de ellas dan a balcones. El apartamento consta de una sala, seguida por una cocina-comedor, y un zaguán que se abre a un pasillo que atraviesa todo el apartamento y se conecta a todas sus piezas. Atravesando el pasillo se hallan una pequeña habitación y la última, que es la mayor y el dormitorio de Marina, donde se encuentra el baño. Del muro del pasillo abierto al aire libre se ve abajo un patio interior, perteneciente a los apartamentos de la planta baja, y al final de este largo pasillo hay una escalera que asciende a la azotea. Los muebles de la casa son todos de madera, en estilos de los años veinte y treinta, que debieron pertenecer a los padres de Marina. Algunas de las piezas del mobiliario son de maderas preciosas, pulidas, y de un gusto exquisito, mientras que otras son tan rebuscadas que se vuelven una parodia de sí mismas: este signo *camp* se hace más evidente en los detalles de decoración tales como adornos, cojines, pantallas de lámparas y forros. Las tinajas y macetas con plantas dan un toque austero e indeliberado de armonía y elegancia tropical que se complementa con la menestralía de los pisos, el artificio de algunos contornos y filigranas de las paredes y la riqueza de ebanistería de sus mejores muebles. La sala y el comedor están pintados de blanco. El pasillo interior abierto que va a las habitaciones es de un color crema achocolatado, y la habitación de Marina es de ese color «rosa mejicano» que se da por aleación entre el rosa y el marrón.

Donde ocurre la primera acción es en la sala, sobre un repujado sofá de madera marrón oscuro y cojines verdes y rojinaranjas, a cuyo frente hay una mesa de centro y frente a ésta un inmenso butacón de igual madera y un contrastante cojín amarillento. A los lados del sofá, dos mesas laterales, en cada una de las cuales hay una lámpara idéntica a la otra, con pantalla rojiza. La sala está en una semipenumbra.

De izquierda a derecha, sentados en este sofá, se encuentran Moya, en su uniforme rebelde y sombrero tejano; Elisa, con vestido lila muy escotado, y Guaguasí, en su uniforme con boina, rosario, etc., con aire asustado, que no suelta la escopeta que tiene entre las piernas.

En el butacón frente a ellos está sentada Marina, con un vestido color melocotón, modelo «bombilla» —así llamado por estar muy ceñido abajo, según dictado de la época.

THREE SHOT de Elisa, Moya y Guaguasí. Elisa le ofrece un cigarrillo a Guaguasí de una elaborada cigarrera con caracoles incrustados que ha tomado de encima de la mesa del centro.

ELISA (cariñosa): *¿Quieres?*

GUAGUASÍ (aterrado): *No, yo no fumo.*

ELISA (a Moya): *¿Quieres, Irenaldo?*

MOYA (aceptándolo): *Está bien...* (Al revisar la marca.) *... Ah, pero espérate, esto es un Chesterfield. Eso es cigarro de jeva, ¿qué es lo tuyo?*

Marina es revelada en la escena por primera vez, sentada en su butacón. Sonríe con admiración por Moya. Moya saca un puro del recargado bolsillo de su camisa militar y lo enciende.

MOYA: *Yo...* (exhala una bocanada de humo y contempla el puro casi como si estuviera actuando para un anuncio de la televisión) *... yo lo que fumo es Partagás.*

MEDIUM SHOT de Marina que lo ha estado mirando como fascinada.

MARINA (congraciándose): *Yo creo que lo que ustedes hicieron merece todo el respeto del mundo...*

En lo que habla, se escucha una canción por la orquesta Riverside, «Naricita fría». Guaguasí no cesa de mover el fusil como un péndulo entre sus piernas, y su rostro revela que está amedrentado.

MARINA: *... porque mientras aquí la gente en La Habana estaba muy sabrosona...* (se echa hacia adelante y recalca con el índice y con un gesto de la mano lo que está diciendo) *... y éramos muy pocos los que dábamos la cara, ustedes estaban allá arriba jugándose el pellejo.*

MOYA: *Usted está clara, compañera, está clara.*

MARINA (más confiada): ... *Yo tuve un novio que perteneció al movimiento 26 de Julio...*

Guaguasí la mira ingrávidamente. Ella se concentra en él.

MARINA: ... *él estuvo en el ataque al cuartel ese... de Santiago de Cuba... el cuartel Moncada... Ustedes lo conocen, ¿no?*

GUAGUASÍ: *No, yo no, yo no sabía nada de eso.*

MOYA (embarazado y tratando de salvar la situación): *El Moncada, coño, Guagua, el Moncada... ¿Qué es lo que te pasa?*

GUAGUASÍ (fingiendo estar desmemoriado y con cierta risa nerviosa): *Oh, el Moncada.*

MOYA (meditabundo): *El cuartel Moncada, chico... Concho, compadre.*

GUAGUASÍ: *Umm... Sí, sí, claro.*

MOYA (con un suspiro): *El Moncada...*

GUAGUASÍ (imitándolo, seriamente): *El Moncada...*

MARINA: ... *él estuvo en eso del cuartel Moncada y todo... un muchacho más bueno... de muy buena familia... la familia son árabes, sí, son árabes de la India...*

Moya pone el puro en el cenicero. Se toca el cuello con la mano derecha como acalorado. Elisa le coloca la mano derecha en el muslo izquierdo. Moya simula que está escuchando a Marina.

MOYA (ligeramente asombrado): *De la India...*

Marina ve que ha perdido su oportunidad con Moya y desvía su atención hacia Guaguasí.

MARINA (cariñosa): *¿Tú sabías que el guaguasí es una hierba de santería?*

CLOSE UP de Guaguasí que ahora está aterrado. Sólo mueve la cabeza negativamente, rígido, como si imitara el movimiento pendular de su escopeta.

MARINA: *Y... ¿y ese rosario?*

Guaguasí toma el rosario por la cruz y lo mira. Elisa besa a Moya furtivamente.

GUAGUASÍ: *Me lo dio un cura.*

Moya está abrazando a Elisa. Guaguasí sonríe nervioso.

MARINA: *¿Y tú eres capitán?*

Continúa en el fondo «Naricita fría»: ... *Mujercita linda / mujercita santa / déjame besarte / de los pies a la garganta...* Moya se desliza sobre Elisa. Se siguen besando.

GUAGUASÍ (con risa tonta): *Eeh... No, Moya... Moya es teniente y yo soy capitán, digo, sargento. Moya dice que...*

MARINA (ayudándolo a salir de su enredo): *Sí, sí, claro, que ahora los comandantes son generales, y los tenientes son coroneles, y así sucesivamente.*

Moya no se ha podido contener y ya está prácticamente encima de Elisa. Ahora la besa y la acaricia apasionadamente, mientras Guaguasí, junto a ellos, no deja de mover la escopeta de un lado a otro, con los ojos azorados. Moya le habla bajito a Elisa. VOZ EN OFF de Moya a quien vemos de espaldas, ya que está abalanzado sobre Elisa: *Menéate, mami, que tienes la azuca abajo.* Elisa sonríe nerviosamente debajo de Moya. Ambos tienen la mitad del cuerpo sobre el sofá y la otra en el suelo.

MARINA: *Eeeey... Oigan, ¿qué es lo que está pasando?* (mirando directamente a Elisa y Moya, da una palmada seca, casi cortada, e imita con su voz el arrullo de un palomo) ... *¿qué es lo que está pasando?*

A falta de conversación, el sonido del radio se escucha más fuerte: *Radio Progreso, Cadena Nacional, 690 en su radio, la Onda de la Alegría.* Marina, no muy alegre, se incorpora y camina sinuosamente hacia Guaguasí, quien trata de controlar su timidez jugando con uno de los cojines más pequeños del sofá en lo que no cesa de pendular su escopeta.

Elisa y Moya continúan su acrobacia amatoria al borde del angosto sofá en lo que sus largas piernas pugnan con la mesa de centro. Hay un descosido en una de las medias de Elisa.

Marina, de pie ante Guaguasí, se lleva las manos a la cintura, observa por un instante la actividad de Elisa y Moya y, desafiante, trata de conquistar al acobardado Guaguasí.

MARINA (coqueta): *Bueno, yo... voy a cambiarme y a ponerme cómoda...*

Guaguasí ha levantado el cojín y este casi le tapa la cara, obstruyéndole la visibilidad de Marina.

MARINA (lamentándose con cierto humor después de mirar unos instantes a Guaguasí): *¡Me vino a tocar a mí la parte pura de la revolución!*

Guaguasí, como quien sale de unas cosquillas, deja a un lado el cojín en lo que ve a Marina marcharse al interior del amplio apartamento. Imprudentemente, interrumpe la actividad de Moya y de Elisa.

GUAGUASÍ (tocando repetidamente a Moya por el hombro): *Moya, Moya... oye, Moya, yo me voy.*

Moya lo aleja con la mano como quien espanta una mosca. Guaguasí insiste y lo sigue tocando por el hombro, ya de pie.

MOYA (volteándose sin soltar a Elisa): *¿Eh?*

GUAGUASÍ (lo más erecto que puede): *Me voy.*

Moya se incorpora como un resorte.

MOYA: *¿Cómo que te vas, chico? ¿Adónde tú vas?*

Los dos hombres están ahora a un lado de la sala, sus figuras se ven en silueta, exceptuando sus rostros en CLOSE UP.

GUAGUASÍ: *No, no, yo me voy.*

MOYA: *¿Adónde tú vas? Echa p' acá.*

GUAGUASÍ (rígido, como hipnotizado): *Esta muchacha... ¿cómo se llama...?*

MOYA (hablando rápido, como sacándole las palabras de la boca): *Marina, Marina.*

GUAGUASÍ (desalentado): *Sí, se fue.*

MOYA (dándole confianza): *Fue a bañarse.*

GUAGUASÍ (decidido e irrevocable): *Sí, no, pero yo me voy.*

MOYA (amistoso): *¿A dónde tú vas, Guaguasí?*

GUAGUASÍ: *Me voy pa' l casino.* *

Moya se ha alejado unos pasos y lo escucha apoyado en una pared, cerca de Elisa.

MOYA: *¡Qué casino ni qué carajo, hombre! Ven p' acá.*

Elisa interviene simulando que no entiende nada.

ELISA: *¿Oye, qué es lo que está pasando?*

---

* En los primeros días de la revolución, los rebeldes que entraron en La Habana dormían en los vestíbulos de los hoteles y en los casinos.

TWO SHOT de Moya y Elisa.

MOYA: *Este sapo que se quiere pirar ahora. Imagínate.*

ELISA: *¿Y para dónde va él?*

Guaguasí ya está cerca de la puerta.

GUAGUASÍ: *Me voy pa' l casino.*

MOYA: *¡Oye pa' eso!*

ELISA (utilitaria): *Oye, mira, ¿y por qué no hacemos una cosa? Por qué no le damos un par de pesos para que se vaya en un carro de alquiler?*

MOYA: *¿Tú te puedes ir solo, tú?*

GUAGUASÍ: *Yo sí.*

MOYA (a Elisa): *Está bien. Tírale los dos baros para que se largue.* (A Guaguasí.) *... Pero eres un sapo.*

Elisa saca unos billetes del escote de su vestido y se los da a Guaguasí, quien los mira en lo que le responde a Moya.

GUAGUASÍ (conforme): *Ah, pues yo soy un sapo... Muchas gracias... Yo soy un sapo.*

MOYA (autoritario): *Dale.*

Guaguasí abre la puerta de madera y cristal y dice sus últimas palabras antes de cerrarla tras él.

GUAGUASÍ (apocado, casi entumecido): *Soy un sapo.*

Se escucha en el radio una canción de Miguelito Cuní: *Vive tu vida a tu manera / que yo viviré también / adiós, que te vaya bien.* Moya abre la puerta y paternalmente observa a Guaguasí bajar las escaleras. Se escuchan ladridos de perros del vecindario y voces lejanas de vecinos. VOZ EN OFF de vecino: *Ramón, ¡apaga esa luz, coño!* Se escucha un maullido. Y Moya, con la puerta entreabierta, le grita a Guaguasí.

MOYA: *¡Y ten cuidao por ahí!*

Cierra la puerta y vuelve donde Elisa. La radio ha seguido con su música y ahora se escucha al sonero Miguelito Cuní que repite: *Adiós, que te vaya bien...*

ELISA (coqueta): *¿Tú te quedas conmigo, papi?*

Moya se para con altivez, se rasca la barriga, luego la nuca, y señala hacia su sombrero tejano. Sus gestos son de marcado machismo.

MOYA (a Elisa): *Dame el sombrero, anda, dale, dame el sombrero.*

Elisa le trae el sombrero, arreglándole la forma del mismo en lo que camina hacia Moya.

ELISA (resignada): *¿Te vas?*

TWO SHOT de ambos, de pie uno al lado del otro. Moya se pone el sombrero, muy arrogante.

MOYA: *Me voy, pero pa' donde tú quieras.*

Le echa el brazo por encima, y sonrientes se van hacia el interior del apartamento. La cámara se queda en la sala.

Sigue la música en el radio. Se escuchan los pasos de Moya y Elisa que se pierden, una puerta de una de las habitaciones que se abre y se cierra, y la VOZ EN OFF de Elisa en medio de carcajadas: *No, no, no... estáte tranquilo, chico.*

Ahora, en la desierta sala se escuchan unos pasos de alguien que se acerca y una sombra se proyecta desde el zaguán. Se escucha entonces la VOZ EN OFF de Marina al pasar por la habitación donde se encuentran Moya y Elisa: *Mulata, sssuave.* Se escucha la VOZ EN OFF de Elisa que le responde a Marina cantando, entre risas, un bolero de moda: *Hipócrita, sencillamente hipócrita...*

Marina, en una bata de casa azul, con el pelo aún mojado, llega a la sala, se detiene cerca del sofá y mira a uno y otro lado.

ESCENA 60. EXT. DÍA. CALLE DE LA HABANA VIEJA

Vemos pasar varios automóviles que inician la escena al cruzar de un lado a otro del cuadro. Es el barrio donde vive Marina. Por una acera junto a una vetusta pared color mostaza, ella camina sensualmente. Tiene unos zapatos de tacones de madera conocidos como habaneras, lleva unos ceñidos pantalones de los llamados pescadores, negros con rayas blancas, y el tipo de blusa campesina, holgada y de generoso escote, que Brigitte Bardot pone de moda a finales de los 50. En la mano lleva un monederito y un frasco, y sus desnudos brazos van cargados de pulseras.

En la maltratada pared mostaza, vemos una hilera de afiches gigantes con el rostro de Batista (ocho arriba, ocho abajo), desgarrados pero que no han podido ser arrancados del todo. En algunos vemos escritos en carbón protestas, obscenidades como *Tu madre,* y a lo largo y arriba, las siglas del primero de los movimientos triunfales de la contienda antibatistiana: M-26-7. Junto a los afiches hay siete niños —seis de pie y uno sentado en la acera—. Los que se hallan de pie están orinándose en la pared en una diablura chunguera contra el dictador que se fugó la madrugada del 1 de enero de 1959. Algunos tienen las caras pintadas con carbón como si tuvieran bigotes y barbas. Marina pasa por detrás de los risueños niños y los regaña.

MARINA: *¡Cochinos, puercos! Eso no se hace.*

Marina dobla la calle. Los niños se cierran las braguetas, se voltean y la siguen hasta la esquina, donde improvisan un coro para endilgarle el epíteto de moda a la vez que recordarle su conexión con el pasado. Detrás de los niños se ve una mujer que deposita algo en una jaba que cuelga de un balcón, detrás de un gran automóvil azul, del tipo conocido como «cola de pato».

NIÑOS (como cantando, al unísono): *Ba tis tia na... Ba tis tia na... Ba tis tia na...*

ESCENA 61. INT. DÍA. FARMACIA

Es la clásica farmacia antigua, en un local de puntal alto, con viejos estantes de madera y cristales: lo que los cubanos llaman botica. La puerta que da a la calle está abierta porque no hay aire acondicionado. En la estantería mayor, al fondo, hay una banderita cubana y otra del movimiento 26 de Julio, entrecruzadas.

La farmacia es atendida por una mujer rubia, de uniforme blanco. Marina entra por una puerta lateral en la que se ve un cartel anunciando un concurso en un programa de televisión llamado Show de Olga y Tony.

MARINA: *¿Qué hubo?*

BOTICARIA: *¿Qué tal?*

Marina apoya las manos en uno de los mostradores de cristal sobre el cual hay un espejito montado en un cartón alrededor del cual hay una leyenda alusiva a un producto de belleza. Distraídamente, Marina se observa en ese espejito. Levanta la mirada.

MARINA: *Me da una sal de fruta Eno, por favor.*

BOTICARIA (amable): *Sí, cómo no. ¿Desea algo más?*

MARINA (extendiéndole el frasco): *Ah, sí. Lléneme el pomito de agua oxigenada.*

BOTICARIA (retirándose): *Un momentico, por favor.*

Marina queda sola frente al espejito. Vuelve a mirarse. Se escucha un discurso de Fidel Castro en el radio, sobre el analfabetismo, y la boticaria le habla a alguien en la trastienda de la farmacia. VOZ EN OFF de la boticaria: *Bebo, ya lleva cuatro horas hablando... ¡Pero qué bien habla ese hombre!*

En su soledad ante el espejito, Marina, en CLOSE UP, empieza a revisarse las raíces de sus cabellos, que ya dan signos de falta de tinte. Del rostro de Marina en CLOSE UP en el espejo, se corta a la siguiente escena.

ESCENA 62. EXT. DÍA. CUARTEL MILITAR

Es una fortaleza colonial ahora tomada por el ejército rebelde. A la misma se conectan otras edificaciones de arquitectura más moderna, construidas por el ejército del gobierno anterior.

Del rostro de Marina en el espejo, CORTE a una puerta de reja en el suelo que está siendo abierta por la mano de un soldado rebelde. De este sótano vemos salir al coronel Esteban Acosta. Va apareciendo progresivamente, primero la cabeza, luego el torso, las piernas, hasta que lo vemos salir por completo. Viste guayabera blanca y pantalones grises. Le sigue un soldado rebelde con arma larga y una vez que los dos están fuera, el soldado que abrió la reja los seguirá también. Los tres hombres emprenden el paso. Tras ellos se divisa una altísima pared de ladrillos color bronce, que dan la idea —no sin cierto signo teatral— de ruinas abandonadas. Toman un pasillo abierto de un patio central en lo que se escucha, proveniente de un altoparlante, la voz de Daniel Santos interpretando un bolero alusivo a la revolución. A los lados del patio central, en una procesión de columnas, hay banderitas cubanas y yaguas colocadas decorativamente en cada una de las columnas donde varios soldados rebeldes evolucionan como turnándose las postas. En el amplificador se escuchan mensajes baladíes, que se vuelven ecos y que a su vez se entrelazan con el eco de los pasos de Acosta y los guardias que lo llevan encañonado.

VOZ EN OFF por el altoparlante: *Capitán Medina, teléfono, tiene una llamada de Sagua la Grande... Capitán Medina, teléfono, tiene una llamada de Sagua la Grande...*

Al seguir los tres hombres su camino, se ve en CLOSE UP, sobre la vieja pared, la incesante bocina. Más adelante, a la izquierda, aparece Moya de repente. Está sentado en un pequeño muro, arrojando piedrecillas con aire entre distraído y solapado, en realidad esperando, alerta, el paso del coronel y sus guardianes. Se incorpora al trío en silencio, cabizbajo. Su actitud infunde cierto temor; hay algo siniestro en su andar, en su presencia inesperada, en su mutismo. Atraviesan una especie de túnel dividido por una sucesión de portones abiertos, y salen a un patio muy angosto, de altos muros, que se cierran como una caja, al fondo, por el paredón de fusilamiento. Moya toma el mando de la situación y se dirige a un grupo de rebeldes que acaba de entrar en fila, vestidos desigualmente, algunos con rosarios al cuello y en cuyo vestuario predomina, por supuesto, el verde olivo. Moya tiene el pañuelo blanco en la mano y hoy usa unas gafas de sol de cristales verde oscuro y gruesa montura negra.

El coronel Acosta ha sido puesto frente al paredón por los dos soldados que lo traían, y un sacerdote, vestido con su hábito negro, se le acerca para ofrecerle sus servicios religiosos. Acosta lo rechaza con un ademán desdeñoso. El cura, no obstante, lo bendice con la mano.

MOYA: *Vamos... Formen línea ahí. ¡Formación...!* (mandando a salir al religioso) *Vamos, padre.*

Los fusileros se colocan a distancia de tiro y en una fila. Se descubre la presencia del comandante Montiel y de Isabel, impecablemente vestidos con sus uniformes verde olivo; Montiel ahora lleva una gorra en la cual se ve la estrella dorada que indica su rango. Tras ellos, vemos dos fotógrafos de la prensa de apariencia escuálida y gris, vistiendo míseras y raídas guayaberas recortadas y sombreros de gángster que pudieron haber copiado de una película de Juan Orol. Al marcharse el sacerdote, Moya procede con las órdenes.

MOYA: *¡Mmmedia vuelta! ¡Atención! ¡Preparen!*

Vemos ahora al coronel en MEDIUM SHOT, nervioso. Isabel se empieza a retirar, muy contrariada. Montiel la toma por un brazo, suavemente, como para detenerla. Ella lo mira con disgusto. Él opta por marcharse con ella. El sacerdote prosigue con sus rezos. Vemos ahora a Guaguasí, con los brazos cruzados, recostado a la pared.

CORONEL (vacilante): *¡Muchachos!... je...*

MOYA (imperturbable): *... ¡Aaaapunten...!*

CORONEL (con ironía): *... ahí les queda la revolución, ¿eh?* (levanta el brazo derecho como en un acto de ofrecimiento y grita) *... ¡ojalá que sepan cuidarla!*

Ante la irónica osadía del coronel Acosta, Moya se siente provocado a apurar su última orden.

MOYA (pañuelo blanco en mano): *¡Fuegoo!*

Acosta cae derribado por los balazos. El pelotón, con los cañones todavía humeantes, da media vuelta y se retira.

MEDIUM SHOT de Moya en lo que los fusileros le pasan por delante, retirándose.

MOYA (a Guaguasí): *Dale, ¿no? Dale.*

MEDIUM SHOT de Guaguasí todavía con los brazos cruzados, receloso y turbado.

GUAGUASÍ: *Oye, Moya, ¿pero eso lo tengo que hacer yo to' los días?*

MEDIUM SHOT de Moya.

MOYA: *Ave María, compadre.* (Se ve que su cartuchera al cinto está vacía.) ... *¿tú no ves que no traje la pistola, chico?*

GUAGUASÍ (enojado): *No, chico, todos los días cada vez que hay un fusilamiento siempre se te olvida la pistola, chico. No, no, no, no, no...*

Los fotógrafos se han acercado al cadáver ensangrentado de Acosta. Uno toma notas mecánicamente y el otro hace fotos sin mucha imaginación.

MOYA (dando órdenes a Guaguasí): *Dale, coño, dale.*

Guaguasí avanza obedientemente luego de emitir su última protesta.

GUAGUASÍ (refunfuñando): *Esto se va a tener que acabar.*

Manda a salir a los reporteros con brusquedad.

GUAGUASÍ: *Bueno, ya, acaba de tirar la foto y acaba de irte, que estamos aquí trabajando. Vamos, chico, vamos.*

Luego de una última foto, los reporteros se marchan. Guaguasí empieza a manipular su pistola calibre 45.

GUAGUASÍ (lamentándose): ... *Ya empezó a llover y to' y están todavía fastidiando...*

Se ha quedado solo con el cadáver de Acosta. Se inclina y le escarba el pelo —como acariciándole la nuca—, buscando donde va a darle el tiro de gracia. CLOSE UP de la mano con la pistola calibre 45 disparando contra el fusilado. Solitario, erguido, Guaguasí mira al frente.

ESCENA 63. INT. DÍA. TERRAZA-CAFETERÍA

Esta es la cafetería del hotel habanero en el que se encuentra el cabaret donde trabaja Marina. La cafetería tiene una especie de terraza al aire libre, con varias mesas y una barandilla blanca con tope naranja. Del techo cuelgan banderitas, que se mezclan con anuncios de platos del restaurante y con las listas naranja de la pared.

En un área vemos sentadas a Cassandra, la bailarina de piel muy blanca y ojos azules, con el pelo teñido de rubio, a quien su amiga Marina llama por el apodo de La Gallega; a Marina, que viste blusa roja y falda negra, colores que entre algunas personas se pusieron de moda en aquellos días por ser los de la bandera del 26 de Julio. Esta indumentaria va adornada por collares y aretes dentro de esos mismos colores. Lleva en la cabeza un pañuelo que le recoge la cabellera —muy usado por las bailarinas y común entre las cubanas, tanto de pueblo como de ciudad, para soportar mejor la perenne canícula del trópico. El pañuelo es rojo. Junto a ella está Guaguasí con su uniforme y boina, devorando un pollo en un plato. Al otro lado de la mesa están Moya, de uniforme y con su inseparable sombrero tejano; al centro está Elisa, con un corriente vestido y aunque agotada, siempre sonriente, y a la esquina de la mesa, Rafael (Felín) Flores, conocido como Flor, el coreógrafo y animador. Viste una camisa de un rojo chillón y —deportivamente— tiene una toalla blanca al cuello.

Es obvio que Moya y Guaguasí habían llegado antes y se nota que los otros acaban de llegar de un ensayo. En otras mesas hay varios clientes y camareros que se mueven de un lado a otro de la baranda. Marina, desde su silla, se apoya aún más en el respaldo de la silla de Guaguasí.

MARINA (sacándole conversación): *Oiga, Guagüita, usted ni habla, ¿eh? ¿Qué es lo que le pasa?*

TWO SHOT de Marina y Guaguasí. Ella, muy amistosa y coqueta; él, aunque retraído, visiblemente menos tímido que la noche de la primera visita.

VOZ EN OFF en la cafetería: *Una Coca-Cola bien fría, por favor, con hielo picadito.* Se escucha música proveniente de un radio cercano.

MARINA (a Guaguasí): *¿Te gusta La Habana? Dime, ¿qué has estado haciendo?*

GUAGUASÍ (espontáneo): *Ná. To' el día en el campamento...* (con la boca llena) *... haciendo gualdia y matando esbirro. ¡La de nunca acabar!*

MARINA (sorprendida): *No me digas que tú estás en eso de los fusilamientos, ¿verdad?*

CLOSE UP de Moya que le hace señal a Guaguasí para que cambie el tema. Guaguasí no capta el significado de la señal y con su risa tonta prosigue el tema. Tiene una presa de pollo en sus manos grasosas, come sin parar y no parece percibir la extrañeza de la reacción de Marina.

GUAGUASÍ (risueño): *'Cucha eso, Moya.*

CLOSE UP de Moya que le silba indicándole que se calle y recalca su orden con un movimiento de cabeza y una mirada autoritaria.

MARINA: *No, yo sé que hay algunos que se lo merecen y todo, pero... pero tú no estás en eso.*

Moya y Guaguasí reaccionan con miradas y sobre estas se escucha la VOZ EN OFF de Marina: *No juegues con eso, mira que con los muertos no se juega, bueeno...*

Desde el otro lado de la mesa, Cassandra quiere hábilmente cambiar el tema de la conversación. Simula estar molesta, cansada, agotada por el calor y llama al camarero levantando el brazo y chasqueando los dedos.

GUAGUASÍ: LOS SÍMBOLOS DEL DELIRIO

CASSANDRA: *Camarero, por favor, camarero, que estamos apuradas.*

FLOR (amonestándola): *Oye, niña, cuidado que eso ya no se usa en este país.*

Una puerta se ha abierto y un lejano bolero, en la voz de Pacho Alonso, irrumpe ahora en esta área: ... *como en un sueño / sin yo esperarlo / te me acercaste...*

MOYA (afable): *Caballeros, ¿cuál es el sigilio? ¿Qué es lo que pasa?*

Moya, graciosamente, se ha puesto la servilleta al cuello, como un babero, y no se quita el sombrero tejano.

ELISA (justificándose): *Que hemos estado de ensayo todo el puñetero día.*

MARINA: *Uuy... y lo que nos falta, muchacha.*

ELISA: *Estoy tan cansada.*

CASSANDRA: *Y yo estoy muerta con este show.*

Se oye una puerta que se abre y llegan más estrofas del popular bolero: ... *y en el hechizo / de tu sonrisa había ternura...*

FLOR: *Ay, tú sabes lo que es que un show que estaba siendo tremendo éxito, tú, y que de hoy para luego te lo quiten.*

MARINA: *¡Que nada más llevaba una semana!*

FLOR (resignado): *Ay, tremendo ajetreo pero nos va a quedar regio.*

Marina mira a Flor, a Cassandra a un extremo de la mesa, a Moya frente a ella y a Guaguasí que lo tiene codo con codo. Comprende que es de rigor algún tipo de presentación.

MARINA (casualmente): *Ay, oye, si no le habíamos presentado a esta gente a La Gallega.*

FLOR (ritualizándolo): *Qué mal educadas son. La galleguita más cotizada de toda La Habana...*

CLOSE UP de Cassandra sonriendo.

FLOR: ... *Cassandra... directamente del fabuloso atelier de Christian Dior.*

CLOSE UP de Moya azorado, con su sombrero tejano y su babero, pero que disimula su ignorancia ante este frívolo parloteo, mientras que Marina, Elisa y especialmente Cassandra, se regocijan en el delirio de la exagerada presentación que Flor hace de La Gallega.

FLOR: ... *la favorita de Donizetti...*

MOYA (por decir algo y riéndose): *¡Yo no sabía que había gallegas rubias!*

Guaguasí está en un quinto cielo escuchando todo este protocolo farandulero de Flor, ajeno a las alusiones del mismo. Sin embargo, disfruta la parodia y el choteo que hay en el asunto. La «salida» de Moya, no obstante, casi pasa como glosa inadvertida, puesto que la estrella sigue siendo Flor, a quien todos observan como a un histrión hilarante. Pero Flor se percata de la metedura de pata de Moya, y extiende su mano, por delante de Elisa, hacia él para atenuar su torpeza y cortedad social.

FLOR (a Moya): ... *y a sus pies, Felín Flores...* (muy etéreo) ... *el Felín viene de Rafael, como el pintor...*

Guaguasí observa absorto la escena. Moya disimula su perplejidad.

FLOR: ... *y no es por nada ni nada... modestia aparte, caballeros, el mejor coreógrafo del mundo, ¡que se sepa!*

MARINA (risueña): *Qué regio eres, Flor.*

Se acerca a la larga mesa un joven camarero mulato que viste chaqueta naranja. Viene por detrás de Moya, Elisa y Flor. Flor pedirá por todo su séquito, obviamente porque sabe lo que toman las coristas después del ensayo.

FLOR (al camarero): *Niiño: café con leche para todo el mundo...* (le lanza un beso furtivo al camarero) ... *con mucho pan...* (haciendo el gesto de untársela en la mano) ... *¡y mantequilla!*

El camarero se marcha a traer la orden.

MARINA (curiosa): *Oye, Flor, ven acá. ¿Por qué nos han montado esos pasos tan raros?*

FLOR (justificándose): *Aay, mi vida, si he hecho milagros con la ideíta que me sugirieron. ¡Figúrate tú, con el nombrecito nada más! «Kaleidoscopio de libertad». Ya es como...* (toma un cuchillo de la mesa y se lo pasa a lo largo del antebrazo) ... *para cortarse las venas, así, ¡en canales!*

CLOSE UP de Moya que lanza una mirada de suspicacia hacia Flor, como sospechando de sus ideas políticas. Flor se corta con la mirada de Moya.

FLOR (conciliador): *Ahora, eso sí, los pasos son bien fáciles. ¡Ay, no le tengan miedo, caballeros, es un cha-cha-cha básico...!*

Flor se levanta ante los ojos asombrados de todo el mundo, principalmente Guaguasí. Marina mira fijamente al coreógrafo, que comienza un paso de baile a una esquina de la mesa y cuya primera línea parece ser una estrofa del himno nacional de Cuba.

FLOR (incorporándose y empezando a bailar): *... mira, te lo voy a enseñar... por última vez... empieza...* (cantando).

>   ... «*Al combate corred, bayameses,
>   cha-cha-cha, eeh,
>   pase-por-de-bra...*»

Las miradas de recelo de Moya y Guaguasí contienen un poco la aparatosidad de Flor y sus espléndidos amaneramientos se tornan ahora en sugerente lubricidad, un poco como dirigida a Moya y a Guaguasí para complacerlos en su machismo.

FLOR (contoneándose aunque menos feminoide): *... ¡con mucho pecho y mucha nalga, que es lo que quiere ver la gente!*

Flor se sienta. Apenas bastan segundos para ver que el grupo está muy relajado tras el relajo de Flor, en lo que Marina se concentra en otra cosa: mira conspicuamente a Guaguasí, calculadora, mientras hace oscilar, invitadora, el llaverito que cuelga de su mano.

ESCENA 64. INT. DÍA. APARTAMENTO DE MARINA

Vemos a Guaguasí y a Marina junto a la escalera que conduce al piso donde vive la corista. La escalera es sinuosa, con un pasamanos de madera pulida, de color carmelita, y peldaños de mármol. En el lugar hay una semipenumbra, característica de los edificios de la Habana Vieja. Marina tiene un neceser y la indumentaria roja y negra que tenía en la cafetería, de donde han venido. Guaguasí lleva su inseparable escopeta. Muy cohibido, la va siguiendo, escalón tras escalón, mientras ella se voltea al llegar al piso para comprobar que él está aún ahí. *Se escuchan voces del vecindario,* GRITO EN OFF: *¡Madrinaa...!* y en el radio se anuncia el comienzo de una radionovela. Marina trastea su llavero ante la puerta, abre y enciende una luz interior. Guaguasí entra con Marina y un poco tímido se queda junto a la puerta, jugueteando con su escopeta como si esta fuera una batuta. La radionovela progresa apasionadamente hacia un careo relacionado con un engaño amoroso. Guaguasí está parado cerca de la puerta, en la misma sala donde había estado noches antes. A su derecha, en una pared medianamente distante, de color beige, contigua a la sala, sobre un tomacorriente, hay un pequeño cuadro con un ojo de brujería. Bajo éste, hay algunas plantas que inician el pasillo o corredor abierto hacia las habitaciones. Marina, neceser en mano, contempla al inmóvil Guaguasí.

MARINA (maternal): *¿Te vas a quedar ahí sembrado? Ven, pa' que te pongas cómodo.* (Juguetona.) ... *Te ves de lo más mono ahí paradito. Pareces un adorno.*

CLOSE UP de Guaguasí que chasquea la lengua por un costado del labio, acción que los cubanos llaman «freír un huevo».

VOZ EN OFF de un vecino: *¡Ramón, coño, apaga esa luz!*

MARINA (dándole confianza): *Ven, chico.*

Guaguasí la sigue, escopeta en mano, en lo que ella se encamina por el pasillo exterior rumbo a su habitación al final. Es la caída de la tarde, empieza a oscurecer y a su lento paso, Guaguasí observa las macetas colgadas en la pared del pasillo, a su derecha, toca algunas hojas de malanga y mira a su izquierda por la baranda que da al patio central, abajo. La melodramática porfía en la radionovela hace un crescendo vigorosamente cursi, repleto de llantos y gritos, en el que las voces de los protagonistas atacan sus diálogos con bravura. VOZ EN OFF del galán de la novela: *Te burlaste de Estrellita, las dos la han cogido como si fuera un payaso para burlarse a costa suya.* La cámara observa la escena en un LONG SHOT desde el zaguán que inicia el corredor, captando las siluetas de Marina y Guaguasí en el pasillo. Marina traspone la puerta de su habitación al final del pasillo. Guaguasí permanece afuera, casi inmóvil, como si nunca fuera a entrar. Entonces, como en una de esas coreografías que sólo puede organizar la casualidad, vemos el brazo de Marina, desde dentro de la habitación, que hala a Guaguasí por un brazo hacia adentro y tira la puerta, y, ya dentro, por CORTE, se deja de escuchar la obsesiva radionovela.

CORTE A dentro de la habitación.

Marina coloca el neceser en el suelo, a un costado de la puerta, junto a un armario bajo de pequeños cajones o gavetas con un espejo encima, mueble que los cubanos conocen por el nombre de coqueta.

Guaguasí está parado frente a la puerta cerrada de la habitación. Marina se descalza, se zafa el apretado cinturón que le definía al máximo su mínima cintura, mira a Guaguasí en lo que se zafa el pañuelo de la cabeza, libera una hebilla y se sacude la cabellera, dejándola caer. Camina hacia Guaguasí. Le da una vuelta como examinándolo, como quien inicia una treta de seducción. Se empina en la punta de los pies, le quita la boina y le pasa la mano por el pelo.

MARINA: *Ya vas a ver... Te voy a dejar como nuevo. Un buen bañito con agua caliente...* (placentera pero firme) *... ¡pero suelta la escopeta esa!*

Guaguasí deja su arma cerca de la puerta, apoyada en la pared. Marina lo toma de la mano y lo lleva cerca de la inmensa cama con alto capitoné. Lo sienta al borde de la cama, se arrodilla ante él en el suelo y le zafa la canana. El cruza las manos tras su propia espalda y hace un gesto como si estuviera atado por su propia timidez. Ella procede a desabotonarle la camisa. Le quita las botas, le empieza a quitar los calcetines, en los que encuentra varios desgarrones.

MARINA: ¿*Y estos agujeritos?*

CLOSE UP de Marina con la media en la mano. CLOSE UP de Guaguasí que ríe nervioso con esquivez.

MARINA (señalando la rotura): ¿*Te los hicieron en combate?*

Marina advierte que Guaguasí tiene una ligera deformación ósea en el pie, que provoca que el dedo pequeño se monte sobre el siguiente.

MARINA: *Ay... el dedito... ¿qué le pasó?*

Le toma el pie y le da furtivamente un beso en el dedo gordo. Ella sigue delante de él, arrodillada. Forcejea por quitarle la camisa. Él parece un niño en su candidez.

MARINA: *Ayúdame, chico.*

Marina empuja sobre las sábanas azules y blancas de la cama a un Guaguasí indefenso, ya en camiseta, cuyas piernas quedan todavía fuera del lecho. Encima de la camiseta se destaca el rosario negro que lleva al cuello. Sobre la cama, Guaguasí aprieta sus labios para impedir que se le escape la risa. Marina le agarra el pantalón como si llevara la revolución por dentro, y se lo empieza a bajar mientras le muerde, juguetona, la entrepierna. Él se agarra en vano y brevemente el pantalón para al fin dejarlo correr hacia abajo, veloz, halado por las hábiles manos de Marina. Ya en calzoncillos y camiseta, algo menos pusilánime, Guaguasí se sienta de nuevo al borde de la cama en lo que Marina se incorpora, camina ante el inmenso armario o escaparate con dos puertas de espejos, frente a la cama, y se quita la falda ancha.

CLOSE UP de Guaguasí hechizado y su rostro reflejado a la vez en uno de los espejos del armario.

Marina se queda en medias negras hasta la mitad del muslo,

en pantaletas y sostén negro, y sus medias estiradas por un liguero rojo que lleva en la cintura. Guaguasí no cesa de mirar y se hace evidente que su deslumbramiento es mayor que su deseo de escaparse de este lance: ha decidido dejarse llevar por los acontecimientos. Sensualmente, Marina le pasa por delante, le toca el rostro en leve caricia, y sigue andando hacia el baño, mientras Guaguasí la contempla por la espalda. Ella abre una puerta, mira a Guaguasí, entra en el baño y cierra la puerta. Se escucha el correr del agua en el baño.

Al quedar solo, Guaguasí se sube en la cama, sobre la que camina, curioso, hacia un costado de la misma junto al ángulo que forman dos paredes al unirse y donde se encuentra montado un altar, forrado en papel brilloso que simula tela, de color amarillo cobrizo, con varios santos de devoción popular en Cuba: Santa Bárbara, San Lázaro, la Virgen de la Caridad del Cobre, y algunas ofrendas como una copa roja. En el alto capitoné de la cama cuelga un rosario y en la pared tras este respaldar, una foto enmarcada de un crucifijo y una gran lámina del Sagrado Corazón de Jesús, cuya parte superior izquierda está desgarrada y cae hacia adelante. Guaguasí examina estos objetos detalladamente, como si nunca los hubiera visto, como un niño que descubre cosas hasta entonces desconocidas para él. Marina se asoma a la puerta del baño con una toalla azul que la cubre desde el busto hasta el final de los muslos. Lo sorprende caminando sobre la cama.

MARINA: *Eh, ¿qué tú haces allá arriba?*

Guaguasí se voltea, sobresaltado, y la mira.

MARINA: *Ven, si no te va a pasar ná malo.*

Él se baja de la cama y camina hacia el baño con la obediencia de un hipnotizado.

MARINA (desde la puerta): *Vas a ver que no duele.*

Al paso de Guaguasí vemos en una pared que da al baño: una hoja con el dibujo del chino de la charada (la figura de un chino en cuyo cuerpo, como si fueran tatuajes, aparecen los números de la bolita —una lotería secreta— y los símbolos que los representan; a esta simbología se le llama charada), una foto a color de la cantante Rita Montaner y un marco con una foto en blanco y negro, de estudio, tipo *cheese-cake*, de Marina en traje de baño.

Ya ella está en la bañera con burbujas y espuma que llegan hasta el borde de la misma. Él se detiene a un lado del estrecho baño. Ella le señala para que entre al agua. Él examina el suelo, el botiquín, los adornos de tema náutico en las paredes pintadas de verde marino, las comunes calcomanías de tema también acuático, con dibujos de peces, sobre las blancas losetas de la bañera.

MARINA (entusiasmándolo): *Métete, chico.*

Guaguasí, erguido, tieso, levanta la mirada con una expresión algo cándida en la cual se mezclan el deseo oculto de obedecer y el fingido de no aceptar (lo que en el habla popular cubana se diría «como quien no quiere la cosa»), se encoge levemente de hombros en un movimiento que continúa despojándose de la camiseta y, sin quitarse los calzoncillos ni el rosario, con una rigidez casi militar rayana en lo grotesco, mete en la bañera primero un titubeante pie, luego el otro, más decidido, sin hacer nunca contacto visual con Marina, y se introduce hasta quedar sentado frente a ella, por fin.

Con una esponja azul, Marina comienza a bañar a Guaguasí en lo que le canta una vieja tonada popular cubana y le habla sin parar, como en un disparatado monólogo.

MARINA (cantándole):

> «*A la loma de Belén, de Belén nos vamos,
> a la loma de Belén, de Belén nos vamos,
> aee...*»

Marina suelta la esponja por un momento y le quita los calzoncillos por debajo del agua a Guaguasí sin que ni siquiera él la mire, y sin muestras de enfado. Los dos se ríen a carcajadas. Ella levanta el calzoncillo y se lo enseña, mojado, como si lo estuviera tasando, y lo deja caer fuera de la bañera. Lo sigue bañando y él comienza a fijarse en sus senos. Se empieza co-

mo a hinchar de contento, y toda su perplejidad de antes parece vaporizarse en aquella bañera para dar paso a un aprendizaje erótico; dejará atrás su irresolución timorata por una disposición natural e ingenua aunque todavía no será quien inicia.

MARINA: *¿Sabes?... Yo siempre dije que me gustaban mucho los hombres como Mique Runi, y tú te le pareces un poquito, así, como un muñequito... Un día de estos te voy a llevar al cine. Ahora mismo están poniendo una película buenísima, que es un tiro. Son dos americanos, tú sabes.*

Suena el teléfono en la mesa de noche junto a la cama de Marina.

MARINA (molesta): *Ah, Dios, carajo. ¿Quién podrá ser a esta hora?*

Marina se para en la bañera, toma una gran toalla color naranja de un colgador, se seca a la vez que se envuelve en la toalla y sale de la bañera rumbo al cuarto. Se tira en la cama, a ambos lados de la cual vemos mesas de noche: sobre una de ellas hay una foto enmarcada de Marilyn Monroe; en la otra hay un teléfono negro, un radio de madera carmelita claro, y sobre un mantelillo blanco, varios adornos de cerámica. Marina levanta el auricular y responde:

MARINA (agitada): *Oigo.*

Se escucha la VOZ EN OFF de un bromista que parece ser un hombre fingiendo un acento melífluo y una respiración profunda: *Marina, Marina, Marina...*

Marina se ofende con la imitación feminoide y el jadeo.

MARINA: *¡Qué gracioso, eh! ¡El coño de tu madre!*

Cuelga el teléfono de un tirón. Se levanta de la cama y camina hacia la coqueta, envuelta en el toallón. Se sienta en una butaca sin respaldar, ante la coqueta, en la cual hay otra asociación de pertenencias y adornos: pequeños floreros con flores artificiales, peines, cajas de talco y polvos, un alfiletero, espejillos de mano, frascos y más frascos, pequeños elefantes de cerámica, etc., y en los bordes del espejo, estampas religiosas.

Guaguasí se asoma a la puerta del baño y la mira, de pie, ahora sin disimular su interés por ella. Marina toma un atomizador de perfume de la coqueta, y se rocía perfume detrás de las orejas y luego, con toda naturalidad, como la conclusión de un ritual higiénico, por debajo de la toalla, entre los muslos. Ahora Guaguasí no se asombra. Calla y acepta todos los pasos del adiestramiento. En lo que Marina se perfuma bajo la pelvis, trata de explicar a Guaguasí la broma telefónica.

MARINA (simulando el jadeo del bromista): *Aj aj aj aj... un asqueroso ahí...*

(PAUSA en lo que lo mira al borde de la puerta del baño, envuelto en una toalla blanca hasta la cintura)

... *¡Qué lindo!* (va hacia la cama, donde se deja caer y le sigue hablando) ... *No vayas a creer que yo hago esto con todo el mundo... Yo para estar con un hombre, tiene que gustarme mucho, gustarme de verdad; además tiene que haber algo...* (reflexiona)... *tú sabes, algo espiritual entre nosotros.*

En lo que ella le habla, Guaguasí toma la foto enmarcada de Marilyn Monroe de una mesa de noche. CLOSE UP del INSERT de la foto.

MARINA (algo envanecida): *¿Te gusta como quedé ahí?*

GUAGUASÍ: *Seguro, esta no eres tú.*

Con el marco en la mano, él camina hacia el lado vacío de la cama, se acomoda discretamente, le pasa el marco a Marina, quien vuelve a ponerlo en la mesa de noche de su lado, a su derecha, en lo que le habla. TWO SHOT de ambos.

MARINA (curiosa): *¿De dónde tú eres?* (Cariñosa.) *Ven, acuéstate aquí conmigo.*

Guaguasí se acomoda y se arregla la toalla en lo que ella le acaricia el brazo derecho con la punta de los dedos.

GUAGUASÍ (mascullando): *Del medio del monte.*

(PAUSA, su mirada recorre la habitación de un lado a otro.) *¿Tú vives aquí sola?*

MARINA: *Bueno, sola... sola desde que murió mamá, pero las muchachitas se quedan a veces.*

GUAGUASÍ: *¿Y cómo murió?*

MARINA: *¿Quién?*

GUAGUASÍ: *Tu mamá.*

MARINA: *Ahh... Hace como seis meses. Fue terrible, ¿sabes? Es que ella fue pa' mí como padre y madre al mismo tiempo. Mi papá murió cuando yo tenía cinco años...*

GUAGUASÍ (con cierta picardía): *A ti te gusta ser artista, ¿eh?*

MARINA (abriéndose y sonriente): *Bueno, artista, artista, no. A mí lo que me encanta es todo el tiquitiqui este.*

GUAGUASÍ (riéndose al repetir la palabreja): *Tiquitiqui...*

MARINA (con dulzura e interesada en lo que vuelve a acariciarle el antebrazo con la yema de los dedos): *Y... ¿tus padres están vivos?*

El potente claxon de un automóvil proveniente de la calle interrumpe la conversación.

GUAGUASÍ: *Mis padres... ehh, sí... Ehh... Pero yo no sé dónde están.*

Suena el timbre del teléfono que está sobre la mesa de noche al lado de Guaguasí. Marina se encarama por encima de Guaguasí para coger el teléfono y se queda apoyada sobre su cuerpo. En el momento que ella pasa por encima de él, Guaguasí coloca la mano por encima de la toalla como cubriéndose sus genitales, y deja la mano ahí mientras ella habla por teléfono, apoyada en él.

MARINA (importunada): *Ooigo.*

VOZ EN OFF de un hombre en el teléfono: *Marina, ca bron ci ta.* Marina finge seriedad por respeto a Guaguasí.

MARINA: *Ah, sí. Claro que me acuerdo. ¿Cómo está?*

VOZ EN OFF: *Estás en el traqueteo, ¿eh?*

MARINA (muy correcta): *Bien, bien.*

VOZ EN OFF: *Mira que me la estoy llevando... Estás traqueteando.*

MARINA (fingiendo asombro): *¿Fotos... a esta hora?*

VOZ EN OFF: *Chica, ¿qué fotos ni qué fotos? ¿De qué tú hablas? Oye, estoy aquí en el Scheherezada... Oye, ven a ver a Pacho, anda.*

MARINA (más suelta): *¿Tú estás loco, chico? No, no.*

VOZ EN OFF (cariñoso): *Ven, anda, Marina.*

MARINA (hablando más bajito): *No puedo, no puedo.*

VOZ EN OFF: *¡Coño, Marina! ¿Me vas a hacer eso a mí?*

MARINA (conspirativa): *Es que estoy ocu pa da...*

VOZ EN OFF (intrigado): *¿Estás con alguien ahí?*

MARINA (se jacta al admitirlo): *Umju... mmm...*

VOZ EN OFF (indiferente): *Cabroncita... Marina, no me dejes solo, chica.*

MARINA (como despidiéndolo): *Otro día, sí.*

VOZ EN OFF (amenazándola en tono de broma): *Oye, Marina, a mí no se me hace eso. ¡No me vayas a dejar solo!*

MARINA (a punto de colgar, como si todo fuera normal): *Regio... OK...*

VOZ EN OFF (desesperado): *Por favor, no me dejes solo, Marina.*

MARINA: *Chao.*

Extiende el brazo, cuelga el teléfono y enseguida vuelve a levantar el auricular y lo deja sobre la mesita. Todavía se oye la voz del hombre que la llamó, que no había colgado. VOZ EN OFF (protestando): *Oye, yo soy un hombrecito, Marina.*

Se escucha el tono del teléfono y el silencio normal tras este. Marina se justifica con Guaguasí.

MARINA: *Era el muchacho ese... el fotógrafo de la revista que me sacó...* (Señalando para su foto en traje de baño que está en la pared.) *... Mira, en Bohemia*... en «El Pollo de la Semana».*

Guaguasí contempla la foto en la pared con detenimiento y entusiasmo. Ahora Marina lo observa a él y le hace «ojitos».

MARINA (seductora): *¿Te gusto?*

Guaguasí no ha quitado la mano de encima de la toalla y se da unos leves golpecitos, mientras observa, orondo, a Marina.

---

* Revista semanal, una de las más leídas de Cuba, que llegaba a varios países de Latinoamérica. Se caracterizaba por su apertura a todas las opiniones. Era una amalgama de secciones informativas, palestra para las rivalidades políticas y periodismo amarillo. «El Pollo de la Semana» era una de sus secciones, donde se presentaban artistas nuevas, jóvenes, de poca fama y menos ropa. El director de *Bohemia,* Miguel Angel Quevedo, se pelea con su amigo Fidel Castro y marcha al exilio a principios de los años 60. Años después, se suicida en Venezuela. En la actualidad, la revista se sigue publicando oficialmente.

Quizá esté nervioso, pero ya se advierte en él alguna confianza, un incipiente desenfado. Marina se va echando encima de él.

MARINA (retadora): *¡Que si te gusto, chico...!*

GUAGUASÍ (como si fuera obvio): *Ya te lo dije.*

Ella está totalmente encima de él y empieza a besar su boca.

MARINA (lujuriosa, exultante): *Pues a mí tú me gustas mucho, papi.*

Lo último que vemos es a Guaguasí aún con la mano sobre la toalla, pero ya moviéndola, y Marina sobre él, una inquietud en los cuerpos, y la escena concluye con ardientes besos. DISOLVENCIA.

ESCENA 65. EXT. DÍA. AZOTEA DEL APARTAMENTO DE MARINA

Es un día de sol radiante. De una tendedera cuelgan toallas y sábanas blancas y azules batidas por el viento. Marina y Guaguasí, abrazados, bailan muy juntos entre las sábanas. Un canario, en su jaula, trina durante toda la escena. Guaguasí sólo está vestido con sus pantalones verde olivo y tiene la pistola 45 al cinto. Ella viste una breve bata de casa de satén color verde esmeralda, y lleva unos zapatos blancos, semidesnudos, de tacón alto. Los pasos de baile de Guaguasí son torpes, de quien no sabe, algo pazguatos, pero basta con la experiencia de Marina, cuyo sinuoso movimiento disimula y suaviza la falta de habilidad de Guaguasí. Como en un nudo, el baile termina cerca de un muro donde hay un radio junto a una columna de la que cuelga la jaula del canario. Ellos se detienen tras la jaula, la que ahora forma una curiosa composición por medio de la cual los rostros de Marina y Guaguasí parecen estar encerrados en la misma.

ESCENA 66. INT. DÍA. PORTAL HABANERO

Vemos un típico portal habanero: una sucesión de arcos que se extienden a lo largo de la acera y forman una especie de galería, donde se encuentran variados comercios que van desde tiendas y bodegas, hasta puestos de periódicos y un sillón de limpiabotas, tras el cual, pegado a la pared, hay un pequeño cartel con el dibujo de una palma y una consigna firmada por Fidel Castro: *Esta revolución es tan verde como las palmas*. A un lado del sillón de limpiabotas, hay un anuncio de un producto muy de moda en La Habana para el vigor mascu-

MOYA: ... La Habana no es solamente pa'l relajito...

lino: Testival, y pintado a mano: *El rey del brillo, con el paño y el cepillo.* Desde el P.O.V. del sillón, por uno de los arcos, vemos una tela cruzacalle, precisamente de acera a acera, en la que se ve una leyenda sobre la Reforma Agraria, recién iniciada. En uno de los arcos, al fondo, vemos una banderita cubana que se asoma por una columna hacia la calle. Toda la conversación está salpicada por los gritos anunciadores de un billetero que repite monótonamente números de la lotería. Algunos peatones pasan. En el sillón de limpiabotas vemos sentado a Moya. Viste uniforme verde olivo, impecable, sombrero tejano y unos zapatos muy de moda en esa época, de dos colores, blancos en el centro, y negros detrás y en la puntera, que es un poco afinada y está adornada con una serie de hoyitos blancos dispuestos con cuidada simetría. Moya lleva sus gafas oscuras, gruesos calobares verdes de armadura negra, y tiene en la mano su pañuelo blanco y un puro que fuma durante toda la conversación. Junto a él, de pie, con un brazo apoyado en la alta e improvisada banqueta de limpiar zapatos, está Guaguasí con su uniforme y su boina. Sentado a los pies de Moya está el limpiabotas, un hombre de unos 60 años, negro, pobremente vestido.

MOYA (amonestando a Guaguasí y gesticulando excesivamente): *Tienes que cavilar, asere...* * *Aquí también hay que pegar... La Habana no es solamente pa'l relajito.*

Moya interrumpe su andanada política para ver la breve confrontación entre el viejo limpiabotas y un niño de unos ocho años, blanco y rubito, que practica el mismo oficio y busca clientela por allí. Al espantar al niño, el viejo golpea con el paño, involuntariamente, el zapato de dos tonos de Moya. Moya reacciona, no se sabe si por el golpe recibido o por la breve porfía del viejo limpiabotas con el niño.

MOYA: *Suave, suave, compañero.*

---

* Cavilar: en este caso significa darse cuenta.
Asere: palabra de origen africano que por degeneración se usa en el más bajo *argot* popular para referirse a un amigo.

Se escucha en la radio, proveniente de un cafetín cercano, al cantor Carlos Puebla en un tema alusivo a la revolución triunfante: ... *Aquí pensaban seguir / cobrando un tanto por ciento / con casas de apartamentos / echando el pueblo a sufrir / y seguir de un modo cruel / la costumbre del delito / hacer de Cuba un garito / y en eso llegó Fidel / Y se acabó la diversión / llegó el comandante y mandó a parar / ... ¡Llegó el comandante y mandó a parar...!*

Muy cerca ahora de Moya pasa el billetero con su incesante pregón de números que compiten con los de un cercano tamalero, que insiste que los suyos «pican y no pican». Moya lanza su prenoción callejera.

MOYA: *Esto es una revolución... Aquí va abajo hasta el billetero ese si se pone a comer mierda, mira cómo es el caso.* (Sentencioso.) ... *Hay que participar del proceso político, Guagua.*

GUAGUASÍ (pasivo): *Yo lo sé.*

MOYA (fanfarrón): ... *Tú no puedes dejar que una jeva te confunda el chiriposio,* * *asere.*

GUAGUASÍ (interrumpiéndolo): *Oye, ¿me vas a dar el Chevrolé?*

MOYA (escéptico): *No sé, chico. Tú sabes que hace un burujón de días que ni te reportas, ¿no?*

GUAGUASÍ (picándolo): *¿Me vas a dar el carro o no me lo vas a dar?*

MOYA (amistoso): *Ve practicando con el yipi* **. *Y ten cuidado que cualquiera... cualquiera choca.*

Guaguasí replica excitado mientras acciona una imaginaria palanca de cambios, de una manera absurda, para indicar que él ya conoce el manejo de un auto.

GUAGUASÍ: *Yo no practico más. Ya yo sé: primera p'abajo, segunda p'arriba, tercera p'abajo, punto muerto en el medio.*

---

* Chiriposio: cabeza, seso, inteligencia, cráneo.

** Yipi: degeneración de la palabra *jeep*, vehículo todo terreno.

MOYA (sereno y en guasa): *¿Pa' que tú lo quieres... el carro? Seguro que pa' exhibirte por el Malecón con la jeva, ¿eh?*

TWO SHOT de Moya y Guaguasí. Moya, que está más alto en el sillón, y Guaguasí que está apoyado en el brazo del asiento, se miran en lo que Moya le da un codazo retozón.

MOYA: *¿Eh?... ¿Marina? Están de noviecitos ahora, ¿eh?*

GUAGUASÍ (complacido y sonriente): *¿Noviecito...? Sí. Es que...* (vacilante) *... es que me quiero...* (como conteniendo la última palabra) *... casar.*

MOYA (entre perplejo y burlón): *¡Cóoomo!*

GUAGUASÍ (sonríe confidente y alardoso): *Dice que la tengo arrebatá.*

MOYA (envidioso): *Esa mujer es una bola de fuego.* (Dándole instrucciones al limpiabotas.) *Oye, dale más betún al negro ahí, tú. ¿Cómo tú vas a pensar, Guaguasí, que una mujer como esa se va a casar contigo, chico...? ¡No jeringue!*

GUAGUASÍ (acalorado pero amistoso): *Oye, Moya, no te meta en eso.*

MOYA (sin énfasis): *Parece hasta mentira.*

GUAGUASÍ: *Parece hasta mentira no. Usted me dijo a mí que me la iba a dar...* (reacciona como si descubriera un doble sentido en lo que ha dicho y se sonríe pícaramente) *... ¡me la iba a dar!...*

(PAUSA, recupera el hilo y el humor; ahora habla enfatizando con el índice casi sobre la cara de Moya.)

No, mira: un día de estos me berreo y me voy pa' Charco Azul...

Ambos se empiezan a reír.

GUAGUASÍ: *... y te dejo aquí solo.*

MOYA (feliz y risueño): *Baaah...*

GUAGUASÍ (henchido y juguetón en lo que le pega a Moya por el hombro con su boina): *¡Y me llevo a Marina, pa' que tú lo sepas!*

Terminan como abrazados y riendo a todo dar.

ESCENA 67. EXT. DÍA. PLAYA

Marina, en un ajustado bañador negro, y Guaguasí, en un holgado short de cuadros, salen corriendo del agua, cogidos de la mano, y al llegar a la arena ella se deja caer sobre una manta con cierta liviandad. Guaguasí se queda de pie como detenido junto a ella durante el breve lapso en que pasa por delante de los dos una mula cargada de cocos, halada por un niño de unos doce años. Una mirada entre primaria y ambigua de Guaguasí sigue a la mula al pasar y va de esta a su mujer hasta cautivarse en la hermosura de Marina. La escena concluye con ellos enmarcados al estilo de una postal de viaje, entre las uvas caletas de la playa.

ESCENA 68. EXT. DÍA. AZOTEA DE MARINA

La tarde, de un azul añil, va cayendo sobre la ciudad. En la azotea, Guaguasí y Marina contemplan la barriada. Guaguasí está en camiseta, con pantalón de uniforme verde olivo, y cubre su cabeza con su habitual boina. Marina está vestida con su bata de satén verde esmeralda. A medida que la tarde avanza, se van encendiendo los anuncios lumínicos, que comienzan un parpadeo de intermitencias. El viento leve hace ondear algunas banderas, como en cámara lenta, a lo lejos. En la distancia se aprecia una antena de televisión con las grandes letras CMQ, nombre de la más popular estación televisiva del país.

Él se acerca y se besan, recostados al muro de la azotea. Continúan mirando hacia abajo y oteando la distancia. De una lejana victrola, llega la voz de Panchito Riset cantando un bolero: ... *A las seis es la cita / no te olvides de ir*... y una ondulante voz callejera grita, con ritmo más que dureza: ¡*Elpidiooo*...!

ESCENA 69. INT. DÍA. IGLESIA HABANERA

Es un moderno templo citadino, ubicado en una zona residencial. No es la clásica iglesia colonial, donde predominan el oro y lo barroco, sino una construcción que sigue las líneas de una arquitectura moderna más austera, carente de tallas y filigranas. Las ventanas tienen grandes vitrales en los que predomina la paleta de los azules. Parece ser un templo frecuentado por la media burguesía. La capilla parece estar a media construcción o en reparaciones. La cámara se mueve en DOLLY lateral siguiendo el paso al padre Sagredo, que acompaña a su amiga Mónica, al hijo de esta, Carlos, que viste aún uniforme rebelde y tiene barba y cabellera larga, y a una bella joven de unos diecinueve años, rubia y de piel muy blanca. Mónica y la muchacha llevan puestas mantillas. Carlos tiene el brazo por encima de la muchacha, todo el tiempo. La cámara sostiene el movimiento lateral de ruedas en lo que todos caminan por el pasillo central rumbo a la calle.

MÓNICA: ... *Padre Miguel, no va a comparar usted el matrimonio con lo que está pasando en este país.*

PADRE SAGREDO: *No, de ninguna manera. El matrimonio es una institución sagrada.*

CARLOS (punzante): *¿Y qué? ¿Acaso la revolución no es sagrada?*

MÓNICA (afligida): *No blasfemes en la casa de Dios, Carlos.*

PADRE SAGREDO (ambiguo): *Ya empezaron a intervenir las escuelas católicas, las escuelas privadas, y las pobres monjitas españolas ya están haciendo las maletas.*

CARLOS (apacible pero militante): *No han entendido el proceso.*

MÓNICA (desconsolada y con menosprecio): *¡El proceso! El proceso de volver al salvajismo querrás tú decir. Válgame Dios, lo están interviniendo todo...* (Con enojo.) *¡Bestias!*

CARLOS (aplacándola): *Mamá...*

MÓNICA (sin arrepentirse): *¡Mamá no! Es que tú eres muy joven todavía, hijo.*

Los cuatro han llegado hasta la puerta de la iglesia, donde se detienen. Al otro lado de la calle, justo frente a la puerta del templo, hay un cartel en la fachada de una de las modernas residencias que dice:

CDR. Comité de Defensa de la Revolución, y en la calle, frente a esta oficina, hay un yipi estacionado y movimiento de milicianos y milicianas, hombres y mujeres que integran una organización paramilitar creada por el nuevo gobierno tras el triunfo de la revolución.

PADRE SAGREDO: *Fidel estudió con los jesuitas. Esto es lo que me hace pensar que la revolución no va a llegar tan lejos, ¿no es verdad?*

MÓNICA (con aire condescendiente, señalando a Carlos): *Él no quiere reconocerlo, pero esto no vale un comino... Esto está en manos de los comunistas, y lo que es yo, no aguanto más... y no quisiera que ustedes...* (señala a Carlos y su novia) *... me dieran un nieto aquí en este país, para que luego estos salvajes vengan y se lo quiten, como pasó en España, ¿no es verdad?*

Se acerca un niño pobre en una carriola (improvisado vehículo de jugar que se hace montando una tabla sobre cuatro ruedas de patines y que su tripulante mueve apoyándose con un pie en la tabla horizontal y agarrándose a la otra que clavaban al frente, e impulsándose con el pie libre). El atronador ruido de las ruedas contra la acera casi sepulta las últimas palabras de Mónica.

MÓNICA (gritando casi histérica): *¡Trenes repletos de niños! ¡Trenes, trenes!*

ESCENA 70. INT. DÍA. APARTAMENTO DE MARINA

En la habitación de Marina, vemos a Marina y a Guaguasí que parecen haber llegado de la calle. Marina tiene un vestido blanco cuyo modelo se inspira en la bata cubana, que le deja los hombros y la parte superior del busto al desnudo. El borde del escote está adornado por vuelos y va sujeto a los brazos. Esta versión de la bata llega sólo hasta las rodillas y va ceñida en el talle por un cinturón negro que resalta con el collar negro que lleva al cuello. Está a un lado de la cama, de pie, cerca de una de las mesas de noche. Enciende un cigarrillo con un fósforo en lo que escucha un cha-cha-cha proveniente del radio. Se entusiasma con la música y, ondulante, comienza a seguir el compás con diestros y sutiles pasillos.

MARINA (marcando el compás): *¡Ay, qué rico, papi!*

Ha llegado al lado de la cama por donde está Guaguasí y se detiene delante de él. Guaguasí está sentado en calzoncillos, recostado al capitoné. Ha estado observando sus insinuantes contoneos, aparentemente sin inmutarse. Marina se para ante él con las manos apoyadas en las caderas, el torso ligeramente echado hacia atrás, y moviendo nerviosamente una pierna sin desplazar el pie, en un ademán retador que es típico en ella.

MARINA (instándolo a participar): *¡Oye, pero qué sanaco * tú eres!*

Él la mira serio. De repente, le sube la parada al reto de Marina.

GUAGUASÍ (con picardía): *¿Por qué no te quitas la ropa y bailas encuera en pelota, eh?*

MARINA (sorprendida): *Bueeeno... Yo me la quito si tú bailas conmigo. Si no, na na ni na.*

De un platillo sobre la mesa de noche, Guaguasí toma un pedazo de tarta o pastel y lo muerde negligentemente en un gesto orgánico, casi animal. Con la sábana de la cama, se limpia algo de crema que le ha quedado en los dedos y los labios, provocando la reacción airada de Marina.

MARINA: Oye, ¿pero qué tú estás haciendo? ¡Oye, pero qué animal tú eres! ¡Pero qué puerco!

---

* Sanaco: tonto, imbécil.

Tira el cigarrillo al suelo. Guaguasí rompe a reír con la boca aún llena de comida. Marina le arrebata la sábana de las manos. Él se sigue riendo.

MARINA: *Mira lo que has hecho con mis sábanas bordadas, estúpido... ¡Estúpido, puerco, tolete!*

Guaguasí no cesa de reír, hala a Marina por un brazo, la atrae hacia sí y con la sábana cubre a los dos, de rodillas, cara a cara, sobre el centro del lecho.

MARINA (sin agravio y amorosa): *Y no te rías, eh, no te rías... ¡Que no te rías, chico!...*

GUAGUASÍ (desfachatado y retozón): *¿Cómo es el cha-ca-chá ese?*

MARINA (incitativa): *Cha-cha-cha, bruto. Dale, párate, que yo te enseño.*

Guaguasí no le hace caso y bajo la sábana puede precisarse como la atrae más hacia él.

GUAGUASÍ (viril y desafiante): *¿Cómo es el cha-cha...?*

Por los espejos de la habitación se ve el resto de la acción sobre la cama y aspectos del cuarto, donde se destaca el altar en la pared iluminado por las tenues lámparas a esta hora de la tarde.

Marina canta lentamente, llevando el ritmo de la música que proviene de la radio, con sensualidad, con un tono de excitación en su voz que va in crescendo.

MARINA (lenta y lascivamente): *El cha-cha-cha... un dos... Cha-cha-cha... un... dos... cha-cha-cha... un... dos... cha-cha-cha...*

Los dos cuerpos, entrelazados, se derrumban sobre la cama. El silbato ronco y penetrante de la sirena de un carguero en los muelles irrumpe en la habitación y sepulta la música.

ESCENA 71. EXT. DÍA. MALECÓN DE LA HABANA

Vemos el Malecón habanero, un largo muro que se extiende siguiendo las curvas del litoral. Debajo están las rocas de la orilla, y detrás queda una ancha avenida y la ciudad. Los habaneros suelen ir a sentarse al muro del Malecón para descansar o contemplar las viejas fortalezas del Morro y La Cabaña, que se alzan al otro lado del canal de entrada de la bahía.

La escena comienza con un CLOSE UP de la chimenea de un carguero soviético en la que vemos pintada la bandera de la URSS. El buque está anclado al otro lado del canal. ZOOM BACK de la hoz y el martillo al rostro de Marina que lleva una camiseta verde clara con una boina negra. Su manera de sentarse en el muro, su perfil algo levantado y su actitud en general de elación le confieren cierta solemnidad que recuerda una portada de la revista *Unión Soviética*. El movimiento hacia atrás de la cámara descubre a Guaguasí, cuyo cuerpo reposa a lo largo del muro con su cabeza sobre los muslos de Marina. Se escucha una lejana música eslava de acordeón y cae la tarde, en medio del hastío, en lo que vemos el litoral habanero, edificios en silueta y olas que golpean el arrecife. VOZ EN OFF de un pregonero: «... *Tostao el maní... Tostao el maní...*»

*ESCENA 72. INT. NOCHE. OFICINA
DEL COMANDANTE MONTIEL*

En el campamento del ejército rebelde en La Habana, estamos en la oficina del comandante Jorge Montiel. Es un sencillo despacho con un gran buró tras el cual están las banderas de Cuba y del Movimiento 26 de Julio, entrecruzadas en la pared, y al centro de éstas, el Escudo Nacional. Sobre el buró hay una foto de Fidel Castro. Montiel está de pie, tras el buró, vistiendo una guayabera remangada en un aspecto muy civilista. Sólo su barba nos recuerda que es un miembro del ejército rebelde. Sentado en el borde del buró está su compañero de la

Sierra, el capitán Raúl, de uniforme y chaqueta verde olivo, a pesar del calor, con sus inseparables boina y pipa. La pistola le pende sobre el vientre. Se escuchan VOCES EN OFF de soldados marchando por el patio del campamento que repiten una consigna al compás de su paso militar; a la voz del guía: *Patria o Muerte,* responden: *Venceremos.*

Raúl se dirige a Montiel en un tono de disimulado y metódico enjuiciamiento. Montiel lo observa impávido.

RAÚL: ... *Es que todavía no me has comprendido, viejo. Tú no sabes que la entrega total ahora es mucho más difícil... Tiene que ser una entrega de...* (PAUSA como buscando la palabra correcta) ... *de corazón... de sentimientos... de fe en nuestros líderes... una entrega total, hasta del cerebro. Y mucho más ahora que estamos siendo agredidos por el imperialismo yanqui.*

Montiel se mantiene prudentemente callado.

ESCENA 73. EXT. DÍA. MALECÓN DE LA HABANA

Es un bosque cercano a la ciudad, donde hay un pequeño lago con botes y un restaurante con terraza. Aquí encontramos a Montiel y a su compañera Isabel.

La escena comienza con un ZOOM-IN lento a un bote en el que reman dos niños en uniforme de pioneros (organización infantil, no estrictamente paramilitar, aunque se les imparte sustancial instrucción bélica).

Súbito PANEO del bote a la terraza del restaurante en cuyo costado se lee un cartel que dice MAR-INIT * (restaurante donde se sirven comidas a base de pescado). A cada lado del cartel hay dos diminutas banderitas. Las mesas del aire libre, con

---

* INIT: Instituto Nacional de la Industria Turística, dependencia oficial que controlaría todos los restaurantes, hoteles, etc.

sombrillas de franjas azules y blancas, están vacías a esta hora muerta del soleado día, más que por hastío o por el horario de trabajo, por lo que al parecer es una concentración popular que se realiza hoy. Se escuchan gritos de gente que pasa en camiones, manifestando consignas y afiebradas voces, que se multiplican y retumban en eco, de los altoparlantes.

Montiel e Isabel se paran de su mesa en el aire libre y se van a caminar por el parque en medio de la batahola de ruidos y consignas.

VOZ EN OFF de un hombre en altoparlante: *Un, dos, tres, probando.*

Estremecedor sonido de estática. VOZ EN OFF de mujer excitada en otro altoparlante: *... esas metas de ahorro en las mesas: en el consumo del azúcar, de sal y de hielo, y además las compañeras y compañeros del giro del restaurant que cumplen con la revolución en el trabajo voluntario, haciendo guardia por la noche...* VOZ EN OFF de Fidel Castro, que llega en medio de ecos, claxons de los camiones que pasan y voces provenientes de los otros altoparlantes: *El imperialismo, utilizando los grandes monopolios cinematográficos, sus agencias cablegráficas, sus revistas, libros y periódicos reaccionarios, acude a las mentiras más sutiles para sembrar el divisionismo...*

LONG SHOT de Isabel y Montiel que se ven insignificantes caminando por un desolado trillo del vacío parque en medio de estas voces. Montiel lleva su uniforme verde olivo; Isabel tiene puesto un común vestido azul claro. Se detiene en la distancia. Montiel le habla y gesticula como tratando de convencerla de algo. Sus voces no se oyen.

VOZ EN OFF de mujer en altoparlante, entre ecos y aún más excitada, vociferante: *... y ahí siempre, en todo lo que sea, con Fidel, con la revolución, de campana a campana. Y todas nosotras, que somos mujeres, pero que somos valientes como los hombres... ¡Cuba sí, y yanquis no!* Por la carretera cercana siguen pasando camiones. Ahora cantan una consigna: *Somos socialistas, palante y palante / y al que no le guste que tome* *purgante / Rusia nos da, los yanquis nos quitan / por eso nosotros estamos con Nikita.*

Isabel y Montiel vuelven a caminar hacia un elevado mirador de forma circular desde el cual se divisa la ciudad y la bahía. Las voces provenientes de los camiones se han convertido en una conga, acompañada por sonidos estridentes que se producen al chocar fierros. VOZ EN OFF de Castro en altoparlante: *... e inculcar entre la gente más ignorante el miedo y la superstición.*

MEDIUM SHOT de Montiel e Isabel.

MONTIEL (apabullado): *Isabel, ¿qué puedo hacer para que no te vayas?*

Se miran. Ella lo deja y camina hacia el muro del mirador. CLOSE UP de Montiel que la mira. MEDIUM SHOT de Isabel que se voltea.

VOZ EN OFF de otro camión: *Somos socialistas, palante y palante / y al que no le guste que tome purgante / Rusia nos da, los yanquis nos quitan / por eso nosotros estamos con Nikita.* VOCES EN OFF que vienen de todas partes y que se reproducen en ecos: *Cuba sí, yanquis no. Cuba sí, yanquis no.*

CLOSE UP de Isabel que mira a Montiel con inocultable lástima. Isabel tiene las manos apoyadas en el muro y el viento bate su larga cabellera.

ESCENA 74. INT. DÍA. APARTAMENTO DE MARINA

Es la más pequeña de las piezas, contigua a la habitación central de Marina, al final del largo pasillo de la vivienda; un cuartizo pintoresco, dominado por los colores extravagantes y los adornos cursilones. Parece ser el estudio que Marina utiliza para encerrarse con sus íntimos y entregarse a la chanza y el cuchicheo. La habitación es indeliberadamente una especie de museo *kitsch,* con recortes de Marilyn Monroe, un afiche de la bailarina Alicia Alonso, un rosario de gruesas cuentas, lámparas en forma de estatuas, una foto pequeña de Fidel Castro, y dos o tres de las vedettes de moda, banderitas y banderolas, un Sagrado Corazón de Jesús empotrado en una pequeña cueva de plástico, todo esto sobre un estante de madera frente a una cama pequeña, estrecha, en la que se hacen visibles una sábana naranja, con cojincillos verde, rojo y naranja. Al lado de la cama hay una mesita sobre la cual hay un tocadisco portátil, algunos adornos y una lámpara.

La escena comienza con el CLOSE UP de una mano de mujer con las uñas muy pintadas, colocando la aguja del tocadisco sobre un disco. Se descubre al lado del gramófono una *matreshka,* muñeca rusa formada por varias muñequitas de madera, pintadas a mano y dispuestas sucesivamente una dentro de otra. La *matreshka* está abierta y las muñequitas que la integran están colocadas de menor a mayor, al borde de la mesita. Se escucha una versión jazzística de «La Donna e Mobile». CLOSE UP de Flor sin camisa, sentado cerca del estante, leyendo un texto obviamente lésbico. Flor está medio despeinado; su rostro se nota cansado, como quien ha estado de juerga.

FLOR (leyendo de un libro): «*... la audacia femenina se hace entonces más intensa... La imaginación alcanza su cenit porque las dos carecen del pene masculino...*»

En el suelo, delante de Flor, está Marina con su bata favorita de satén, color verde. Muy distendida, tiene la cabeza apoyada en el borde de la cama, en la cual Elisa, con pantaletas color rosado, y Cassandra, totalmente desnuda, se acarician remolonamente en lo que miran a Flor, que ahora fuma un pitillo mientras lee el texto —retozando con las palabras ante la mirada de connivencia de una Marina mundana y taciturna, laxamente entregada al voyeurismo de esta francachela.

FLOR «*... las más inusitadas caricias, las palabras y los gemidos. Magilla era tan experta en las artes sáficas...*» (se esmera en su locución, inyectándole cierta ingenuidad a la purulencia del texto, agudizando perspicazmente alguna línea y haciendo ver a sus embelesadas oyentes, que no hay nada vergonzoso en sus palabras) «*... que tuvo poder para impedir las bodas de* *varias de las más hermosas mujeres de Atenas: así las condujo a su templo de amor...»*

POR CORTE vamos a la habitación contigua, el cuarto de Marina, y vemos a Guaguasí en calzoncillos, sin camisa, con signos de haberse despertado de una borrachera. Toma una pastilla de Alka-Seltzer y entre distraído e ignorante, se la coloca en la legua como una hostia, tras lo cual se bebe un vaso de agua. La pastilla comienza a hacerle espuma en la boca, y Guaguasí, molesto y un poco asustado, sólo atina a escupir, mascullando.

GUAGUASÍ: *¡Qué es esto!*

Mientras Guaguasí está bregando torpemente con el Alka-Seltzer, se escucha a Flor que continúa su texto. VOZ EN OFF de Flor: «... *acariciándolas con la lengua, los senos...»*

Guaguasí, tambaleante, va a la puerta de la habitación contigua. Se apresta a abrirla. VOZ EN OFF de Flor: «... *Pronto salieron de su error al ser informadas en medio de una orgía de que el supuesto rival era...»*

P.O.V. de Guaguasí: vemos a Flor de espaldas, Marina ensimismada y fumando en el suelo, y a Elisa y Cassandra que retozan sobre la cama. Flor se percata de la presencia de Guaguasí, pero concluye el texto.

FLOR (volteándose hacia Guaguasí): «... *¡un homosexual!...»*

Risotadas del grupo, mezcla de nerviosismo y disfrute en el ritual de Flor, a la vez que repentino asombro de verse descubiertos por Guaguasí. De pronto, todos callan y miran por unos segundos al intruso que los ha pillado pero que no los saca de su magnífico embeleso.

CLOSE UP de Guaguasí pasmado.

GUAGUASÍ: *¡Coño!*

Desde el P.O.V. de Marina, vemos a Guaguasí que cierra la puerta. Ya en la habitación principal, donde estaba antes, retrocede unos pasos y se queda rascándose la cabeza entre la puerta y una foto vieja de la boda de una pareja que pudieran ser los padres de Marina. Al rostro de Guaguasí asoman la inquietud y la extrañeza; sabe que ha hecho un hallazgo, que ha descubierto un mundo para él novedoso y desconocido que le causa ese temor vago e indefinible de cuando las cosas comienzan a perder su permanencia.

ESCENA 75. INT. NOCHE. CABARET HABANERO

En una coreografía de vestuario menos fastuoso que el de «Cachita», vemos a las modelos que giran encandiladas por potentes reflectores rojos que se apoderan cromáticamente de la pista, a cuyos lados hay dos motivos escenográficos que forman como llamaradas ardientes y sobre éstas, unas maracas; al centro del escenario, colgando de arriba, un cartel no muy grande con una sola palabra que parece ser el resultado subliminal de este fuego: la palabra VENCEREMOS. La cortina ahora es de flecos rojizos. Es la coreografía «Kaleidoscopio de libertad». La mayoría de las bailarinas visten de rojo, y se les unen otras con batas blancas y pañuelones en la cabeza. Marina va en trusa plateada, muy brillosa, con gorro también plateado y un plumero rojo. El bailarín principal es el vedetto, que se retuerce, gira y brinca imitando a un cosaco en lo que las chicas marchan, puño en alto, al compás del Himno de la Alfabetización.

En el público está Guaguasí sentado a solas en una mesa bebiendo de una botella.

        HIMNO DE LA ALFABETIZACIÓN
    «Cumplimos, cumplimos, cumplimos,
    triunfamos, triunfamos, triunfamos...»

GUAGUASÍ (borracho): *¡Oye, Marina, apéate de ahí!*

        HIMNO
    «Cuba lo dijo ante el mundo.
    Nosotros lo realizamos...»

Guaguasí se ha puesto de pie y se acerca a la pasarela. Las piernas de las mujeres pasan ante él. Está deslumbrado.

Cuando Marina le pasa por delante, él la insulta ininteligiblemente, y extiende un brazo como para halarla. Ella se siente embarazada, apura el paso y se escapa para continuar su coreografía.

HIMNO
«... *Adelante, los pueblos de América...*»

Guaguasí, descontrolado, se sube a la pasarela para llamar la atención, dando tumbos hasta que se cae sobre algunas mesas que están cerca de la pista, provocando reacción en los clientes sentados a las mismas.

HIMNO
«... *Cuba sólo en un año*
venció al analfabetismo...»

En la extravagante coreografía, el vedetto ejecuta una especie de danza cosaca del subdesarrollo, echando hacia atrás y levantando las piernas con ridículos movimientos casi acrobáticos.

HIMNO
«... *Fidel, Fidel, dinos qué otra cosa*
tenemos que hacer...»

Al llegar a esta línea del himno, el vedetto, continuando su baile cosaco, ha invertido su posición, quedando de espaldas al público, doblado hacia adelante para ponerse en cuatro patas y levantar las piernas hacia atrás.

Guaguasí toma una silla y empieza a subirse por un lado del escenario en lo que grita.

GUAGUASÍ: *¡Oye, puta, apéate de ahí, coño!*

HIMNO
«... *Fidel, siempre cumpliremos*
con nuestro deber.
Cumplimos, cumplimos, cumplimos,
triunfamos, triunfamos, triunfamos.
Cuba lo dijo ante el mundo,
nosotros lo realizamos...»

GUAGUASÍ (en lo que pone la silla): *¡Marina, bájate de ahí, Marina, puta, Marina!*

HIMNO (final)
«... *Cuba lo dijo ante el mundo,
nosotros lo realizamos.*»

Se corre la cortina de la pista y la orquesta inicia una fanfarria tratando de echar a broma el desconcierto que se avecina. Flor sale a la pista a poner orden con simpatía. Viste una guarachera blanca con ajustados pantalones negros de bailarín de flamenco. Sabe que Guaguasí está ebrio y puede ser muy violento. La cartuchera de la pistola 45 se ha resbalado en la canana y le cae a Guaguasí, colgando, entre las dos piernas. Del público se escuchan aplausos, risotadas y gritos de: ¡*Fuera, descarado, saquen a ese borracho!*

FLOR: *Señoras y señores, ladies and gentlemen...*
Ya Guaguasí ha colocado su silla al centro de la pista y se sienta muy distendido. Aplaude como un retrasado mental y ríe atolondrado.

FLOR: *... en nombre del Capri revolucionario, in the name of the Capri nite-club...*
Guaguasí se cae para atrás en la silla, involuntariamente pero en un acto que parece una payasada, y se oye el brusco impacto de la silla contra la pista, que retumba en el suelo de madera. De inmediato, Guaguasí se incorpora con mirada risueña e inocente de «aquí no ha pasado nada».

FLOR (sin perder el hilo): *... I want you to forgive me for what's happened here tonight... son pequeños percances, camaradas, son cositas...*
Guaguasí se le ha acercado por detrás y en ese justo momento lo carga como si fuera una sirena.

FLOR (riéndose y en los brazos de Guaguasí): *... little things that happen in the big parties of the Caribbean...*
(Guaguasí lo ha soltado y lo deja incorporarse de nuevo y, muy orondo, ha ido a sentarse a su silla al centro de la pista.)
... Ay, perdónenlo, señoras y señores: él está celebrando hoy su cumpleaños y está muy eufórico, y para que se mueran de envi-

dia los coros de Baldor y de Belén, * los invito a que canten conmigo el himno de la vejez.

Guaguasí, desde su silla, deja de aplaudir, se para y vuelve donde Flor, quien ahora canta la canción del *Happy Birthday* e inventa una engatusadora coreografía para halar a Guaguasí y sacarlo del escenario. Guaguasí va tras Flor, siguiendo el paso.

FLOR (cantando):
>*Japi berdei tu yu*
>*japi berdei tu yu*
>*japi berdei, Guaguasí,*
>*japi berdei tu yu*

Los dos desaparecen por un costado del escenario con la última fanfarria de la orquesta.

ESCENA 76. INT. NOCHE. APARTAMENTO DE MARINA

Guaguasí está rendido sobre la cama de Marina, en calzoncillos y con aspecto de moribundo. A su lado está Flor con una chillona camisa de lunares, sentado al borde de la cama. A la derecha, en primer plano, está Marina, sentada también al borde del lecho, en un vestido brilloso, blanco, de lentejuelas, acompañada de Elisa y Cassandra. Cassandra sostiene una vasija con hielo. Todos ayudan tratando de revivir a Guaguasí.

FLOR (a Marina): *Está catatónico, mi amor, y si sigue tomando así, le va a dar una cirrosis hepática.*

Elisa arrebata la vasija de hielo a Cassandra y diligentemente se acerca a Guaguasí, inclinándose como para ponerle hielo en los testículos. Marina la detiene con presteza.

---

* Baldor: escuela privada laica, en La Habana.
Colegio de Belén: principal centro de educación de los jesuitas, en La Habana, donde estudió Fidel Castro.

MARINA (tajante): *Hey, aguanta.*
Marina le quita la vasija a Elisa y se la devuelve a Cassandra.
ELISA (indiferente): *¿Tú se lo vas a poner? Bueno.*
Flor toma la cartuchera y la pistola de Guaguasí y se aleja con ambas.

FLOR: *Yo me lo llevo, porque si él sueña que es* cowboy *y le da por levantarse tirando tiritos...*

Cassandra, en medio de la confusión, se chupa el hielo. Elisa ha quedado algo apenada por el rechazo de Marina a su intento de poner el hielo, y trata de cooperar ofreciendo un Alka-Seltzer de su propiedad.

ELISA (a Marina): *Mira, el ultimitillo que me queda.*

MARINA (celosa, rechazándola): *No, hija, deja eso, si no lo ves que está rendido. Déjalo, déjalo que pase la mona.*

ELISA (insistente): *Me lo regalaron unos marineros rusos y esto no se regala hoy en día así como así.*

Flor, sin tardanza, comprende que es hora de dejar solo a Guaguasí y entiende que Marina es muy celosa cuando se trata de su hombre. Intenta llevarse a Elisa y Cassandra a la pieza contigua.

FLOR (llamándola): *Cassandra.*

CASSANDRA (uniéndosele): *Vamos.*

ELISA (siguiendo a Flor): *Esta noche no pongo una.*

FLOR: *Ces choses là arrivent en temps de revolution.*

CASSANDRA: *Oui, cheri, oui.*

Marina está de pie junto al borde de la cama. Mira a Guaguasí, con las manos en la cintura.

MARINA: *Qué va. Esto no hay quien lo aguante.*

CLOSE UP de Guaguasí tendido boca arriba en el lecho, abrazando un cojín blanco en forma de muñeca. Duerme como si tuviera una pesadilla, murmurando palabras ininteligibles. Marina se retira hacia la habitación contigua y cierra la puerta, de espaldas. Se oyen las voces y las risotadas de las muchachas en la pieza.

VOZ EN OFF de Elisa: *No, no, lo mío es lo mío, tú sabes.*

*ESCENA 77. INT. DÍA. AEROPUERTO
DE LA HABANA*

DOLLY LENTO de cámara revelando rostros tras una pared de cristal transparente que forma un salón dándole aspecto de pecera. El movimiento de la cámara sobre ruedas nos deja ver primero a un niño, de unos diez años, elegantemente vestido con una chaqueta roja y corbata. El niño llora como despidiéndose de alguien que no vemos, al otro lado del cristal. Un hombre de unos cuarenta y cinco años, también vestido de traje, se acerca amablemente al niño, lo atrae hacia sí y lo abraza, a la vez que golpea el cristal tratando infructuosamente de establecer una comunicación con los que están fuera. Mientras continúa el movimiento de PANEO, escuchamos de un altoparlante una VOZ EN OFF de mujer: *Cubana de Aviación anuncia la salida de su vuelo número 16 con destino a Miami... Los empleados del aeropuerto internacional José Martí ratifican su consigna de Libertad o Muerte...*

Vemos unos niños que van a sentarse en el salón y el movimiento de DOLLY LENTO de cámara revela al joven Carlos, rebelde de la Sierra, todavía barbudo, pero vestido con impecable traje, como listo para viajar, y junto a él, su madre, Mónica, y la joven con quien lo habíamos visto en la escena 72, ahora en estado, con ambas manos apoyadas sobre su vientre. VOZ EN OFF de un hombre en el altoparlante: *Carlos Montes de Oca, Carlos Montes de Oca...*

Carlos se incorpora con altivez al llamado y la cámara nos permite descubrir a Isabel dentro del salón, en una esquina, y a Montiel por fuera, despidiéndola. Es un adiós contenido, sin un gesto de más, en el que la aflicción de ambos parece haber sucumbido a la impotencia. Vemos la palma de la mano de Isabel que se apoya al cristal en un gesto lánguido que Montiel responde tierna pero ambiguamente.

Por CORTE vemos a Guaguasí en el aeropuerto, asomado al costado de una escalera.

Se escucha VOZ EN OFF de mujer en el altoparlante: *Les em-*

ployès de l'airport José Martí sont heureux d'accueillir la delegation française qui en ce moment fait ses démarches au departement d'inmigration. Patria o muerte, la revolution ne sera jamais vencue... Atención, por favor, capitán Curbelo, por favor, se le solicita en el mostrador de la KLM. Atención, capitán Curbelo, por favor, se le solicita en el mostrado de tráfico de la KLM.

Por CORTE vemos a Carlos en otro lado del salón ante un oficial de Inmigración, sentado tras un buró. El oficial viste su uniforme de miliciano; es mulato, de brevísima estatura, y aunque el escritorio oculta casi todo su cuerpo, se puede apreciar una desproporción entre el tamaño de su cabeza y sus cortos brazos. El oficial le está procesando a Carlos los papeles de salida del país, y le acuña el pasaporte, en el que leemos el siguiente *INSERT: NULO.*

CORTE a Montiel, solo tras el cristal, melancólico, de completo uniforme con gorra y chaqueta.

CORTE al funcionario de Inmigración que procesaba los papeles de Carlos y que ahora le da una afeitadora indicándole que deberá rasurarse la barba antes de salir del país. Carlos, aunque perplejo, lo acepta.

CORTE a Guaguasí que, en otro lado del aeropuerto, avanza hacia la baranda de una escalera en lo que sus manos juegan con la boina sin que su rostro exhiba la menor expresión. Con su mirada sigue a Montiel bajando las escaleras, fumando su inseparable puro, caminando abstraído entre la gente, hasta encontrarse con el ex dirigente del clandestinaje contra Batista, Mario Vidal. Guaguasí escucha sus voces distantes, abajo, en el vestíbulo del aeropuerto.

MONTIEL (abrazando a su amigo): *Vidal, carajo.*

VIDAL: *Jorge, te necesito, mi hermano. Me tienes que ayudar.*

Guaguasí pone una pizca de astucia en su mirada al contemplarlos abrazándose, al momento que Mario Vidal reacciona al verlo en la baranda. Montiel también mira hacia Guaguasí y ambos se marchan bajo la sensación de ser espiados.

MONTIEL (tomando a Vidal por el codo): *Vamos, vamos, dale, vamos, vamos, chico.*

Guaguasí los sigue con la vista hasta que los pierde cuando salen del aeropuerto.

ESCENA 78. INT. TARDE. APARTAMENTO DEL COMANDANTE MONTIEL

La tarde cae de un especial azul fuerte en lo que Montiel, trago en mano, está recostado en la puerta de la terraza de su moderno y sobrio apartamento. Mira hacia dentro y escudriña la soledad del mismo. Camina hacia un pequeño escritorio donde hay una vieja y pequeña maquinilla, y junto a esta, una pistola calibre 45 con culata nacarada, una lámpara, un periódico y un libro. Se sienta a medias en el borde del escritorio, toma el libro en sus manos, lo mira un instante descuidadamente y lo baja hasta su vientre mientras pierde su mirada en el vacío. Se oye una canción improvisada por músicos callejeros, quizá proveniente de un bar cercano, mientras Montiel se absorbe cada vez más en sus reflexiones y en la conciencia de su soledad.

ESCENA 79. EXT/INT. DÍA. CUARTEL HABANERO

En el exterior, en LONG SHOT, se revela la fachada de una de las modernas edificaciones en la que vemos una marquesina y sobre ésta, grandes banderas cubanas y del 26 de Julio, el Escudo Nacional y un cartel en el que se lee Patria o Muerte.

Se CORTA a un amplio vestíbulo presidido por una majestuosa escalera. El acceso a esta escalera está bloqueado por un buró a cargo del cual está Ernestico, quien fuera radiooperador en la Sierra. En un burro de madera hay un cartel que anuncia: *Visitas de 2 a 5*. Ante Ernestico hay una mujer rubia, elegante, que muestra signos de nerviosismo: es Gloria, la mujer de Mario Vidal, a quien viéramos acompañándolo en la lucha clandestina contra Batista. Se hará evidente que viene en busca de su marido, quien ha sido detenido.

ERNESTICO (en tono confidencial): ... *Me parece que las cosas con Mario están un poco calientes.*

GLORIA (asustada): *¿Qué es lo que está pasando, Ernesto?*

ERNESTICO (cooperativo): *Mira, yo me voy a hacer el chivo loco y te voy a dejar subir arriba a ver qué se puede hacer por él.*

GLORIA: *Gracias, Ernestico.*

Ernestico exhala una bocanada de humo de un puro que fuma en lo que la deja subir la escalera, y en PANEO en U se capta un busto de Martí, blanco, cerca del cual esperan sentados en sillas de tijeras unas 20 personas, mientras vemos el ascenso de Gloria por la enorme escalera, por el costado de la cual penetra la cegadora luz del sol a través de unos ventanales, que pronuncia aún más el verde militar de todas las paredes. Cuando Gloria sube la escalera, se descubre que lleva una bolsa de tienda en la mano. Se cruza con varios soldados que bajan la escalera, mientras se escucha en el altoparlante una VOZ EN OFF que se convierte en eco por la concavidad del vestíbulo del cuartel: *Caridad Robles, tiene una llamada de Ñica... Caridad Robles, teléfono...*

ESCENA 80. INT. DÍA. CUARTEL HABANERO

Es una pequeña oficina con un buró y un cuadro en la pared con las fotos de los dirigentes socialistas cubanos Julio Antonio Mella y Jesús Menéndez —ya muertos— y de Lenin, enmarcadas en una cursi guirnalda roja. Abajo, pegada a la pared, hay una foto de Bertina, una modelo mulata de moda, recortada de alguna revista.

Vemos al capitán Raúl que ha sido sorprendido en este local por Gloria. Raúl viste uniforme verde olivo, con boina, de la cual sale su melena recogida por una liga, en forma de cola de caballo. El rostro de Raúl revela cierta incomodidad; es obvio que no se encuentra en su propia oficina y que no tiene deseos

de seguir hablando con Gloria. A un lado está Guaguasí, apoyado en el marco de una puerta, con una expresión teatral de fastidio, incómodo por la irrupción de Gloria y algo extrañado de que ella no se haya enterado ya de lo ocurrido. Raúl coloca sobre el escritorio una carpeta que sostenía, ablandándose un tanto. La conversación está en progreso.

RAÚL (grave): ... *Señora, no va a haber juicio mañana.*

GLORIA (alarmada): *¡Cómo!*

RAÚL: *No hay juicio.*

GLORIA (asombrada y temerosa): *¿Por qué?*

RAÚL (muy quedo): *Él se suicidó anoche.*

Se revela tras Raúl una bandera cubana con todo su efecto tricolor. Gloria deja caer la bolsa y, aterrada, se lleva las manos a la cara y emite un fuerte sollozo de angustia.

GLORIA (entre gritos y sollozos): *¡No, no!*

ESCENA 81. INT. DÍA. CUARTEL HABANERO

Es mediodía, y vemos colgando de la baranda de la imponente escalera del cuartel una gigantesca bandera cubana que ondea hacia abajo y se cierne, majestuosa, sobre el vestíbulo. Un pesado silencio se abate sobre todas las cosas, apenas quebrado por el apagado teclear de unas maquinillas de escribir.

ESCENA 82. INT. TARDE. CUARTEL HABANERO

Por CORTE, continuando en el ala moderna del cuartel, vemos la oficina del comandante Montiel, un local austero, con una bandera cubana de un metro de largo, dispuesta en forma de triángulo en la pared tras su buró, sobre el cual hay un cartelito blanco en el que se lee, en letras negras, *comandante Jorge Montiel*, una indicación superflua que no lo es en Cuba. Montiel está sentado tras el buró, fumando su habano, apuntando notas. Cierta gravedad en su expresión revela preocupaciones e inquietudes. A la izquierda de Montiel, Raúl está de pie junto a una ventana, también serio, pero como listo para responder a las palabras de Montiel. La atmósfera de tensión es evidente.

MONTIEL (meditabundo): ... *Qué extraño que Mario, un hombre que había arriesgado tantas veces la vida en la resistencia, haya escogido precisamente el triunfo para suicidarse, ¿no?*

RAÚL (ecuánime): *Es otro mártir de la revolución.*

MONTIEL (irónico): *¡Coño, este es el país de los mártires!*

Raúl camina hasta el buró, se sienta en una silla delante de Montiel, se pone a rellenar su pipa y, sin mirar a Montiel, lo alerta.

RAÚL: *Debes de tener más cuidado con lo que dices, Montiel.*

ESCENA 83. EXT/INT. DÍA. APARTAMENTO DE MARINA

ZOOM lento desde la acera de enfrente hasta el balcón del apartamento. De la barriada se escucha la VOZ EN OFF de un pregonero: *Mandarina, naranja dulce, mandarina, naranja dulce.* Esa voz acompaña al movimiento de ZOOM hasta que concluye dentro de la casa y por CORTE vemos a Guaguasí tirado en la cama, dormido junto a la muñeca cojín, un poco sudoroso y hace el movimiento como de espantarse una mosca, quizá molesto por la música estridente del tocadisco, proveniente de la sala. Por CORTE vamos a la sala, en cuyo sofá principal encontramos a Marina con una larga bata de casa azul. Está con cara de enfado. Sube las piernas al sofá y queda con las rodillas a la altura del rostro, enciende un cigarrillo, apaga la cerilla y aspira y exhala el humo mientras escucha la música de *rock and roll,* con fuerte sonido de guitarras, que invade toda la habitación y matiza con sus estridentes acordes el conflicto personal de Marina.

ESCENA 84. INT. DÍA. CUARTEL HABANERO

Estamos en el ala antigua de la fortaleza que sirve de cuartel al ejército rebelde. Por un corredor avanzan Moya y Guaguasí, vestidos de completo uniforme, con chaquetas, y más impecables que nunca. Tras ellos queda un largo pasillo. Se escucha el ruido ensordecedor de una motoniveladora y otros equipos de construcción, proveniente del exterior. Moya y Guaguasí se detienen en la puerta de una oficina; sus rostros serios tratan de reflejar la inocencia del que hace algo porque no tiene otro remedio.

Junto a una ventana colonial de la habitación, mirando hacia abajo, Montiel espera, envuelto por la luz matinal que penetra por la ventana. Parece estar aguardando algo que sabe inevitable. Moya y Guaguasí esperan en la puerta a que el comandante reaccione, en actitud respetuosa. Montiel los mira, con los brazos cruzados, se acaricia la barba, hasta que al fin avanza hacia ellos con paso entre resignado y firme, con dignidad pero con cierta señal de rendición. Cuando avanza hacia ellos, se hace visible a la pared un afiche con una foto de Fidel Castro. Al acercárseles, Guaguasí baja la vista. Montiel sale primero, detrás Moya y por último Guaguasí.

Caminan por el corredor, que está sumido en la penumbra; sólo al final hay una luz que permite ver, apoyada en la pared, una fregona, y bajo ésta un cubo.

ESCENA 85. INT. DÍA. CUARTEL HABANERO

POR CORTE, pasamos al ala moderna. Estamos en el salón del tribunal militar: una sala mal iluminada en la que sólo hay un alto estrado de caoba pulida y, debajo de este, dos largos bancos. El tribunal está presidido por un oficial de unos sesenta años, con gafas, muy circunspecto, que usa una boina con una estrella que indica su rango de comandante. En el estrado, junto al oficial, está sentado el capitán Raúl. Atrás hay una foto de Castro en la pared. También vemos un cartel con una frase de Fidel Castro: *Grande es el destino de los pueblos que luchan, pero mayor aún es el destino de los pueblos que mueren luchando antes de aceptar su derrota.* Montiel está sentado solo en el primer banco, con el semblante conturbado y cierta fijeza en su mirada, quizá por desengaño o porque presiente su destino adverso. En el banco de atrás está sentado Moya, encogido de hombros, incómodo y haciendo todo el tiempo un mohín con los labios como si silbara. A un lado, de pie, fuera de los bancos, apoyado en un respaldar, está Guaguasí, que observa entre visajes de controlado asombro.

El capitán Raúl lee de una carpeta, sin ademanes y con cierta monotonía, la acusación que describe en un torrente.

RAÚL (leyendo): ... *En la tarea de recopilación de pruebas, quedó comprobada la...*

Del CLOSE UP de Raúl, que levanta la vista, vamos al PLANO GENERAL de la sala. Montiel se alisa el bigote. Moya parece asentir a lo que Raúl lee, dando golpecitos en el respaldo del banco.

VOZ EN OFF de Raúl que sigue leyendo: ... *vinculación del acusado con el grupo del cabecilla contrarrevolucionario Mario Vidal... todo lo cual deja convencido a este investigador y a esta fiscalía de su vinculación con la Agencia Central de Inteligencia de Estados Unidos...*

CLOSE UP de Montiel en lo que PAUSA y continúa severo. Moya mueve los ojos en un caricaturesco gesto de forzada apacibilidad, en lo que emite un silbido silente y apático, como aceptando el momento en que se sella el destino de Montiel.

RAÚL: ... *por todo lo cual, en nombre del gobierno revolucionario del pueblo de Cuba, contra cuyos poderes ha conspirado...*

CLOSE UP del juez que cierra su carpeta. TWO SHOT de Moya y Montiel. Moya se le acerca desde el asiento de atrás en su habitual gesto de encogimiento de hombros y trata de convencerlo de que lo ha apoyado durante este abrupto proceso de las últimas horas.

MOYA (hablándole al oído): *Oye, Jorge, tú sabes que yo traté...*

RAÚL: ... *el que fuera comandante Jorge Montiel, pedimos para el mismo...*

Montiel mira incrédulamente a Moya al momento que Raúl lanza la conclusión de su alegato. CLOSE UP de Raúl.

RAÚL (flemático y lentamente): ... *la sentencia de veinte años de cárcel.*

Montiel se pone de pie inmediatamente, en actitud valiente y respetuosa. Raúl cierra su carpeta. CLOSE UP del juez que mira a Raúl de perfecto concierto y también mira a Montiel.

MONTIEL (sin alterarse): *Señor juez... yo esperaba que a pesar de todo se me permitiera defenderme en este...* (esboza una sonrisa y se torna irónico) ... *en este juicio...* (empieza a encolerizarse) ... *de todas las mentiras que se han dicho contra mi persona... Dudo mucho que la alta dirigencia del gobierno revolucionario esté al tanto de esta cacería...*

El juez, contrariado, golpea la mesa con el mallete. Montiel PAUSA, se contiene, hace acopio de ecuanimidad. CLOSE UP de Raúl en un momento en que parece detenerse en una breve abstracción que mengua la severidad de su posición contra Montiel.

MONTIEL: ... *que empezó hace algún tiempo y cuyo corolario ha sido esta farsa...*

El juez sigue golpeando con el mallete. Montiel, aturdido, logra controlar su emoción pero mantiene su elocuencia.

MONTIEL: ... *señor juez, esto se ha convertido en un espectáculo de calumnias... yo sé que ustedes tienen lista la sentencia... pero yo no estoy dispuesto a aceptar esa condena, han seleccionado un tribunal sin testigos y una sala vacía de pueblo...*

PLANO POSTERIOR que permite ver: el salón semivacío, Montiel de pie, de espaldas, haciendo su alegato, Moya sentado, el juez y el fiscal imperturbables, y Guaguasí, de pie, a un lado, observándolo todo.

MONTIEL: ... *pero yo no quiero ser un obstáculo para la revolución... y creo que si tengo que escoger entre adaptarme a las circunstancias o apartarme para no causarle daño a esa revolución, lo honorable y lo revolucionario...*

Se repite el PLANO POSTERIOR de desolación. CLOSE UP de Montiel.

MONTIEL (resuelto pero lacónico): ... *es irme.*

PLANO MEDIO del juez que da dos golpes ligeros con el mallete, fría y mecánicamente.

JUEZ: *Se acepta la petición de la fiscalía y se ordena el cumplimiento inmediato de la sentencia de 20 años...*

CLOSE UP de Montiel que mueve ligeramente la cabeza y sonríe con una mínima mueca, mezcla de resignación y desdén, al escuchar la sentencia.

JUEZ (concluyente): *Llévenselo.*

CLOSE UP de Raúl, conciso, que esquiva la mirada de Montiel, menos por despectivo que por el rigor de su oficio. Con la última palabra del juez, Moya se levanta, toma gentilmente a Montiel por un brazo, y comienzan a abandonar la corte seguidos por Guaguasí, que todavía mira a los oficiantes de la improvisada ceremonia jurídica, ahora de pie tras el estrado. Guaguasí vuelve a voltearse y continúa saliendo de la corte tras Moya y Montiel. El juez y Raúl se saludan cortésmente, en un espontáneo gesto de avenencia, en lo que el juez le da a Raúl una palmada en el hombro. Tras ellos, en la pared, se captan ahora algunos de los símbolos que aparecieron por separado durante el juicio: una bandera del 26 de Julio, una bandera cubana, abiertas ambas sobre la pared, y al centro de estas, un cartel con un texto escrito en caligrafía y firmado por Fidel Castro: «... *Sepan que no hallarán ni una sola casa ni un solo edificio entero, porque grande es el destino de los pueblos que luchan, pero mayor aún es el destino de los pueblos que mueren luchando antes de aceptar la derrota...*»; más a la derecha, una foto de unos 40 centímetros de lado, en blanco y negro, de Fidel Castro, igual a la que se ha visto en la oficina de la escena anterior.

ESCENA 86. EXT. DÍA. CALLE HABANERA

En la barriada de Marina, en los bajos de su edificio de apartamentos, desde cierta distancia, vemos a una joven miliciana de unos veinte años, de completo uniforme: blusa de mezclilla azul, pantalones verde olivo muy ceñidos, que acentúan las formas femeninas, exuberantes, boina negra de la cual escapa su abundante cabellera rubia, y botas militares. Está recostada de espaldas a una pared en la cual apoya un pie, en gesto muy femenino. Junto a ella, con una mano apoyada en la pared, la está cortejando un hombre de unos cuarenta años, el típico «ligón» de barrio, conspicuo tenorio de gesto desenfadado y rutinero. Se escuchan ruidos de vehículos. Una VOZ EN OFF de un hombre que lanza un piropo a alguna mujer en la cercanía: *Oye... sss... mami.* VOZ EN OFF de un pregonero en los alrededores: *Atiiiso bastidores.* Por delante de la miliciana y el chusco pasa un hombre de unos cuarenta y cinco años, gruñón, que lleva una bolsa de papel.

HOMBRE (entrometiéndose): *Déjense de comer mierda y pónganse en la cola que llegó la carne.*

Por CORTE vemos ahora el balcón del apartamento de Marina, con su balaustrada de hierro forjado y su ventana colonial, grande y alta, de madera, formada por dos hojas en las que se abren estrechas y numerosas persianas. Continúan las voces callejeras; un vecino aprendiz de canto, que practica vocalizando sin mayor energía, pifia en muchas de las notas que se conjugan intermitentemente con el dulce sonido de la flauta de un afilador de tijeras.

Por CORTE entramos en la habitación de Marina. Marina viste un juego de ropa interior color rosa, que le deja los hombros, casi todo el busto, la cintura y las piernas al descubierto. Está en la cama abanicándose los pies con una penca y cuidándose las manos, con los dedos tensos y estirados, como si se acabara de pintar las uñas. Junto a ella está Guaguasí en calzoncillos, rastrillando su 45, con una mirada entre torva y mentecata, encañonando a Marina, la cual, sin temor y despectivamente, le aparta el arma una y otra vez con el abanico, sin turbarse. Se oye el ruido molesto de una motocicleta en la calle y las voces de su ocupante y de un vecino que discuten tonterías. El barullo penetra en la habitación sobre el rostro enmudecido e inconforme de Marina mientras Guaguasí insiste en su necia diablura. Aún con la pistola en la mano, Guaguasí se arrodilla en la cama, acerca su rostro al de Marina, le apunta de nuevo; ella hace un ademán para apartarlo, él le pasa la pistola por el hombro y la cara, baja la pistola, pega sus labios a los de ella, la besa, ella se deja, más por conveniencia que por pasión, él la hala los tirantes con el cañón del arma y se los baja, sin que ella coopere, fingiendo que teme se le dañe el esmalte de las uñas, aunque en realidad está exasperada.

Proveniente de la calle, se escucha el ruido de una camioneta que se acerca, con un altoparlante, y se oye un solemne himno en ruso y un anuncio, en español, invitando a visitar una exposición de productos soviéticos.

Guaguasí le va quitando el refajo hasta dejarla en bragas. Marina ha quedado con el torso desnudo y Guaguasí se arroja burdamente sobre ella e inicia unos movimientos espasmódicos. Molesta y desinteresada, Marina sustituye su irritación con el desmedido ademán de extender los brazos hacia afuera como protegiendo —aún más— sus uñas en lo que Guaguasí se engresca sobre su cuerpo dócil y yermo de emoción, derrumbado finalmente bajo el de él.

CORTE a la solitaria sala del apartamento en la que vemos unas plantas que se mecen con la tenue brisa de la tarde, en medio de voces remotas que vienen de la calle y el minuciosamente aburrido sonido de un piano en el que alguien practica escalas.

CORTE DE TRANSICIÓN a la calle en la misma barriada, a la misma hora, para ver al mismo vecino que sigue hablándole a la misma miliciana con el transfondo de las escalas de piano que se reiteran fastidiosamente.

CORTE al interior de la habitación de Marina. Guaguasí duerme solo, en lo que Marina, al borde de la cama, se acaba de ajustar los tirantes sobre los hombros, sigilosamente, mientras lo observa a él, que duerme como un lirón. Hay cierta desazón en la mirada de Marina. Se levanta silenciosamente, va hacia la pared, arranca y estruja sin hacer ruido el papel del chino de la charada, y se revelan algunos cambios en esta pared: la foto de Rita Montaner está ahora arriba, debajo de la misma hay un florerito y el retrato de Marilyn Monroe, que antes estaba en la mesa de noche, y ahora es un cuadro, y una foto de un niño en colores, en un marco. Desde el P.O.V. de Marina, vemos a Guaguasí acostado y una amarillenta cortina del balcón abierto, que da a la calle. Cerca del balcón hay un viejo sillón. Marina se va al balcón en lo que la brisa mueve la cortina y se precisa otro balcón enfrente, en un piso a igual altura, donde una pareja compuesta por un soldado barbudo y una mujer se abrazan y observan. Marina, en su mínimo vestuario, detenida ahora cerca de la puerta del balcón de la habitación, toma el teléfono de la mesita de noche en lo que trama algo. Se escucha el clásico silbido de requiebro del hombre a la mujer, que proviene de la calle, quizá de alguien que ha visto a Marina a través de la baranda del balcón de la habitación. Marina retrocede sigilosamente, llevando el teléfono en las manos con sumo cuidado, cual si fuera un artefacto explosivo, hasta la habitación contigua donde suele reunirse con sus amistades, y allí se encierra. Se combinan las remotas escalas de piano con el vecino aprendiz de canto que ahora ensaya la canción «Granada».

CLOSE UP de Guaguasí asustado, vistiendo camisa de carbonero, igual que antes en la sierra del Escambray. Movimiento de DOLLY BACK que revela a Guaguasí con esta indumentaria, machete envainado al cinto, ante un paredón de fusilamiento, tratando de librarse de una inexplicable atracción magnética que fija sus pies al suelo, con el rostro confundido. Flor, ostentoso, con una brillante camisa de seda verde, ríe la malaventura de Guaguasí y su risa no se escucha en un alucinante silencio que complica y burla el machismo de Guaguasí. MEDIUM SHOT del activista antibatistiano Mario Vidal en el suelo, con su blanca guayabera teñida de sangre, y las manos de Guaguasí que cerca de su rostro rastrillan ahora la 45; acto seguido le sube la cabeza a Vidal por la nuca para darle el tiro de gracia y vemos que los ojos de Mario Vidal están desmesuradamente abiertos, que está vivo.

Aumentan los pregones callejeros sobre esta sucesión de imágenes: Guaguasí, ya desimantado del suelo, sacando el machete de la vaina, que suelta, en un enrarecido silencio en el que ahora se introducen solamente algunos suspiros remotos y asustados, algunos jadeos sórdidos que se yuxtaponen a las imágenes de Flor, de nuevo riendo, y de Guaguasí, con la camisa manchada de sangre, con la mirada obnubilada, golpeando hacia atrás el paredón con su machete, acción que se repite en un CLOSE UP extremo, con su rostro invadido por el pánico y el sudor.

De nuevo la imagen de Flor riendo como un payaso, una risa que no se escucha en un silencio que sólo quiebran los ruidos realistas de la barriada como los vehículos que pasan, los pregoneros, que se montan sobre los jadeos también reales del propio Guaguasí.

MEDIUM SHOT de Guaguasí tembloroso, que descubre la sangre en su camisa de carbonero, al costado, en el lado derecho del pecho. La cámara hace un súbito DOLLY IN, como un corazón latiendo, hasta detenerse en Guaguasí ante el paredón. Vemos ahora a Cassandra en CLOSE UP, fugazmente, con la cara pintada como una máscara negra y con una boina, haciendo la acción de disparar un silencioso rifle. MEDIUM SHOT de Flor que continúa su infecciosa carcajada silente. CLOSE UP de Guaguasí azorado, como al principio de esta secuencia, convulsivo. TWO SHOT de Guaguasí y Marina que llega con una boina, una camisa rebelde, muy maquillada, risueña y fulgente, acercándose por al lado a Guaguasí con la pistola 45 y encañonándole la nuca, entre negligente y retozona, en medio del más crispante silencio que se rompe finalmente con la realidad de un Guaguasí en MEDIUM SHOT despertándose y gritando sobre la cama, sudando copiosamente, aferrando la cama con las manos y jadeando. Entonces Marina llega corriendo en una larga bata color crema, se le acerca presurosa, asustada y lo conforta.

MARINA: *¿Qué te pasa? ¿Qué te pasa?*

Los ojos de Guaguasí emanan terror, como si se hubiera obrado en él una posesión maléfica.

MARINA (confortándolo): *¡Ay, Santa Bárbara bendita!*

Desesperada, sin saber qué hacer, se trepa en la cama y toma del altar una copa roja, al parecer con agua de la ofrecida a los santos, le da a beber a Guaguasí y este se atraganta entre jadeos en lo que la mira, espantado.

ESCENA 87. EXT. DÍA. PLAYA HABANERA

Es una playa de la costa norte de La Habana, de las que abundan a unos minutos de la capital. Vemos una gran faja de arena junto a un mar muy azul y en calma. Cerca del área de los bañistas puede apreciarse una edificación de cuatro plantas, pintada de blanco, que posiblemente fuera un club privado en el régimen anterior y que ahora pertenece al gobierno: el edificio tiene al frente algunas banderas y una leyenda alusiva a la revolución. Durante la escena se escucha a un hombre que improvisa anuncios por un altoparlante del edificio y la voz del cantante Rolando Laserie que entona un bolero: *Mentiras tuyas... tú no me has olvidado / y si no te he buscado es por falta de valor... / porque sabes que mientes si me miran tus ojos / pues tú sabes que ellos tienen toda la razón... / Te martirizas al querer olvidarme / yo soy algo en tu vida / imposible de olvidar. / Tú me recuerdas mucho, mucho en tus noches. / Confiesa que es así y no trates de fingir...*

La escena comienza con el paso veloz de un pequeño velero del tipo criollo y de inmediato, por CORTE, vemos la mano de Marina en PULL BACK lento sobre la espalda de Moya, tendido en la arena. Atrás están Guaguasí, distraído, Cassandra, Elisa y Flor, todos tirados en la arena. Están en plan de juerga, riendo a todo dar de un cuento que les hace Elisa.

ELISA: ... *cuando el tipo me dice que le unte todo aquel merengue que había traído...*

FLOR (marcando una medida con las palmas de las manos): *Así no... asiií...*

MARINA (casi para sí misma): *Ay, qué puta eres, Elisa.*

Moya está bocabajo, en primer plano. Marina le está untando crema bronceadora en la espalda. Se advierte una vaga connivencia entre los dos, en lo que Marina se deleita en aplicarle la crema. Moya mira de soslayo a Marina en un gesto intrigantemente distendido que va de la holgura al contubernio. Guaguasí está tendido sobre la arena, con sus amplios y pintorescos shorts a cuadros, mientras el resto del grupo está sentado.

CASANDRA (a Marina): *Oye, ¿qué le pasó a tu otro canario? Eran tres, ¿no?*

FLOR (bromeando): *Ay, niña, ¿pero tú no sabes? Parece un caso de mitología griega: resulta que las dos canarias son lesbianas, entre las dos mataron al canario macho y ahora se han casado y todo. ¡Uuuy...!*

Todos ríen. Guaguasí se alcanza una botella de ron de la cual bebe. Ahora Marina toma el sol sensualmente, echada hacia atrás apoyada en los brazos, y con el rostro levantado, en un ángulo de cámara un poco más alto. Guaguasí la mira, se siente tentado y se acerca para besarla. Ella lo rechaza y de paso trata de recuperar la botella.

MARINA (enojada y asiendo la botella): *Dame acá, si me la regalastes y te la estás tomando tú solo.*

GUAGUASÍ (sin soltar la botella y agresivo): *¡Suelta!*

MEDIUM SHOT de Flor echado hacia atrás, apoyado en un brazo, con aire filosófico y un poco insidioso.

FLOR: *«Desconfía de los romanos aunque vengan con regalos.»*

Guaguasí se pone de pie y lo increpa.

GUAGUASÍ: *¿Qué fue lo que tú dijiste?*

Moya viene a calmarlo.

MOYA: *Guajiro... guajiro... cálmate, viejo, cálmate.*

CLOSE UP de Flor.

FLOR: *«O tempora, o mores.»*

GUAGUASÍ (a Moya, en lo que se dispone a caminar hacia otra parte): *Mira, yo mejor me voy de aquí pa'l demonio, antes que le dé un tiro al paltío* este.*

CLOSE UP de Moya, de pie, muy conciliador y afectuoso.

MOYA (haciéndole señas de pacificación): *Oye, oye, guajiro, ven acá, viejo, anda.*

---

* Paltío: mala pronunciación de «partido», en el sentido de quebrado, que se aplica en la jerga popular cubana como sinónimo de maricón.

Pasa por la arena, por delante de ellos, un muchacho con una vara en la que tiene ensartados varios caramelos y que pregona.

MUCHACHO: *Pirulí, pirulí...*

Moya sigue apelando a Guaguasí para que se calme.

MOYA: *Vamos a bañarnos.*

GUAGUASÍ (determinado): *Yo me voy pa'l demonio de aquí, chico.*

Empieza a caminar en lo que el grupo lo observa. Moya insiste.

MOYA: *No te pongas pesao con los tragos, vamos.*

CASSANDRA (afectuosa): *Chico, no te vayas.*

ELISA: *Ay, es verdad, Guaguasí, quédate con nosotros, no seas aguafiestas.*

CLOSE UP de Marina ligeramente furiosa.

MARINA: *Déjalo que se vaya, a ver si se le quita la borrachera esa que tiene.*

Guaguasí continúa alejándose, con la botella de ron en la mano, de la cual a veces bebe. Pasa delante de una pareja de bañistas y los salpica de ron. Uno de los bañistas es un hombre musculoso pero sensato, que sólo le responde tímidamente, apenas con un murmullo. VOZ EN OFF del hombre en la arena: *Fresco, mal educao.*

Se escucha la VOZ EN OFF de un hombre por el altoparlante: *... Compañeros bañistas, nos prometen del Combinado de La Habana que el hielo estará llegándonos en eso de media hora... Repito... El hielo llega de La Habana en menos de media hora, ¡no se impacienten...!*

Guaguasí sigue su paso en lo que una pareja le pasa por delante y en su andar se hace más visible ahora el edificio al fondo, cerca del cual hay estacionado un yipi militar. La cámara retorna al grupo y captamos a Cassandra en son de chanza con Flor. Ella se ha parado y se estira en su bañador de dos piezas con un movimiento propio de quien ha estudiado ballet, y

Flor, con un diminuto y elástico bañador rojo, se para también frente a ella, muy ceremonioso, e imita el paso de ballet de Cassandra, iniciando una suerte de *minuet*.

CASSANDRA (engolada y bromeando): *Flor, cárgame, llévame hasta las aguas meridionales como si fuera un ballet.*

Por CORTE vemos a Guaguasí sentado al volante del yipi, trasteando la pizarra. Bebe y tira la botella como si lanzara una granada de mano o un coctel molotov. Su rostro revela lo ebrio que está. Pone en marcha el yipi con el que logra avanzar hasta la orilla, donde parece atascarse brevemente.

Se inicia un pánico entre los amigos de Guaguasí al que se van uniendo los demás bañistas que forman una algarabía para que éste detenga el vehículo. Por el altoparlante, el locutor voluntario de la playa se une al coro de alarmados. VOZ EN OFF por el altoparlante: *Ese yipi... ¡que se detenga ahora mismo!*

Las evoluciones frenéticas en redondo del yipi ponen en peligro a algunos bañistas y se hacen intolerables para todos. Moya corre exaltado hacia el vehículo en lo que Marina le grita clamando porque se detenga. En la orilla, Flor sostiene en sus brazos a Cassandra como continuación de la imaginada coreografía que han improvisado. Al advertir el peligro que representa el yipi, aterrado, deja caer a Cassandra sobre el agua. VOCES EN OFF. MARINA: *¡Paara, para, por tu madre, para!* CASSANDRA: *¡Loco, para!* HOMBRE EN ALTOPARLANTE: *Ese yipi que se detenga ahora mismo, inmediatamente, ¡cojones!* (PAUSA) *En nombre del gobierno revolucionario, ese yipi que se detenga ahora mismo.* ELISA: *¡Loco, para!* LONG SHOT del yipi zigzagueando por la arena visto desde unos cocoteros. Moya lo persigue a gritos y se resbala. Imprudentemente, Guaguasí lleva el yipi en marcha atrás hasta la orilla, donde una anciana bañista, con una pamela atada por una cinta bajo la barbilla, confundida y aterrorizada, no sabe hacia dónde tomar en su intento de esquivar el vehículo. Guaguasí advierte el peligro y brega con la palanca de cambios para apartarse de allí, pero en su turbación se equivoca, pone la marcha atrás y golpea no muy rudamente a la anciana, que cae de espaldas en el agua con un grito de pánico. El yipi se atasca y sus ruedas, girando sin cesar, levantan arena y agua espumosa. Desde el P.O.V. de Guaguasí, se ve a Moya que se lanza sobre el yipi por delante, se inclina sobre el parabrisas y golpea furiosamente el cristal con las manos abiertas mientras grita para detenerlo.

MOYA (frenético): *¡Para, loco, para!*

CLOSE UP de Guaguasí mirando hacia atrás, al agua, con el pelo batido por el viento y alelado, entre el estupor de la borrachera y el desplome por lo acontecido. CORTE a la anciana en el agua, con las manos sosteniendo casi grotescamente la nuca, echada hacia atrás y dando la impresión —aunque el agua es muy poco profunda en ese lugar— de que está flotando.

ESCENA 88. INT. DÍA. OFICINA DE RAÚL. CUARTEL HABANERO

Estamos en el ala moderna de la fortaleza. Es mediodía, y la calma de la hora llena el recinto con su silencio de letargo. Vemos la oficina de Raúl: un local sobrio, de paredes pintadas de verde, con un buró tras el cual está sentado Raúl, vistiendo impecable uniforme verde olivo. En la pared detrás del militar, hay una bandera cubana de más o menos un metro de largo, dispuesta en forma de triángulo, y en la de la izquierda, una pequeña bandera soviética, un cuadro con la foto de Karl Marx y una foto enmarcada de Fidel Castro y Nikita Kruschov, abrazados. De la silla de Raúl cuelga la chaqueta de su uniforme, y la estrella dorada que se puede apreciar en la hombrera de la prenda deja ver que la carrera militar de Raúl no se ha estancado. Meditabundo, el comandante Raúl escucha a una locutora de Radio Moscú que «saluda a los radioescuchas del hermano pueblo de Cuba» y anuncia un programa sobre la Espartaquiada. Moya, muy acicalado también, con su chaqueta militar, está sentado ante Raúl. Raúl se inclina, abre un cajón, saca un documento y se lo tiende a Moya.

RAÚL (con ligero desdén): *Mira, aquí la tienes.*

MOYA (recibiéndolo): *Está bien.*

RAÚL (entre la vacilación y el escrúpulo): *Oye, Moya...*

MOYA (con un gesto de cierta firmeza): *¿Umm...?*

RAÚL: *¿Lo decidiste por fin, eh?*

Moya exhala una bocanada de humo de su habano y mira de frente a Raúl, respetuoso pero a la vez descartándole cualquier duda.

MOYA: *Eso está decidido ya, chico.*

RAÚL (entre imparcial e indolente, mirándolo de frente): *Bueno... allá tú.*

ESCENA 89. EXT. DÍA. FUENTE EN UN PARQUE HABANERO

La escena se desarrolla en una fuente en un parque de La Habana. Atardece. Guaguasí y Marina son dos siluetas recortadas contra la fuente, sentados en el muro, y detrás de ellos el agua del surtidor se eleva y cae constantemente, produciendo un rumor burbujeante que envuelve la conversación de la pareja.

MARINA: *... y hace tiempo que quiero decírtelo, pero no encuentro el momento...* (PAUSA)*... porque tú no me das chance, chico...* (alterada) *... la cuestión es... que no quiero seguir contigo, va.*

GUAGUASÍ (encogido de hombros y aturdido): *¿Qué tú dices?*

MARINA (atormentada): *Lo que estás oyendo, chico.*

(PAUSA y se dulcifica)

Mira, cuando yo te conocí, encontré en ti una... una inocencia o una ternura, no sé, que yo nunca había visto en un hombre...

CLOSE UP de Guaguasí que la mira confuso e inerme.

MARINA: *... y por eso me ilusioné o me embullé, qué sé yo,* *como tú quieras decirlo, pero te juro que contigo pensé que iba a tener lo que nunca tuve, cosas muy bonitas...*

Guaguasí, incrédulo, la interrumpe.

GUAGUASÍ (protestando): *¡Mentira! Tú creías que yo era comandante y que te iba a resolver to' tus problemas, y que me podías mangonear.*

CLOSE UP de Marina alterada.

MARINA (algo enternecida): *Bueno, yo no sé, pero... eres otro, chico, es que tú eres otro. Es que tú has cambiado, guajiro: tú no cambiaste mi vida sino que al contrario, La Habana y todo este trajín de la revolución esta que tú no entiendes han cambiado la tuya, viejo.*

GUAGUASÍ (caprichoso): *Bueno, yo he cambiado y me gusta así.*

CLOSE UP de Marina.

MARINA (molesta): *Pero a mí no, y ya se acabó, ¿entiendes?...* (exasperada) *... se acabó lo bonito, estoy cansada de tus borracheras y tus estupideces.*

GUAGUASÍ (amenazándola): *No me hables así.*

MARINA (temeraria): *Yo te hablo como me da la gana, chico.* (En lo que se para del muro para irse.) *... es más, ¡me voy pa'l carajo de aquí ya!*

GUAGUASÍ (insolentado): *No, tú no te vas pa'l carajo...*

Guaguasí se levanta y se coloca delante de ella, de espaldas a la cámara, y la agarra fuertemente por un brazo. La luz proyecta sus figuras como siluetas sobre una imaginaria pantalla blanca que forman los chorros de agua.

GUAGUASÍ (furioso): *Te voy a romper...* (entre dientes) *... coño... la cabeza.*

MARINA (envalentonada): *¡Tú lo que eres un imbécil...!*

Marina se zafa del brusco apretón de Guaguasí. En fracciones de segundo él se quita la boina, vuelve a agarrar a Marina y la sienta rudamente en el borde de la fuente.

MARINA (en un grito de cólera): *¡Comemierda!*
Guaguasí la abofetea con la mano en que tiene la boina, de espaldas a cámara. La boina cae a la fuente.
CLOSE UP de la boina flotando, salpicada por el chorro de agua.
CLOSE UP de Guaguasí, sentado, en silencio, en gesto de atricción como si súbitamente se hubiese arrepentido de lo ocurrido.
Por unos segundos sólo se escucha la caída de agua.
CLOSE UP de Marina, en lo que se escuchan los pasos de Guaguasí alejándose.
MARINA (desconsolada y llorosa): *Esto me lo vas a pagar, guajiro bruto.* (Mirando de frente y secándose las lágrimas.) *No digo yo si me lo vas a pagar.*
Marina se seca la última lágrima con la mirada muy fija y un gesto de ira que se vuelve algo enigmático.

ESCENA 90. EXT. DÍA. CUARTEL HABANERO

Estamos en el ala antigua del cuartel, lo que debió ser una fortaleza colonial. La forma de los arcos interiores y de las garitas ubican el sitio en el pasado. En un promontorio, junto a un alto muro almenado —rezago de las fortificaciones construidas durante la dominación española— vemos a Guaguasí bonachón y algo abstraído, vuelto hacia la entrada de la bahía por donde pasa un largo carguero remolcado por un práctico.
Se le acerca Moya, y sus primeras palabras las escuchamos en OFF sobre el rostro de Guaguasí. Moya es muy esquivo en la forma de hablarle a Guaguasí, y aunque tiene las gafas oscuras, no lo mira de frente.
MOYA: *¿Tú no sabes que yo te estaba buscando, no?*
GUAGUASÍ (despistado y sonriente): *Seguro que no es pa' ná bueno.*
MOYA (mostrándole el papel que le diera Raúl): *¿Tú sabes lo que es esto?*

GUAGUASÍ: *No.*

MOYA: *Esto es una orden de la comandancia. Yo te aseguro que yo no tengo nada que ver con esto.*

GUAGUASÍ (montándose sobre las palabras de Moya): *Ven acá, ¿y la vieja cómo está?*

MOYA: *Ya me estás interrumpiendo, compadre, ¿tú ves? No sabes ni dónde estás parado y ya me estás interrumpiendo. Déjame hablar.*

GUAGUASÍ (precipitado): *Es que lo que yo quiero saber es cómo está la vieja, viejo. ¿Cómo está la vieja?*

MOYA: *¡La vieja ni la vieja! ¡Al carajo la vieja!*

(PAUSA, se calma un poco.)

La vieja está bien: le partiste una pata, se fue pa'l hospital y ya salió... Ya está en la casa ya.

GUAGUASÍ (más reconfortado): *Ah, entonces está bien.*

MOYA (alterado): *¡No, no está bien, compadre, no está bien ná!*

GUAGUASÍ (acorralado, en aprietos): *No, pero no te agites, viejo.*

MOYA (firme): *Que te tienes que ir pa' Charco Azul inmediatamente, y se acabó.*

Guaguasí se atraganta.

GUAGUASÍ: *¿Irmediatamente?*

CLOSE UP de Moya. Tras sus oscuros lentes hay ahora una mirada de soslayo para Guaguasí.

MOYA (reflexivo y animándolo): *Pensándolo bien... vas a ver a tu familia, así que después de todo te salvaste, mi hermano.*

GUAGUASÍ: *Bueno, Moya, espérate un momentico. ¿Por qué Charco Azul? ¿Aquí no hay ninguna granja aquí en La Habana, eh?* (Negando con la mano.) *... No, no, no, yo no quiero estar lejos de Marina.*

MOYA (amistoso): *No te ocupes de eso, que eso te lo resuelvo yo, compadre.*

GUAGUASÍ (inconforme): *Bah.*

MOYA (sermoneándolo, pero sin crudeza): *La cuestión es que ahora te quieren bien lejos de aquí. Siempre estás metido en líos.*

GUAGUASÍ (como atrapado, en voz baja): *Sí, no, no, no, claro, como tú no eres el que tienes que ir, así cualquiera.*

MOYA (resuelto): *Oyeme, no hay más ná que hablar...*

Se empieza a escuchar la VOZ EN OFF de un hombre en un altoparlante: *... Frente a la mano artera del terrorismo que hace juego al imperialismo...*

MOYA: *... agarra tu pasaje, empaqueta tus matules y te vas.*

GUAGUASÍ: *Sí, claro, sí, claro...*

MOYA: *¡Te largas!*

VOZ EN OFF por altoparlante: *... en pie de guerra, sereno, fuerte, este pueblo dice: Con Fidel, ¡Patria o Muerte!*

MOYA (tratando de convencerlo): *... Tú sabes que allá hay técnicos rusos, ¿no?, así que a lo mejor hay buena jama*...*

Desde el muro almenado se ve la parte vieja de la ciudad, el canal de la bahía y un carguero que entra en el puerto. Moya empieza a andar por el camino de ronda hasta salir de cuadro, perdiéndose entre la muralla hasta que Guaguasí lo sigue.

VOZ EN OFF por el altoparlante: *Hoy, todos a la Plaza de la Revolución a escuchar a nuestro máximo líder y comandante en jefe...*

Por CORTE estamos ahora en un patio interior de la fortaleza, en el que vemos a una docena de hombres que pudieran ser presos, unos sentados en el suelo, otros andando, algunos sin camisa. Por el centro de este patio pasan dos soldados con armas largas, como en un cambio de posta. Se abre bruscamente un portón viejo en un muro y salen al patio primero Moya y Guaguasí detrás. Vemos un gran arco del que cuelga una enorme bandera cubana.

---

* Jama: comida, en el *argot* popular.

GUAGUASÍ: *Moya, pss, oye, Moya.*

Moya no le hace caso. Guaguasí, rezagado, continúa siguiéndolo. Llegan aún a otro patio.

GUAGUASÍ: *Moya, Moya, Moooya...*

Moya se detiene y al fondo de ellos vemos una pared de ladrillos color cobrizo.

MOYA (compasivo): *¿Umju?*

GUAGUASÍ (rascándose la cabeza): *Moya... yo quiero ir hoy a ver a Fidel...* (tímido) *... a la Plaza...* (risueño) *... que ya yo me hice el coco ese, viejo.*

MOYA (incrédulo y sonriente): *¿A ver a Fidel?*

GUAGUASÍ (risueño): *Siií.*

TWO SHOT de Moya y Guaguasí. Moya lo mira, descreído pero complaciente.

MOYA: *Está bien, chico.* (Advirtiéndole.) *... A las dos en punto se acaba el discurso.*

GUAGUASÍ (sumiso): *Sí, sí, sí.*

MOYA (enérgico): *A las dos y un minuto...* (golpeándose la palma de la mano izquierda con el dorso de la otra, para recalcar la orden) *... pero es más, a las dos y un minuto, te quiero pirando de la ciudad.*

Lo mira de frente por primera vez.

MOYA: *... ¿está bien? ¿Está claro eso?*

GUAGUASÍ (agradecido): *Sí, sí, sí.*

Moya lo vuelve a dejar solo y se va de cuadro. Se escucha su voz en lo que se aleja camino a un patio aún mayor, mientras Guaguasí queda solitario, pasándose la mano por el labio y la barba. Moya ratifica con tanta incoherencia como insistencia la supuesta precisión de su orden, caucionándolo.

VOZ EN OFF de Moya: *¡Es más, a las dos, si puedes!*

Guaguasí vuelve a seguirlo como un perro faldero.

Por CORTE, a un emplazamiento alto de cámara, vemos a

Moya que sale apresurado al centro de un amplio patio de adoquines. En virtud al emplazamiento de cámara, las figuras de Moya y de Guaguasí, que lo sigue, parecen dos diminutos detalles perdidos en la inmensidad de aquel espacio. Guaguasí continúa hablándole con inútil insistencia, pero buscando el último resquicio de solución a su crisis.

GUAGUASÍ (vencido pero alzando la voz y persiguiéndolo al retortero): *Oye, Moya, Moya, Moya... oye, Moya, ¿por fin dentro de cuánto tiempo me dejan volver pa' La Habana?*

Guaguasí se queda plantado esperando la respuesta. Moya no detiene el paso y contesta moviendo los brazos horizontalmente para subrayar sus palabras, de espaldas a Guaguasí.

MOYA: *¡Se te acabó La Habana, mi hermano, se te acabó La Habana!*

Las palabras de Moya resuenan en el gran patio. Guaguasí reacciona como quien no oyó bien: incrédulo, le vuelve a preguntar, tocándose la boca en un gesto reflexivo, mientras Moya se aleja raudo y severo.

GUAGUASÍ: *¿Eeh?*

MOYA (repitiendo el gesto, ya lejos de Guaguasí, remata): *Se acabó La Habana... se acabó La Habana...*

Moya traspone el portón que da a una oficina. En unas astas ondean una bandera cubana y una del 26, y dos guardias cuidan la entrada a esta ala del cuartel. Guaguasí queda solitario en el patio, ahora más empequeñecido, casi como una mancha verde sobre los adoquines castigados por el sol.

El portón se cierra y deja un eco grave, seco.

ESCENA 91. EXT. DÍA. ESCENAS DE LA HABANA

Comienza por una vista aérea en la que se ven el Malecón y algunos edificios. El elemento sonoro de un helicóptero agiliza el movimiento de cámara respaldado también por la interpolación de un saxofón sensual y quejoso que rivaliza con el motor del helicóptero y un discurso de Fidel Castro. VOZ EN OFF de Castro: ... *De América Latina fluye hacia los Estados Unidos un torrente continuo de dinero: unos cuatro mil dólares por minuto, cinco millones por día, diez mil millones cada cinco años... por cada mil dólares que se nos van nos queda un muerto...*

CORTE de la vista aérea a escena de avenidas habaneras que se entrecruzan y por las que fluyen vehículos. Area de edificios gubernamentales donde comienza PANEO lento de cámara que se extiende hasta el mayor de estos edificios en cuya azotea hay un cartel formado por grandes letras lumínicas —ahora apagadas— en el que se lee Libertad o Muerte. La cámara descubre una gigantesca bandera en la fachada de este edificio y bajo esta una tribuna que preside Fidel Castro, entre otros dirigentes, ante una muchedumbre. Sobre la multitud se escucha la VOZ EN OFF de Fidel Castro: ... *mil dólares por muerto, ese es el precio de lo que se llama imperialismo...*

Comienza la música y el coro de La Internacional. La multitud aplaude.

MEDIUM SHOT de Fidel Castro ante el micrófono.

FIDEL CASTRO: *Que todos los ciudadanos que estén de acuerdo levanten la mano.*

La muchedumbre aplaude delirantemente.

ESCENA 92. INT. DÍA. APARTAMENTO DE MARINA

Vemos a Guaguasí entrando por la puerta principal con cierta intriga. Su primera mirada es de desazón, como el que está haciendo algo proscrito, cierra la puerta tras él y, algo cohibido, llama.

GUAGUASÍ (preguntando): *¡Marina!*

En un radio distante, se escucha otra vez La Internacional como parte de las celebraciones de ese día.

Una leve brisa agita las plantas cerca del balcón principal en el que vemos muchas banderitas cubanas de papel en una fila, adheridas por una cuerda a la baranda de hierro forjado. Guaguasí se sienta en el butacón, se quita la boina y la deja caer sobre el sofá, escruta la sala, se para y va al balcón, desde el cual se asoma y observa una pareja en la calle adoquinada, bajo un farol colonial: el vecino ligón, ahora vestido de traje, que le habla a una mujer vestida de miliciana, con un uniforme tan ceñido que parece a punto de ahogarse, que gesticula excesivamente y parece defender la revolución en un careo con el vecino, pasmoso e incrédulo, que fuma su inseparable habano, mientras ella defiende las virtudes de la escasez.

MUJER EN LA CALLE: *Lo mejor de esta revolución es la libreta...*

(PAUSA)

... ¡la libreta!

Guaguasí sube la mirada y desde su P.O.V. vemos una tela cruzacalle en la que se lee: *Patria o Muerte, Venceremos.* Sube la vista hacia una azotea cercana en la que hay emplazada una ametralladora antiaérea cubierta por un toldo y dos soldados que intercambian saludos con Guaguasí.

HOMBRE EN LA AZOTEA: *Yénica,* * *Patria o Muerte.*

Concluye la Internacional en la radio cercana y se escucha la VOZ EN OFF de un locutor: *Tras el discurso de nuestro comandante en jefe, comienza la música en nuestra discoteca de la tarde.* Se empieza a escuchar el bolero «Algo hay en ti», interpretado por Vicentico Valdés. Guaguasí entra del balcón, se empieza a quitar la camisa, quedándose en camiseta verde olivo. Se ve por el espejo de la sala cuando llega a la cocina inmediatamente junto a ésta: abre una nevera, revisa el interior y se lamenta.

GUAGUASÍ (farfullando): *Coño, no hay ná.*

Cierra el refrigerador, se voltea y de la mesa del comedor to-

---

* Yénica: como *asere, batíbiri, consorte,* amigo en el *argot* popular.

ma un plato en el que hay un pedazo de carne cruda que sobrevuelan algunas moscas, lo vuelve a poner sobre la mesa de la que ahora toma un plátano manzano que comienza a pelar. En el mismo comedor hay una puerta con un pequeño balconete lleno de tinajas, plantas, flores, que da al patio interior, asomándose al cual vuelve a llamar a Marina, mirando al vecindario abajo.

GUAGUASÍ (como distraído): *¡Marina!* (PAUSA, se atora con un pedazo de plátano, tose)... *¡Marina!* (Más alto.) ... *¡Marina!*

Vuelve a entrar al comedor, en una de cuyas esquinas hay una foto enmarcada de un hombre barbudo que parece ser Camilo Cienfuegos, uno de los comandantes de la revolución (misteriosamente desaparecido después del triunfo). Guaguasí tropieza ligeramente con algún objeto en el suelo o con su propio pie, no le presta caso y sigue su camino hacia el pasillo central que va a las habitaciones.

Camina lentamente el abierto pasillo, llamando a Marina por última vez.

Lo vemos perderse al final del corredor.

CORTE a Guaguasí que sube la escalera a la azotea, que bien podría pasar ahora —por el exceso de ropa— por una improvisada lavandería. De las tendederas cuelgan sábanas, toallas y prendas de vestir en las que predominan los colores naranja, azul y blanco. Se ve la jaula del canario en primer plano.

Del vecindario llega el sonido de un piano en el que alguien practica las escalas. El bolero en la radio se escucha ahora más claro: *Será tu mirar, tus ojos o tu boca... / serán todas las cosas / pero algo hay en ti que me fascina / que me domina...* Las sábanas producen su propia música, acompasada por el viento que las bate. Un lejano canto lucumí llega con la brisa: *Merewotimbo, lodé, merewotimbo... ebbioso merewotimbo, merewotimbo lo dá.* Se escuchan, interpoladas a este cántico remoto, las canciones de juegos infantiles: *A la rueda rueda de pan y canela / dame un besito / y vete pa' la escuela / ... Alánimo, alánimo / la fuente se rompió / alánimo, alánimo / man-*

darla a componer / urí urí urá. Este enjambre de sonidos y voces acompaña la acción hasta su conclusión, a partir de que Guaguasí llega al final de la escalera, donde vemos su rostro que asoma, extrañado, entre los últimos balaustres.

Lo primero que ve es a Marina, en una visión discontinua que se dificulta por el inquieto batir de las sábanas. Guaguasí la precisa aunque confusamente. Tenso, la observa. Desde su P.O.V., la vemos vestida de blanco: es una indumentaria romántica, inspirada en la bata cubana, un vestido enterizo, generoso en el escote y en las mangas, y cuya falda le llega hasta media pierna.

CLOSE UP de Guaguasí ya en la azotea. Su rostro es asaltado por la estupefacción; sus ojos asumen una especial fijeza y un inexplicable desconcierto. Sobre las lívidas facciones de Guaguasí se escucha el bolero: ... *que estoy enamorado y ansioso de quererte...*

Desde el P.O.V. de Guaguasí, vemos a Marina y a Moya que se abrazan y se besan, encuentro que se hace más clandestino por la manera encantatoria con que el viento mueve las sábanas que los ocultan.

CLOSE UP del rostro de Guaguasí que va del extrañamiento y la sorpresa a una tensa ira. Avanza a cámara por entre las sábanas, en la dirección de Marina y Moya, quien viste pantalón verde olivo y camiseta.

TWO SHOT de Marina y Moya, sin obstrucción alguna, abrazados y besándose.

CLOSE UP de Guaguasí en pasmosa cólera que se suaviza en la acuosidad de sus ojos, cuando el viento le agita la melena y las sábanas le golpean hombros, frente y mejillas.

ZOOM BACK extremo y lento. CORTE a Moya que reacciona sacando su pistola de la cartuchera y apuntando a Guaguasí.

MOYA (tartamudeando): *¡No te vuelvas loco!*

Marina, horrorizada, no sabe qué hacer, pero se agazapa junto a Moya.

Desde un emplazamiento lateral, vemos cómo Guaguasí avanza rápidamente hacia Moya, que le está apuntando con su arma, y lo agarra por la mano. Los dos hombres forcejean, pero Guaguasí logra desviar poco a poco la pistola hacia el pecho de Moya. En la confusión de la pelea, se escuchan tres disparos secos que quiebran el hastío de la tarde.

Marina empieza a caer ensangrentada, deslizándose sobre una blanca sábana, por la que corren hilillos de sangre, que forman la huella casi perfecta de su mano. Su rostro en agonía se ve sobre la tendedera, por última vez, antes de desplomarse. CLOSE UP de la cara de Marina en el suelo. De su nariz brota un hilo de sangre. Moya, en primer plano, con el pecho ensangrentado, en el último estertor, que se manifiesta en el estremecimiento de una pierna.

Desde un ángulo alto, vemos a Guaguasí que con una mano se apoya en el muro de la azotea, su pistola intocada al cinto, la pistola de Moya en la otra mano. Cabizbajo y vencido, parece hueco de sentimientos, con el cielo azul por telón de fondo, en el que parecen talmente dibujadas algunas nubes blancas.

Con dirección a la calle, vemos una remota antena de televisión con las letras CMQ. La cámara hace un PULL BACK en el que se revela el cruzacalles de *Patria o Muerte, Venceremos*, y otras banderas cercanas en lo que se escuchan los cantos infantiles de las niñas: *Alánimo, alánimo / la fuente se rompió / alánimo, alánimo...*, y una voz atiplada y solariega que llama insistentemente: *¡Catalinaaa... oye, Catalinaa...!*

ESCENA 93. EXT/INT. DÍA. CUARTEL HABANERO

FADE IN-FADE OUT. Desde el apagón a negro en que termina la escena anterior, sigue en negro hasta que se abre en un LONG SHOT de la fachada del cuartel, por la parte moderna. CORTE a la escena que tiene lugar en una oficina en cuyas paredes se repite el verde militar y en las cuales hay varios afiches. A diferencia de otras piezas que hemos visto en el ala moderna del cuartel, este local es más abierto y tiene una ventana más amplia.

En el centro de la habitación hay un sillón de barbero donde está sentado Guaguasí, cubierto por una sábana hasta el cuello en forma de babero. Ya no tiene barba. Detrás de él, un joven oficial, mulato, de unos 26 años, acaba de afeitarlo completamente. Apoyado en una pared, el comandante Raúl, vestido de uniforme, con su boina y la pipa en la mano, observa la escena con una expresión concentrada y ligeramente severa, mientras habla.

RAÚL (animándolo): ... *¿Te imaginas, Alberto, cuando no tengamos que depender de nuestra zafra azucarera solamente...? ¿Te imaginas lo que podremos ser cuando salgamos del subdesarrollo...? ¿Te imaginas...?*

MEDIUM SHOT de Guaguasí que parece ajeno a todo, como si nada le importara o entendiera. VOZ EN OFF de Raúl sobre el rostro enmudecido, apagado y rasurado de Guaguasí: ... *Te vamos a dar la oportunidad de rehabilitarte...*

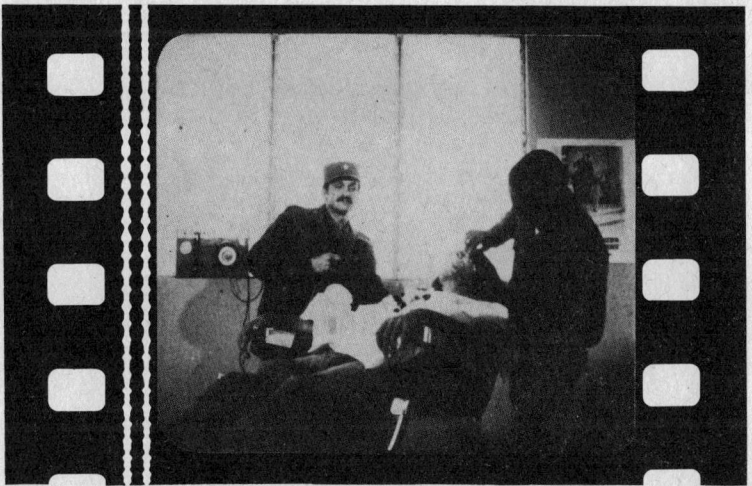

Raúl se separa de la pared, avanza lentamente y pasa por delante de Guaguasí, que no se mueve del sillón. Ahora se descubre que la oficina da a la baranda de la cual pende la enorme bandera cubana sobre el vestíbulo del edificio. Raúl se apoya en la baranda, de espaldas a la misma, y en lo que juguetea con su pipa, mira a Guaguasí, y al oficial que lo ha afeitado, en CLOSE UP.

RAÚL (al oficial): *Por favor, me le cortas el pelo también.*

Sobre el rostro de Raúl se escucha el poderoso ruido y el silbato de un tren que se acerca.

ESCENA 94. EXT. DÍA. CAMPIÑA CUBANA

POR CORTE vamos a un LONG SHOT casi centrado en el que vemos un remoto tren cargado de caña de azúcar, en una continuidad sonora por la cual se prolonga el silbato de la escena anterior. El tren avanza a través de un llano cubierto por un verdadero océano de caña que se extiende más allá del horizonte y comunica al encuadre campestre un furioso verdor. El viento mece las cañas en la lejanía y las ondulaciones de los largos tallos, agolpados, asemejan la sinuosidad de un oleaje. Algunas palmas reales, altivas y solitarias, emergen a trechos, en el apretado cañaveral. A lo lejos, unas lomas limitan el llano. Da la impresión de que la escena se está viendo desde un vehículo en movimiento.

POR CORTE, por una carretera de tierra rojiza, vemos venir un yipi que se cruza en su paso con un lento camión de caña. Desde el P.O.V. del yipi, a un lado del camino, vemos una carreta tirada por bueyes, también cargada de caña. Por CORTE vemos a Guaguasí al volante del yipi, conduciendo —veloz y con aparente destreza— entre cañaverales a uno y otro lado de la vía. En el vehículo van cinco rusos y una rusa. Sus edades aparentes oscilan entre los treinta y cinco y los cuarenta y ocho años. La mujer es gruesa y cubre su cabeza con la pamela de yute tejido que usan las cubanas de la ciudad cuando van al campo a realizar trabajos agrícolas, sujeta a la barbilla por una cinta. Los hombres visten de modo informal, con camisas por fuera; algunos usan gorras deportivas. Guaguasí lleva una camisa azul claro y un casco protector, de plástico duro, como el usado por los obreros de la construcción. Tiene apariencia de técnico. El yipi tiene un radio portátil, con una pequeña antena, que ha sido incrustado en la pizarra como un aditamento improvisado, y en el cual se escucha la voz de María Teresa Vera en una vieja y lánguida canción cubana. Sobre las diferentes imágenes, la música se mezcla al ruidoso motor del yipi. ... *Pensamiento, dile a Fragancia que yo la quiero / que no la puedo olvidar / que ella vive en mi alma / anda, dile así: dile que pienso en ella, aunque no piense en mí...* Guaguasí trastea el radio y le pregunta a su acompañante, un gordo rubio de unos cuarenta y ocho años, jefe del grupo, que lee un librito o un manual, si quiere escuchar música.

GUAGUASÍ (inventando una versión propia del idioma ruso): *¿Musikaka, Tovarisch?*

El ruso, a su lado, sigue leyendo sin prestarle la menor atención.

GUAGUASÍ (insistiendo, amistoso): *Tovarisch... sssh... Tovarisch...*

Mueve el cuadrante del radio y sintoniza otra estación por la que se escucha un bolero, ya comenzado, que interpreta Beny Moré: *... yo no sé / no sé decirte cómo fue / no sé explicarte qué pasó / pero de ti me enamoré...*

El ruso, visiblemente agobiado por el infernal calor, se abanica con el librito que ha estado leyendo.

GUAGUASÍ (ofreciéndole la música, risueño): ... *Musikaka, musikaka...*

RUSO EN ASIENTO DELANTERO (algo molesto): *¡Nyet!* *

Guaguasí comprende que con su intento de establecer una comunicación con el soviético, sólo consigue incomodarlo.

GUAGUASÍ: *¿Musikaka, eh?*

Desde su puesto tras el volante, mira fijamente al ruso, que ha reanudado su lectura.

GUAGUASÍ (para sí): *No musikaka, ¿eh?*

Ahora Guaguasí observa la región campestre, montañosa, y se entusiasma con los recuerdos que le vienen a la mente. Persiste en su afán cordial de romper el hielo, de establecer una relación amistosa. Señala con una mano el lomerío.

GUAGUASÍ (al ruso): *Esa es Santa Clara, ¡mire!... Oígame, ese es el Escambray...*

Sobre las imágenes que se suceden mientras el yipi atraviesa la zona, la música de la radio y el ruido del motor, se escuchan las VOCES EN OFF, en lengua rusa, de algunos de los soviéticos.

RUSO 2: ... *Aquí los españoles no fueron tan terribles... aplicaban el* terror selectivo *contra los indios... sólo una vez tuvieron una gran matanza de unos dos mil nativos...*

RUSO 3: *¿Es cierto, camarada, que aquí hubo perros mudos?*

RUSO 2: *Sí, eso leí.*

---

* Nyet: no, en ruso.

El yipi ha tomado otro camino y va emergiendo mientras sube una cuesta. El sol es aún más fuerte, y resplandece sobre la zona montañosa, a un lado, en un interesante juego de tonalidades verdes y sombras grisáceas.

GUAGUASÍ (entusiasmado por los recuerdos): ... *Aquí estuve alzao yo... ¡mire!...* (señalando) ... *yo estaba alzao allí...*

Se siguen escuchando las VOCES EN OFF de los soviéticos que mantienen su conversación en su idioma.

RUSO 3: ... *¿Y él?... ¿Por qué habla tanto...? ¿Qué dice?*

RUSO 2: *Creo que él es un ingeniero muy importante, eso creo...*

El ruso que va en el asiento delantero vuelve a abanicarse y mira a Guaguasí. Este, más sereno, ha comprendido que entre él y sus acompañantes existe una barrera idiomática, pero hace un nuevo esfuerzo y le brinda su música por última vez.

GUAGUASÍ (calmado): *¿Musikaka, Tovarisch? Musikaka, Tovarisch... eh, Tovarisch... ¿musikaka, eh?*

RUSO EN ASIENTO DELANTERO (con fastidio): *¡Nyet!*

GUAGUASÍ (resignado, pero mirándolo con una súbita suspicacia): *¿No musikaka, eh?... 'Ta bien...* (lo mira fijamente por un momento, apaga con dejadez el radio y vuelve a atender el volante, pero de nuevo lo mira de soslayo, cavila y comenta) *Tovarisch...* (PAUSA, deja de mirarlo y concentra su mirada algo vidriosa en el parabrisas del yipi, y resume todo lo que siente con una exclamación entrecortada y muy criolla) ... *del cará, del cará...*

El yipi se aleja por el terraplén. Pasa veloz por delante de un campesino que lleva un azadón al hombro y camina por el centro de la carretera en dirección a cámara.

El yipi se pierde entre los vericuetos del camino. En un LONG SHOT se ve la campiña, las lomas en el horizonte y el vehículo que es apenas un punto que se mueve en la distancia. Se escucha el canto de un gallo. La cámara, desde lejos, hace un encuadre fijo de esta estampa y sube el rodillo de créditos finales.

REPARTO

Alberto/Guaguasí	Orestes Matacena
Marina	Marilyn Puppo
Irenaldo Moya	Raymundo Hidalgo-Gato
Comandante Jorge Montiel	Rolando Barral
Capitán/Comandante Raúl	Marco Santiago
Isabel	Clara Hernández
Flor	José Bahamonde
Coronel Esteban Acosta	Oswaldo Calvo
Mónica	Griselda Noguera
Perdomo	Luis Oquendo
Rosa	Velia Martínez
Mario Vidal	Manolo Coego
Elisa	Mercedes Enríquez
Yelán	Lourdes Mencí
Padre Sagredo	Rubén Rabasa
Gloria	Raquel Bardisa
Carlos	Klaudio Morgan
Ernestico	Julio Mechoso
Cassandra	Mía Marchand
Ricardo	Andy García
Carmen	Connie Ramírez

Una producción de Bolero Films (República Dominicana) en asociación con Cuban-American Players (EE. UU.). 35 mm. Color. Con pietaje documental blanco y negro. Medida de pantalla: 1:85. Duración: 110 minutos.

FICHA TÉCNICA

Productor	Danilo Bardisa
Director/co-productor/ argumentista	Jorge Ulla
Productor ejecutivo	Danilo Bardisa
Guionistas	Orestes Matacena, Clara Hernández, Jorge Ulla
Productores Asociados	Eduardo Palmer, Clarita Pérez de Alejo
Director de fotografía	Ramón F. Suárez
Director de arte	Julio Matilla
Música	Arturo (Chico) O'Farrill
Músico invitado	Paquito D'Rivera
Editora	Gloria Piñeyro
Coreografía	Héctor de San Juan
Continuidad	Carol Dudley
Asistente de dirección	Jaime Piña
Supervisor de producción/ director 2.ª unidad	Camilo Vila
Fotografía adicional/ asesor de edición	Orlando Jiménez-Leal
Operador de cámara	Máximo R. Pou
Asistente de cámara	Pedro Guzmán
Asistentes de arte	Eddy Guzmán, Ariel Ferrer
Gerente de producción	Josi Konski
Asistente de producción	Raquel Bardisa
Jefe de unidad	Carlos Cuello
Maquillaje	Rolando Zaragoza, Julio Piedra
Sonidista	Phil Pearle
Gaffer	Rafael Arias
Ingeniero de mezcla	Michel Carton
Asistencia ejecutiva	Marcia Morgado, María Elena Benítez
Coordinador de talento	Rubén Rabasa
Afiche	Luis Vega
Foto fija	Robert McPherran

24 por segundo

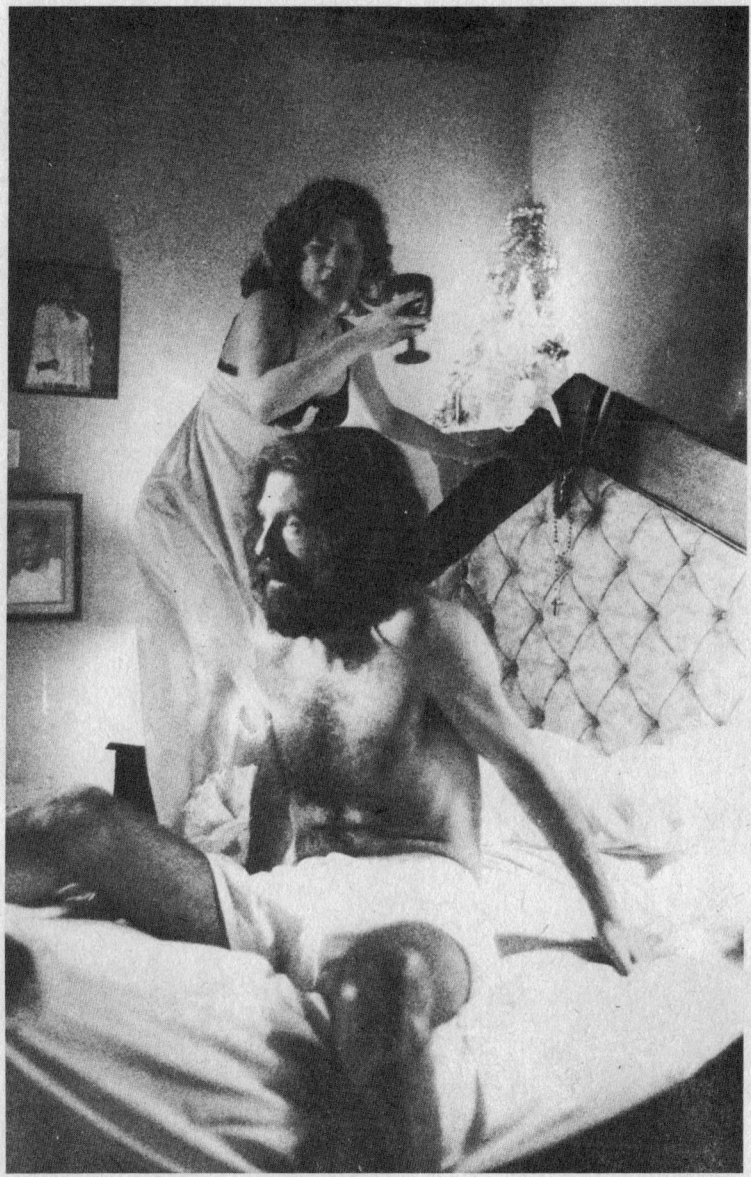

Marina le ofrece a Guaguasí agua dedicada a los santos.

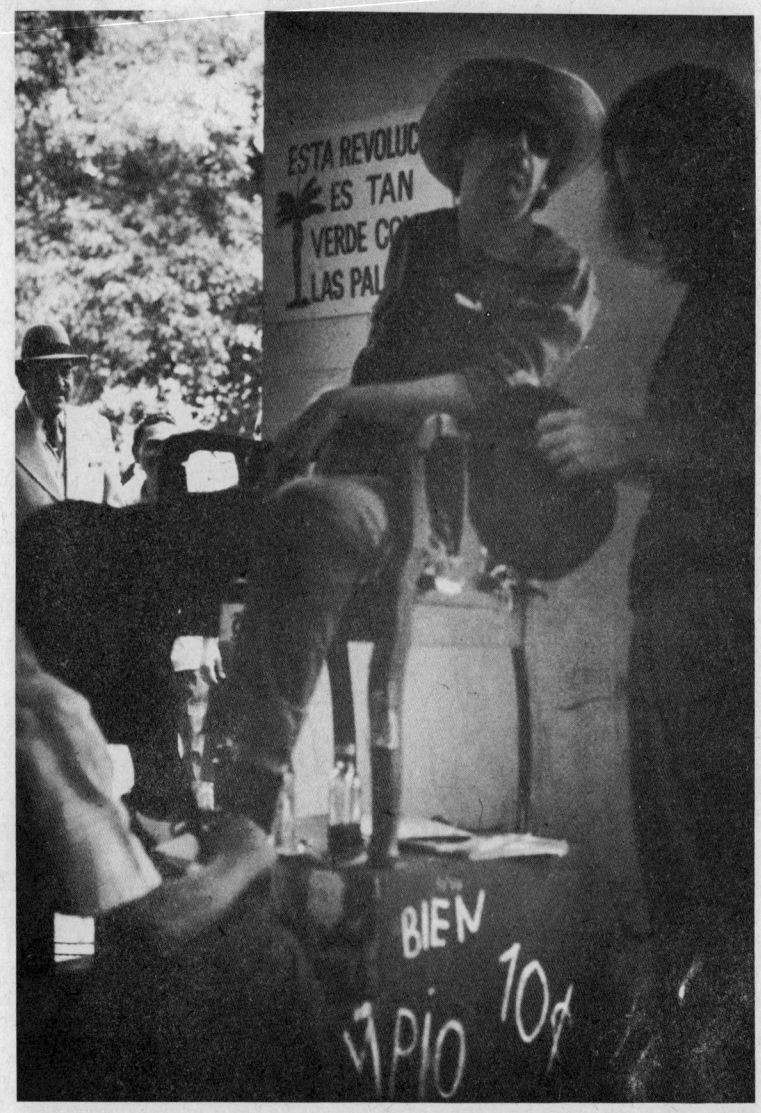

Moya y Guaguasí disfrutando La Habana.

Isabel (Clara Hernández) del desencanto al exilio.

Fuera de escena, Raquel Bardisa (Gloria) ayuda con el vestuario a Rolando Barral (Montiel).

Ulla, junto a Guaguasí (Oreste Matacena).

Suárez, tras la cámara, junto a Jaime Piña, asistente de dirección.

Cuerpo de baile.

Billetero de lotería en una típica escena habanera de la época.

Flor, el coreógrafo y maestro de ceremonias.

Página derecha: El afiche de Guaguasí, creado por Luis Vega.

Marina (Marilyn Puppol, al borde del rompimiento.

Entrevistas

Ramón Suárez:
el sitio de las luces

¿Cuál es la cualidad más importante de un jefe de fotografía? La audacia.

La pesadilla más temida de un director de cine se produce cuando su jefe de fotografía pone reparos a un movimiento de cámara o anuncia perentoriamente que: «ese plano no puede realizarse». Yo tuve la suerte de realizar mi primer documental* y mi primer largometraje** con Ramón F. Suárez. Como buen neófito, yo veía imágenes que me entusiasmaban, pero carecía de la técnica necesaria para concretarlas. Muy a menudo, Ramón me advertía sobre las dificultades que encontraríamos durante la filmación, pero nunca, en ningún momento, salió de sus labios el temible: «no es posible». De una u otra manera, él se las arreglaba para complacerme. Lo esencial: cuando yo veía las imágenes en la moviola o en la pantalla, la foto correspondía, exactamente, a mis «visiones». Recuerdo una frase pronunciada por el montador de Tránsito: *«las imágenes de Ramón son un acto de magia».*

* *El Negro* (ICAIC), premio del Festival Internacional de Londres 1961.
** *Tránsito* (ICAIC), 1963.

Fue durante esas filmaciones que descubrí el «secreto» de Ramón F. Suárez. Su dominio técnico viene no sólo del conocimiento profundo de la cámara, sino, más aún, de una síntesis cultural muy sólida que, por pudor, muy raras veces manifiesta.

Ramón F. Suárez comenzó, muy joven, una triple carrera de pintor, decorador y camarógrafo. Verdadera gimnasia física y mental que le hacía pasar de su atelier de pintura al marco limitado de una escena y de ahí al mundo ilimitado de «la realidad». ¿Cuál es la primera exigencia de un buen encuadre? Composición, perspectiva y contraste. Todo ello bajo el signo de la luz. Suárez aprendió las bases primordiales de la utilización de la luz a través de dos «escuelas»: una teórica (en la Historia del Arte), y la otra práctica (como camarógrafo de noticieros). ¿Qué nos dicen libros de arte? De Cimabue a Van Gogh todos los grandes pintores han sido maestros en la utilización de las diferentes formas de la luz. Esa es, precisamente, una de las primeras características del trabajo fotográfico de Ramón F. Suárez: un empleo seguro, eficaz y personal del chiaro-oscuro. La práctica del noticiario agregó otra excelente lección: el virtuosismo de los encuadres intuitivos. Cuando se fotografía un incendio, la llegada de un personaje célebre, una manifestación tumultuosa, etc., el camarógrafo no puede hacer otra cosa que ir a lo esencial, plasmando el «corazón de la noticia» para que esta pueda pasar, con fuerza, a través de las pantallas de cine o televisión. Viajero impenitente, Suárez ha recorrido medio mundo fotografiando noticiarios, documentales, films de publicidad, largometrajes, etc. De Egipto a Venezuela, de Estocolmo a Cuba, de Cuba a París, el fotógrafo debe adaptar su vista, su sensibilidad, a matices de luces muy diferentes. Si esto se logra —como en el caso de Suárez— las contradicciones «interior-exterior», «realismo-poesía», «drama-comedia», etc., no se convierten en escollos —como sucede con camarógrafos de segundo orden—, sino que sirven de alicientes para superar límites e ir cada vez más lejos en la transformación de la realidad.

Aunque parezca increíble, los jefes de fotografía capaces de *ofrecer tal gama de flexibilidad se cuentan con los dedos de la mano. Creador de imágenes, capaz de encontrar solución a los problemas técnicos más engorrosos, Ramón Suárez posee, además, otra muy rara cualidad: su buen humor, su sentido imperturbable del trabajo en equipo. Sobre el terreno, en lucha contra las presiones de un productor o las angustias artísticas de la filmación, contar con un jefe de fotografía que inventa y crea un ambiente de fiesta es el mejor regalo del cielo que pueda obtener un realizador.*

Fernando Arrabal, con el cual Ramón Suárez colaboró en dos películas (Guernica y J'irai comme un cheval fou), *me dijo un día: «Trabajar con Ramoncito es como ir a una corrida de toros en la cual el espectador finaliza por ser toro y torero a la vez. Nunca me he divertido tanto como durante esas filmaciones. Pero, eso importa poco: lo que es increíble es ver, más tarde, los* rushes. *Ramón no es sólo un buen fotógrafo, sino uno de los más grandes artistas de nuestra época».*

¿Qué mejor cierre para estas notas que ese elogio?

EDUARDO MANET

A Ramón Suárez lo entrevistamos en Nueva York. Es un hombre ebullente, que combina como poca gente lo criollo del cubano, la gracia habanera, con un juguetón encanto europeo y un exterior afrancesamiento que él mismo no parece tomar en serio. La primera de las entrevistas fue en el apartamento del actor Orestes Matacena, en la oportunidad en que Suárez había volado de París para fotografiar el primer film del protagonista de *Guaguasí* como director. El segundo encuentro con la grabadora tuvo lugar en casa de Ulla. Suárez eludió en ambos casos —como es su costumbre— las respuestas sentenciosas, todo lo que fuese a dar a su entrevista un tono académico. Se podría hacer otra entrevista con los chistes de Ramón Suárez. Se podría hacer aún otra entrevista con las anécdotas y digresiones de Ramón Suárez. Ramón es un artista con vida y un hombre de la vida; por eso hemos pedido al dramaturgo y realizador Eduardo Manet las descriptivas notas que introducen esta charla.

Al comienzo de la etapa de oro del cine cubano, bajo la bandera del ICAIC, Ramón Suárez es una de las fuerzas motrices que contribuye a dar a ese incipiente movimiento una visión. Sus más sobresalientes aportes de esa época son su trabajo como director de fotografía en *Memorias del subdesarrollo* y como coguionista y también director de fotografía en *Muerte de un burócrata*, ambos films del realizador Tomás Gutiérrez Alea.

De ninguna de estas películas quiso hablar. No es un tipo que vive en el pasado. Habló mucho y habló francamente. He aquí algunas de las cosas más interesantes y originales que dijo:

—*¿Cuál es su concepto de la fotografía? ¿Qué teoría tiene usted respecto a la luz en el cine?*

—Bueno, en el cine no hay luz. Siempre apagan la luz. Es casi imposible ver una película con luz, por lo menos es muy molesto. (RISAS). Bueno, volviendo a tu pregunta, yo creo que cualquier concepto fotográfico que se vaya a encontrar en mi trabajo, si es que lo hay, eso debe ser tarea de la gente que se ocupa de eso; eso es tarea, por ejemplo, del director que me selecciona, ¿no?, y con el que voy a colaborar... En fin, eso es cuestión de otra gente. Además, yo soy bastante escéptico en cuanto a las teorías, cualquier teoría, y lo que me parece es que el cine produce una dialéctica que es muy ágil y muy caprichosa donde cualquier tesis... bueno, sí, está muy bien que tú la tengas y todo, pero, ¿de qué vale esa teoría a la hora en que hay que armonizar un determinado tema con la gente que lo va a actuar y la luz que va a predominar sobre esta gente y en los lugares donde está esta gente? Yo digo que en cine casi que sólo podemos aspirar a especulaciones estéticas, eso es lo que me parece a mí, no a teorías. Todo aquello que viene con el aprendizaje, lo que quedó sedimentado en uno a través de actos de conocimiento, eso que alguna gente le llama «cultura», etc., todo eso será tu punto de partida hacia cualquier tarea estética como lo puede ser una película, de ahí se parte.

—*¿Pero en sí no tienes una teoría?*

—No sé, creo que no. Ahora, no vayas a pensar que con esto yo estoy negando la necesidad de un acuerdo estético, eso es diferente. El acuerdo estético es primordial. Pero eso que llaman «teorías», eso es algo muy sospechoso, ¿no?, y es algo que se formula mucho mejor después que está hecha la película, ¿nosverdad? Entonces podemos hablar de la teoría tal o mascual: después que está hecha la película.

—*¿Cómo defines ese «acuerdo estético»?*

—Por acuerdo estético yo digo una visión que uno tiene de la vida y la forma en que eso se traduce ante determinada película, ya sea de ficción, ya sea un relato naturalista, ya sea una aventura del siglo XVIII, ya sea *Guaguasí*, o lo que sea... Yo parto de la base de que la cámara y la luz están al servicio de una tarea, que es una tarea, llámale si quieres, de destilación: el operador es como parte de una maquinaria y usa su cámara y su luz en una función que va de lo artesanal a lo estético, hombre, según funcionen de bien las otras piezas de la maquinaria.

—*¿Crees que la luz hace la película?*

—No, de ninguna manera. La cámara y la luz por sí solas no hacen la película, no se pueden alzar con la película. En esto yo he dicho, y creo que no se lo estoy copiando a nadie, aunque no sé, no sé bien (RISAS), que, para mí, la cámara es un poco así como una mujer que tú te crees que la estás manejando, ¿no?, y es ella la que se va a salir casi siempre con la suya. Fíjate: el director de fotografía dice: «pues voy a hacer tal luz, tal encuadre...», todo dentro de una precisión vamos a decir, matemática, ¿no es cierto?, pero el cine siempre es como un acto de magia que está por encima de nosotros y de nuestro poder de deliberación, ya sea buena o mala magia, y entonces la cámara te va a sorprender siempre, porque se apodera de lo que ni tú ni yo vemos, de la magia que hay en la escena y en los modelos, como les llama Bresson. O sea, que la cámara me va a sorprender siempre, como la mujer, siempre te va a tomar por sorpresa como un amante, ¿verdad? No sé, ya estamos sonando como los franceses...

—*Rehuyes hablar de la luz, veo que prefieres hablar de cámara.*

—Yo digo cámara metafóricamente, la cámara en sí no es más que un aparato, ese invento de William Friese-Green no es más que un aparato. Pero yo digo cámara y quiero decir cine, y cuando digo cámara digo luz, y lo que importa, claro, es que yo no puedo dominar ese aparato voluntariosamente, porque no, yo no domino la cámara, muchísimo menos la luz. Uno lo más que puede hacer es tratar de ponerse de acuerdo con la luz. Mira, es que en una película tú lo único que puedes esperar es que las condiciones te permitan ser partícipe. A mí se me dice que yo, como operador de cámara, controlo la luz; eso es tratarlo a uno como si uno fuera Dios y, no, no, no, lo que ocurre es distinto: es algo más complejo pero es mucho menos divino: es decir, uno se plantea la película a partir de esa manera de ver de la que hablábamos antes y entonces uno trabaja organizando imágenes de referencia a un nivel intuitivo y entonces uno —la gente que trabaja con uno en la película— cataliza el resultado de esas imágenes referenciales que van desde el blanco absoluto hasta el *chiaroscuro,* desde un tótem hasta un perfil. Se parte de muchas fuentes y, por supuesto, una de ellas puede ser la pintura, estoy de acuerdo, pero en el curso de la iluminación en *plateau* se va gestando, diría yo, me parece a mí, una dialéctica mucho más parecida a la escultura, pienso yo, que a la pintura. Tú puedes incluso reconocer la influencia de una fuente pictórica en un trabajo de luz, pero la forma en que una película toma su propia vida está mucho más cerca de la escultura que de la pintura... La misma manera en que la cámara se mueve entre los objetos, eso no es pintura, eso es escultura. Y no hablo del acoso del tiempo de rodaje, no, eso no. Ya eso es harina de otro costal. Yo acepto que se puede plantear X concepto visual previo para un film, pero verás que la manera en que se va a desarrollar —aunque se parta del dibujo, como lo hace el escultor— está, a mi entender, más cerca de la escultura que de la pintura.

—*¿Entonces tú niegas la inspiración del cine en la pintura?*

—No, no es eso. Ahí está el *Napoleón* de Abel Gance: tú ves que la muerte de Marat en la bañadera está inspirada en el cuadro de Louis David. Hablo de la digresión constante que produce el cine y, sí, hay momentos que te dan una referencia pictórica, yo mismo los tengo en películas que he hecho, pero eso es muy distinto a decir que podemos pintar con la cámara, etc., etc., etc. Por ejemplo, tienes a Gordon Willis que con determinada luz y con determinado *set* te reproduce a Hopper en *Pennies from Heaven* o a Néstor Almendros, que nos da un Vermeer en determinado momento, pero todo eso son homenajes y son instantes y no van exactamente con la definición que produce el movimiento de la imagen, de la gente dentro del encuadre. Son como alusiones e ilusiones dentro de un movimiento mayor, más bien escultórico, como dije antes. Porque el cine desarrolla una dinámica heterogénea. Yo no descarto, ¡estaría yo loco!, un sentido de unidad en la visión fotográfica, pero la realidad nos dice que el cine, como la vida, se enfrenta a una serie de variantes que son inexactas, aunque por esto no dejen de ser unificables a través de la luz. Pero imagínate lo que sería basar todas las películas en prototipos pictóricos, ¿qué es eso? Sería aburridísimo. Por eso es que yo hablo de esta flexibilidad comparable al acto de cincelar o a la acción de un móvil de Calder. Y con esto no quiero plantear una teoría.

—*Pero es una teoría, ¿no?*

—No, no lo es. Yo lo que no acepto es la sistematicidad, y busco hacer, o tratar de hacer, un cine que sea siempre, como decía Orson Welles, el descubrimiento de algo.

—*¿Cómo fue trabajar con Jorge Ulla y cómo te sientes con la película?*

—No sé, pero ha hecho una película distinta, que ya es algo. Esto era una película mastodóntica, y la hizo sin experiencia, ni tiempo, ni dinero, y aquí estamos, hablando de ella. Fue una película muy ambiciosa, pero por esos misterios del cine, él logró que funcionara por un lado, a un nivel, digamos, formal, y por otro lado, si lo prefieres, un poco como antipelícula, lo que me parece aún más curioso. Es alguien que ha visto el asunto de la revolución cubana con una mirada fresca, un poco así como un poeta áspero que se ríe de sí mismo para entenderse, con un amor áspero por su gente.

—*¿Qué criterio trajo al rodaje Jorge Ulla y cómo funcionaba la relación contigo?*

—Jorge seleccionaba conmigo el punto de vista para emplazar la cámara. La *mise-en-scène* era de él, pero la composición se convertía en una acción compartida. A él le gustan mis encuadres y le gustaban la mayor parte de mis recomendaciones de encuadre, muchas veces eran los de él y a veces mencionábamos a pintores como Hopper, en son de homenaje, porque algo aquí y allá nos recordaba a Mengano, por ejemplo. El está muy consciente del *background* y no lo toma como una cosa invisible. Tampoco te digo que él se enamore de un decorado superfluo, no, lo que él hace es interesante porque le da esa presencia al objeto. Por otro lado, a pesar de su valentía, él sabía sus limitaciones y así tú ves en la película que prefirió muchos planos «master», lo cual le vino bien con la historia y con cierto distanciamiento que él buscaba crear. En cuanto a la fotografía, a mí me parece que a él le gusta como a mí cierta visión mágica de la luz. Tú no puedes decir, por ejemplo, que *El conformista* tiene una luz realista. Y en cuanto a *Guaguasí,* apenas yo llegué de París y nos vimos en el aeropuerto, él me lo dijo muy claro: «yo quiero un *fairy tale».* Claro, esta es su primera película y todo esto puede variar con los años, y variará, según vaya madurando como realizador.

—Cabrera Infante se ha referido a la fotografía de la película comparándola con Gauguin, al decir que es «de un esplendor gauguinesco».

—Bueno, yo tengo una visión mágica de la luz. No creo que la luz siempre deba parecer natural, y aun cuando tratamos que luzca lo más espontánea, sabemos que es una luz que estamos *creando.* Yo no creo que la luz tenga que subordinarse al realismo, al punto de ser ordinaria. Además, yo pienso que esa misma luz «real», la de la naturaleza, hace sus propios trucos y cambia por arte de magia y se ve distinta según quien la observe.

—¿Cómo funciona usted como iluminador?

—Yo empiezo por iluminar y después voy desiluminando. En realidad, me encanta la luz fantástica. No digo que afecte una estética, pero sí pienso que la luz es artificial, incluso la de la naturaleza. La luz es artificial siempre, porque es un efecto que se produce en nosotros. En esto no hay nada de malo, al contrario, porque le permite al iluminador crear su propia realidad. Esa noción de luz realista, eso para mí supone un límite que a mi entender, es un límite convencionalizador y demasiado metodológico. Yo estoy dispuesto a respetar la realidad, siempre que la realidad no dicte mi luz; mi luz la dicta la historia que se filma. De hecho, yo me atrevería a decir que el reto todavía para los artesanos de la cinematografía es que aún estamos por hacer una iluminación verdaderamente libre, que se resista a toda memoria, que se olvide de toda referencia, de cualquier antecedente, ¿no te parece? Eso sí sería inventar la luz, todo lo demás es iluminar.

—¿*Significa esto negar todas las referencias de las que tú mismo hablaste anteriormente?*

—En ningún modo. Lo que propongo es que no nos quedemos en las referencias estrictamente visuales, que pueden estancar la fotografía y dejarla en su última meta. Yo pregunto, ¿por qué no inspirar la fotografía partiendo de Debussy, por ejemplo? Ahora mismo estamos pasando por un ciclo donde la fotografía de cine es un mero servicio a la dirección de arte. Eso es ridículo. Hay que entender la fotografía como fantasía y no condenarla a zonas realistas o a moldes imitativos y derivativos: la fotografía es una puerta a los sueños, y los sueños son una cosa real.

—*Vemos que te interesan mucho las contradicciones.*

—Pues claro, toda acción parte siempre de contradicciones.

—¿*Qué consejo tienes para la gente que quiere hacer cine?*

—Que hagan las películas. Que escriban, fotografíen, dirijan, que hagan lo que quieran, pero que se lancen a hacerlo. Como le dije un día a Camilo Vila, y como lo demostró Jorge con *Guaguasí*.

—*¿Y les aconsejas que tengan teorías?*

—¡Claro! Cualquiera puede tener su teoría. A mí no me molesta. Si yo mismo no me entusiasmo tanto por tener una teoría, ¿cómo crees que me voy a entusiasmar por quitársela a otra gente que es tan afortunada de tenerla? Ahora, a mí lo que me interesa es hacer cine, hacer muchas películas, estar en el *set*. No hay nada que yo disfrute tanto ni que me dé más placer, salvo el sexo, que hacer cine. Yo disfruto el placer de hacer cine más que el de ver las películas. En realidad, yo voy muy poco al cine.

Entrevistó: **Jorge Ronet.**

Gloria Piñeyro: la artesana

De la esquina me llega la melodía de La Chica de Ipanema. *Cuatro músicos negros la interpretan al aire libre —con verdadera maestría— para ganarse algunos dólares. Turistas japoneses fotografían cuanto edificio o gente se pone a su alcance. Una chica de rasgos hispanos entona un aria (un aria, dije) mientras conduce su automóvil. La tarde en Nueva York es calurosa. El aire denso y cálido del verano envuelve a la gente que camina de prisa, a los vehículos que pugnan entre sí. En medio del alocado ajetreo de esta colmena bulliciosa, voy conversando con uno de estos seres veloces: Gloria Piñeyro. Esta mujer que es una leyenda en el cine cubano prefirió que la entrevistara fuera de su cuarto de edición a donde volverá después que concluya nuestra breve plática. Es en ese cuarto donde se han editado la mayoría de las películas de los exiliados cubanos:* Guaguasí, La otra Cuba, El Super, En sus propias palabras. *Allí van casi todos los cubanos que piensan hacer una película, quizá porque saben que ella entiende «esos matices» (o los matices propios de nuestro carácter). Es el cuarto de corte donde ella se mueve entre una cuña publicitaria de treinta segundos, un film puertorriqueño o colombiano, una entrega de* American

Playhouse *para la Televisión Pública o un documental, ligada a la moviola con tal pericia y familiaridad que casi semeja una extensión de la misma. Gloria, mujer de acción, me fuerza el paso. No parece escuchar a los intérpretes callejeros. No busca preámbulo a la entrevista. No me habla de Fellini o de Eisenstein. No necesita hablar de Fellini o de Eisenstein. Tampoco me revela conceptos de la disciplina del montaje, en la que ha logrado una destreza sobresaliente. Ni se preocupa por referirse a teorías. Es, simplemente, una técnica, con la seguridad de saberse entre las mejores. Encontramos un café casi vacío, muy cerca de la intersección de Broadway con la calle 50, donde saboreamos el* coffee *que nos sirve una joven camarera que no puede evitar una mirada de leve curiosidad (en Nueva York la curiosidad casi siempre es leve) al descubrir que estamos grabando esta entrevista.*

—*¿Empezaste trabajando con el ICAIC (Instituto Cubano del Arte y la Industria Cinematográfica)?*

—No, yo empecé mucho antes, en el 56, con mi padre, que fue pionero del cine en Cuba. Tenía cuando aquello catorce años.

—*¿Cuánto tiempo estuviste en el ICAIC? ¿Qué hiciste allí?*

—En el ICAIC estuve seis o siete meses. Allí hice cuatro documentales, de los cuales recibí crédito por dos. Entre la gente con que trabajé está el director Alberto Roldán —con quien hice el documental *Médicos de la Sierra Maestra*— y Pastor Vega. En el último documental que edité —que era de Pastor— no figuré en los créditos porque sabían que me iba del país.

—*Sí, eso es una práctica común en Cuba. Por ejemplo, cuando el actor Manolo Alván (a quien todos conocemos por el personaje de Abelardito), presentó para irse del país, estaba actuando en una serie de radio (una versión libre de Fahrenheit 451), y lo mataron en la serie de una manera estúpida e inesperada... pero conveniente.*

—Sí, yo vi a menudo cosas semejantes en el ICAIC cuando trabajé allí.

—*¿Cómo entraste en el ICAIC?*

—Bueno, me obligaron a entrar en el ICAIC. Santiago Alvarez me propuso trabajar allí y yo le dije que no, les dije que yo trabajaba con mi padre. Entonces ellos me dijeron que «aprovechara» y entrara en el ICAIC porque ellos incluso podrían intervenir el negocio de mi padre...

—*O sea, una especie de recomendación...*

—Sí, una recomendación muy sutil.

—*Gloria, ¿qué cine ha tenido mayor influencia en ti?*

—Pues... el norteamericano. A los cinco y seis años de edad yo veía ya un promedio de cinco películas a la semana. Los exhibidores y distribuidores invitaban a mis padres... figúrate, a esa edad me sabía de memoria diálogos de películas argentinas. Y tenía fotos de todos los actores de Hollywood del momento. El cine es mi gran pasión... prácticamente desde la cuna.

—*Cuando llegas al exilio, ¿qué trabajos de cine consigues hacer?*

—En el exilio siempre hay una etapa dura: estuve seis meses en Miami sin trabajar. Vine a Nueva York, donde comencé a trabajar como aprendiz en montaje. Fue aquí donde decidí dedicarme de lleno a la edición, pues en Cuba aún no estaba muy segura de si era lo que realmente me gustaba. Trabajé en cine hispano, luego me lancé al norteamericano, hice documentales, anuncios de películas (avances), comerciales, y más tarde participé en la filmación de campañas de diversos políticos.

—*Tú tienes una presencia respetable en un ala de la filmografía independiente norteamericana. Editaste primero* **El Super** *antes que* **Guaguasí**, *aunque ambas películas se filmaron más o menos en los mismos días.* **Guaguasí** *se demoró, tengo entendido, por falta de recursos. ¿Cómo te afectaron esos años de espera? ¿Te desalentaste en algún momento?*

—No, no me desalenté, entre otras cosas porque sé que Jorge es muy tozudo y que iba a llevar adelante el proyecto.

Incluso habíamos convenido que yo editaría *Guaguasí* antes que *El Super*, y no pudo ser porque no hubo recursos para terminar *Guaguasí* antes. Pero no me desalenté; yo sabía que la película se haría.

—¿Cómo encaraste la narrativa inconvencional y ambiciosa de Guaguasí?

—Para mí *Guaguasí* fue distinta a *El Super* porque esta última cuenta una historia de forma lineal y casi todo es en interiores.

—Es cierto. Las partes en el exterior son muy breves.

—Sí. Los exteriores sirven para marcar transiciones. Yo les llamaba «comercialitos». *Guaguasí* tiene otra narrativa, hay más producción, más ambiciones, aunque en comparación su presupuesto era menor que el de *El Super*. Pero yo encaro cualquier tipo de película. Es el director quien la hace, quien le impone su sello. Yo sigo la orientación que él le ha dado a la película.

—Siendo la primera película del director Jorge Ulla, me imagino que habrían defectos técnicos aparte de los que se podían esperar del bajo presupuesto y, además, es la primera vez que el director empieza a buscar su propio estilo. ¿Cómo resolviste estos problemas? ¿Qué relación entablaste con el realizador para resolverlos?

—Todas las películas, todas, tienen problemas técnicos. Mi relación con Jorge fue muy buena, muy positiva. Discutíamos, claro, ¡muchísimo!... Yo exponía mis opiniones que a veces estaban en contra de las suyas, peleábamos, pero siempre salía un buen trabajo. Porque ese es el problema: uno tiene que exponer las opiniones aunque sean contrarias y así se llega a una mejor solución. No me gusta trabajar con gente que le digan que sí a todo, que todo está bien.

La edición es muy importante porque el montador ve la película casi como desde el punto de vista del público. El director se sabe la historia mejor que cualquiera, y a veces, como la tiene tan metida en la cabeza, cree que no es necesario explicar ciertas cosas pensando que el público las comprenderá, cuando en realidad no es así. El editor se da cuenta de esto.

—**Guaguasí** *es una película rara, controversial. ¿Cómo la visualizas con relación a tu propia experiencia como cubana?*

—*Guaguasí* ha levantado mucha controversia, especialmente entre los cubanos de Miami, donde existen sectores de tendencia política extremista. *Guaguasí* es la historia de un hombre, una historia de amor y de pasiones que tiene como telón de fondo la revolución cubana. Mucha gente quería que fuera un ataque directo contra la revolución, que fuera extremista, como un panfleto...

—*Pero en* **Guaguasí** *hay una fuerte crítica contra la revolución cubana...*

—Sí, claro, pero sutil, a través de detalles, de una manera inteligente. Y mucha gente no ve esto. Algunos hasta han llegado a decir que la película es comunista...

—*¿Qué piensas de las actuaciones, de la película?*

—Las actuaciones fueron excelentes, impresionantes. Está la de esta muchacha...

—*Marilyn Puppo.*

—Sí, Marilyn Puppo. Ella es una mujer totalmente distinta al personaje que encarnó, y sin embargo lo interpretó con absoluta fidelidad. Y Matacena, que es... un loco, y esto lo digo cariñosamente, lo que quiero decir es que tiene mucha fuerza como actor, incorporó al típico guajiro, hizo un gran papel.

—*Muchas personas han observado que algunas películas cubanas del exilio superan a las realizadas por el ICAIC.*

—Sí, es cierto. Lo que pasa es que en Cuba, debido a la represión, el cine, toda expresión artística, se ve muy limitada y sólo se puede hacer obras a favor de la revolución.

—*¿Cómo editas? ¿Cómo es la dinámica de tu trabajo?*

—Por norma nunca me leo el guión antes de iniciar mi trabajo. Me lo leo frente a la moviola. Pero siempre trato de hacer la película lo más fielmente posible al guión, con todas las escenas, todos los detalles. Y después se arregla tratando de mejorarla, de corregir alguna falla que se descubra.

—*¿Te defines como artista o como artesana?*

—Como artesana y como técnica. No me muevo en el mundo propiamente del arte ni en el mundo de la cultura, y por supuesto que no me defino como persona culta. Ahora, si a algo aspiro que se me reconozca es como una buena técnica.

—*¿Qué otras películas te hacen feliz, orgullosa? ¿Alguna que detestas?*

—De algunas quisiera olvidarme. Pero todo el trabajo bien hecho me hace feliz, me hace sentir orgullosa. *Guaguasí* me hizo sentir muy bien; fue como un reto. *El Super* también.

—*¿Volverías a trabajar con Jorge Ulla?*

—Sí, volvería a trabajar con Jorge. Ya trabajé con él en el documental *En sus propias palabras* y con él (junto a Orlando Jiménez-Leal y Carlos Franqui) en *La otra Cuba*. ¿Si volvería a hacer otra película como *Guaguasí* en las mismas condiciones de escasez de recursos? Sí, creo que volvería... Volvería a hacer otra película con un tema semejante. Claro que es mejor contar con más presupuesto, porque la falta de presupuesto te limita mucho y tienes menos material para editar. Pero volvería a hacerla. Sí, yo volvería a hacerla...

Entrevistó: **Andrés Hernández-Alende**

Matacena: el actor se prepara

Lo cubano y lo italiano confluyen en la personalidad de Orestes Matacena en una forma explosiva. Tiene ese sentido innato de la comedia, esa elocuencia gestual que le viene por su sangre italiana, y es por otro lado un criollo rellollo, en el que se produce aún otra dicotomía: la del campo y la ciudad. Proviene de dos familias italianas que echaron raíces en la isla, y los que han trabajado con él lo consideran destinado a la actividad teatral. En los últimos años, este «teatro andante» que es Matacena se ha dedicado un poco más a tratar de montar sus propios proyectos de cine como escritor, productor y realizador. A esto le ha dedicado la misma tenacidad que inyectó a los primeros movimientos de teatro hispano en Nueva York, para los que confiesa haber «robado madera y clavos con los que se construyeron las primeras escenografías». Junto al director cubano Miguel Ponce —de notable actuación en el teatro latinoamericano y a quien Matacena reconoce su mentoría—, fue de los primeros en merecer en Nueva York la atención y el respaldo del productor Joseph Papp. Su actuación en El arquitecto y el emperador de Asiria, del dramaturgo Fernando Arrabal, hace algunos años, le ganó el respeto de la crítica y del propio autor. Ha trabajado en casi todas las facetas de los medios teatral y cinematográfico. Ha cooperado en varios guiones, entre ellos el de esta película. Junto a los actores Mario Peña y Raymundo Hidalgo-Gato, estelarizó la película Los Gusanos, del director Camilo Vila, a partir de la que se originan los films de cubanos emigrantes. Recientemente, produjo y dirigió su primer film norteamericano, Tainted.

Con la intensidad y pasión que le caracterizan —y de la que no cesan de hablar sus compañeros— Matacena trató de hacer de todo desde que llegó a Nueva York a finales de los 60, actuando inclusive de extra en El Padrino II.

El cine americano es su pasión. Matacena elogia el cine de acción, de aventuras, de trucaje. Sin embargo, su sensibilidad latina le permite amar otros tipos de cine, haciendo que sus gustos pendulen de Sylvester Stallone a los hermanos Taviani.

Por algún tiempo colaboró en proyectos de cine y teatro con la actriz, también cubana, Clara Hernández, con la que tuvo un hijo y de la cual está divorciado.

Aunque incorpora una ecléctica variedad de disciplinas histriónicas, Matacena puede ser catalogado un actor del Método y los nombres de Stanislavski y Strasberg salpican su conversación. Ulla reconoce con agradecimiento la gran medida en que la terquedad, la voluntad y el talento de Matacena contribuyeron a que se cumpliera el postulado que le profetizó al actor diez años antes, en la Florida: «Vete a Nueva York. Dentro de diez años, tú y yo vamos a estar haciendo una película.»

—¿Cómo te relacionaste con el proyecto de Guaguasí?

—Un día Jorge Ulla me vino a ver a mi casa con un nuevo proyecto que deseaba materializar. Se llamaba *Guaguasí*. Los nombres para mí siempre han sido un problema. Nunca me acuerdo de ellos. Por supuesto, *Guaguasí* no fue una excepción. Para mí era *Guatusi*.

Leí el libreto de *Guaguasí* y el concepto me gustó pero todavía le faltaba mucho. Así también le pareció a mi esposa en aquel tiempo, Clarita Hernández. En fin, como la veía Jorge en su «primer tratamiento», toda la trama se desarrollaba en un cuarto de un burdel. En esa versión, Marina era una prostituta. Era una especie de *Amor y anarquía* a la tropical. A mí me parecía que debía ser abierta y que debíamos alejarnos por completo de la claustrofobia. Jorge se resistía a algunas ideas que le daba de utilizar tanques de guerra, fiestas de gente rica, aeropuertos, prisiones, guerrillas, explosiones, batallas, etc., etc., etc. Mi intención era hacer cine, no teatro.

Jorge nos contrató a Clarita y a mí para escribir la película junto con él, a partir de su argumento. Más que colaboradores nos convertimos en cómplices. Devoramos cientos de horas sentados en la mesa del comedor de mi apartamento, a la altura de un piso 34, en Manhattan. La vista de la ciudad de Nueva York la contemplábamos solamente por unos instantes mientras nos tomábamos un cafecito cubano al amanecer. Los días y las noches se disolvían hasta que finalmente parimos el libreto.

—Tú eres coautor de la cinta pero te destacas sobre todo por tu papel de protagonista. ¿Qué metodología empleas para incorporar un personaje?

—Como actor, siempre me ha gustado trabajar por capas. El proceso es más lento, pero, en mi opinión, es más eficaz. Mi primer contacto con el libreto es sagrado. Para ese encuentro busco todos los elementos propicios. La soledad es la primera condición. No puedo tener ninguna interrupción. No contesto ni hago llamadas telefónicas, ni tampoco permito que nadie me visite en ese tiempo. En otras palabras, me olvido del mundo. El libreto lo leo bien despacio para captar cada instante y no paro hasta que no lo acabe. Ese primer momento es el más importante porque uno conoce por primera vez la historia y quién es el personaje que uno va a desarrollar. Después de leer el libreto un par de veces, discuto el personaje y la historia con el director: cómo él ve el personaje, qué es lo que él quiere decir a través de la trama. Los dos cambiamos ideas y llegamos a un acuerdo preliminar. Regreso a la lectura y leo el libreto cientos de veces hasta lograr desmenuzar la profundidad del tema. El diálogo es lo menos importante. Lo importante es crear el personaje.

—*¿Empleaste la misma dinámica para encarnar a Guaguasí?*

—Por supuesto, en el caso de *Guaguasí*, yo era uno de los escritores, así que conocía la historia completa desde el primer momento. Pero aun así, cuando el libreto se acabó de escribir, di todos los pasos que te he explicado.

Para crear el intelecto del personaje, siempre me formulo tres preguntas para mí mágicas: ¿Qué?, ¿Por qué? y ¿Para qué?, o sea, ¿Qué hago?, ¿Por qué lo hago? y ¿Para qué lo hago? Así lo hice a través de todo el personaje de Guaguasí. Cada vez que se movía, cada vez que miraba, que hablaba, que pensaba.

—*¿Y en cuanto a la expresión corporal del personaje?*

—Bueno, una vez que creé el intelecto de Guaguasí comencé a trabajar la parte física. Al principio no lo veía, hasta que un día le encontré ciertos gestos de inocencia que hacía un niño de ocho años, llamado Lázaro, a quien conocí en 1958. Después tomé la mirada de un músico que conozco. En otro momento comencé a fijarme que el caminado de Jorge Ulla era el perfecto para Guaguasí y lo adopté.

—*¿Cómo creaste esa voz tan peculiar de Guaguasí?*

—Viví durante veinte años en un ingenio azucarero en Cuba: el central Mercedes, en la provincia de Matanzas. Esta experiencia me permitió enriquecer extraordinariamente al personaje. Y de ahí vino mi creación de la voz de Guaguasí: de un viejo vaquero amigo mío.

Por supuesto, hubo muchas veces que tomé ciertas cosas que después no funcionaban para el personaje y las tenía que desechar. O comenzaba con una y esa daba pie para la otra. El trabajo fue duro y doloroso de realizar, sobre todo porque uno quería llegar a las más altas sutilezas.

Mis ensayos comenzaron en el baño, después pasaron al cuarto, después pasaron a la sala, al pasillo del edificio, siguieron al elevador y terminaron por las calles de Nueva York. Muchas veces, caminando por la calle 42, metido en el personaje de Guaguasí, los locos se me quedaban mirando. Por esas miradas, poco a poco me fui dando cuenta de que ya tenía «agarrado» al personaje.

—*He oído decir varias veces que el trabajo de un actor de teatro es más difícil que el de un actor de cine. ¿Cuál es tu opinión?*

—Mi experiencia me dice que el trabajo en el cine es más difícil, porque —contrario a lo que se dice— uno nunca puede permitirse el lujo de que una toma quede mal, porque si esa toma es escogida, bien sea porque todos los otros actores estuvieron bien o el movimiento de cámara fue perfecto o es la única que corta con la escena anterior, esa actuación quedará para toda la vida grabada, lo cual no sucede en el teatro.

Otra cosa terriblemente difícil en la labor de actor de cine es mantener una coherencia en la actuación y dar las cantidades exactas de emociones en las distintas escenas. Esto es debido a que las escenas se filman en diferente orden. Por ejemplo, una escena del medio de la película se puede filmar primero, el final después y el principio al final. Y, mi amigo, ¡eso es difícil!

—*Tu vivencia de la revolución cubana, sin duda, aportó mucho a tu participación en la película.*

—Claro. Viví cinco años en el régimen comunista y vi cómo los jerarcas de la revolución vivían y se desenvolvían, sobre todo en la vida nocturna habanera. La gran mayoría de los cubanos nunca han ido a un cabaret. Muchos cubanos iban una, dos, tres veces al año. Otros una vez al mes y algunos una vez a la semana. Yo iba todos los días a un cabaret distinto. Muchas veces veía el primer show en uno y el segundo show en otro. Todos tenían dos shows. A cada rato los recorría todos en la misma noche y siempre me topaba con las mismas caras jerárquicas. Todos teníamos un solo propósito: «ligarnos» una corista y, como se decía en aquel tiempo, «vivir la *dolce vita*». Los Mercedes 300 SL pasaron de manos de los ricachones que los compraron, a los jerarcas revolucionarios que se los quitaron, en nombre del pueblo, por supuesto. Aquel ambiente, aquella atmósfera, era una de las cosas que siempre quise llevar a la pantalla.

Entrevistó: **Andrés Hernández-Alende**

Danilo Bardisa: tribulaciones y ventajas del «cine de la miseria»

A Danilo Bardisa no le importa cargar con las culpas. Como productor de un tipo de cine embarazosamente dificultoso, se arriesga a la maledicencia con su mejor sonrisa. Sin embargo, ha ayudado como poca gente a que se hagan películas entre los cubanos de fuera.

Es productor de la película colombiana La agonía del difunto, del director chileno Duni Kuzmanich, y de la última —y una de las escasas— película filmada por el legendario comediante cubano Leopoldo Fernández. Productor ejecutivo y coproductor de Guaguasí, pudieron haber sido dos exámenes de ingreso a un manicomio. El reto era demasiado grande. Prácticamente hacer una película sin dinero. Con su buen carácter, Bardisa llama a esta peculiar manifestación de masoquismo: «cine de la miseria», lo que él compara a llegar al casino y apostar a diestra y siniestra sin un centavo en el bolsillo. Su pionerismo en la cinematografía cubana se remonta a un film desconocido, A little rain, intento novel de Camilo Vila, con quien posteriormente Bardisa hiciera Los gusanos, *película tras la cual se produce su asociación con Ulla para hacer* Guaguasí.

—*¿Cómo te inicias en el cine?*

—Yo me inicio como todo el mundo, viendo películas, porque yo creo que el cine, como la comida, entra primero por los ojos. Después comienzo asistiendo en montaje a gente del viejo cine cubano como el fallecido Rafael Remy. Así fui asistente de cortador en Studio Center... Esto era en Miami... O sea, que me dejaban ser editor en las cosas chiquitas y era asistente de editor en las cosas grandes.

—*Tengo entendido que hiciste televisión.*

—He trabajado varias veces en la televisión. Esto me permitió conocer los mecanismos por los que funciona la televisión norteamericana. También trabajé en producciones de cine; esto lo he hecho en México y aquí en Estados Unidos. He hecho asistencias departamentales y puestecillos técnicos aquí y allá: desde películas más o menos buenas hasta películas abominables. Me acuerdo que trabajé en una que tenía un título muy elegante: se llamaba *Gentle Hearts*. Pero ese no fue más que el título inicial; después se lo cambiaron para *Fugitive Killers*. En fin, que aquí y allá es donde vas aprendiendo y puliendo tu *craft*. Trabajé en la serie *Bloopers;* hasta he hecho extras aquí y allá, como por ejemplo, en *Hot Stuff,* que estelarizaba Dom DeLuise y mi amigo Luis Avalos. Han sido muchas experiencias, buenas y malas. Por ejemplo, en la serie *Caribe*, cuyo protagonista era Stacy Keach, aprendí mucho y lo que empecé haciendo fue el trabajo de «locaciones». Yo creo que lo importante para el que quiere ser productor, es, aparte de abrir bien los ojos, tener iniciativa. En esto el cine se parece mucho al capitalismo: la gente sin iniciativa no tiene nada que hacer en el cine.

—*¿Y qué es lo que te lleva realmente al cine? ¿Qué te hace convertirte en productor?*

—Bueno, como te dije antes, a mí me encantaba ver películas, siempre me encantaron las imágenes, y realmente a mí me gusta casi todo tipo de cine. Imagínate que había una etapa de mi vida que salía de ver un Antonioni y acto seguido me metía a ver una de *kung-fu*. En fin, el cine me apasionaba. Entonces está lo otro de por qué me meto a productor. En realidad yo creo que fue porque no sabía hacer más nada que dar órdenes. Yo de más jovencito tenía una teoría muy elaborada y todo, que era una teoría muy seductora. Mi teoría era que uno entraba al negocio del cine por dos cosas: por sexo y por dinero (RISAS). Pero en realidad yo todavía no he visto ninguna de las dos.

—*Aparte de esta decepción que puedo compartir contigo, ¿cuál es tu filosofía como productor?*

—Muy sencilla: *anything that can go wrong, will*. Es decir, la ley de Murphy: todo aquello que puede salir mal, va a salir mal. Y esto no lo digo de relajo, sino muy serio; además, mi admirado Murphy era un optimista. Hablando más seriamente, cada película pide su propia filosofía, sus propias tácticas que tú no usarías en otra película. Si me dices una filosofía, te digo que lo principal, además de trabajar muy duro, es tener fe en uno y aparentar ante los demás un gran control, aunque no tengas ni idea de lo que está pasando. Otra cosa muy importante es hacerse ciego ante el tumulto y sordo ante el cuchicheo. La gente va a hablar de todas maneras. Lo que importa es la película.

—*¿Cuáles fueron los problemas más escabrosos de la filmación de* Guaguasí?

—Figúrate, a ver... Bueno, empiezo por decirte que hacer *Guaguasí* fue como hacer *El puente sobre el río Kawai* sin puente y sin río. El periódico *El País,* en Madrid, fue el que vino a publicar algo de lo sucedido tres años después, en unas revelaciones muy cándidas de Jorge contando cómo nos habían detenido en el aeropuerto de Santo Domingo, pues nos faltaba por pagar a una compañía que nos había suministrado almuerzos. En fin, estamos hablando de «cine de la miseria» en serio, de que, por ejemplo, cuando llegamos a Santo Domingo para hacer *Guaguasí,* todo el dinero que realmente teníamos y con el que tuvimos que rodar y funcionar durante dieciséis días, eran solamente 25 mil dólares. Se suponía que apareciera hasta un mínimo de 80 mil dólares, aunque en realidad necesitábamos, y por aquí y por allá nos habían prometido, 175 mil dólares. Una ventaja fue que la moneda doméstica estaba a 1.25, que luego subió a 1.50 y hubo veces que subió hasta 1.80. Con los salarios de allí y la ventaja de tener amigos allí, dominicanos amantes del cine como nosotros, fue que pudimos hacer la película, porque esa misma película, en condiciones normales, hubiera costado un millón de dólares.

—¿*Hubo alguna crisis de fe?*

—Mira, en todas las películas, si no hay una crisis de fe, por lo menos hay una confusión al principio. Uno comienza a rodar con un primer instinto, pero hay un momento en que uno se cuestiona ese instinto, y si uno no está duro, uno puede perder la fe. En *Guaguasí,* por ejemplo, hubo un momento en que se perdió la fe en Jorge, y hasta yo casi la pierdo. Observé la situación, usé tal y mascual táctica, pedí ayuda por acá y por allá, y dejé pasar los días. Jorge, que es un miura y un samurai, se ganó la fe y el respeto de todo el mundo, y se cumplió lo que siempre he pensado: que el nerviosismo y las habladurías son una cosa, pero que la película la tiene en la cabeza una sola persona, y esa persona es el director. La película está ciento por ciento en su cabeza, y si encima de eso es el escritor 200 por 100. Si tú confías en esa visión como productor, a menos que tú veas que se ha vuelto loco, dale tu apoyo. Escúchalo todo, mira para todas partes, y sigue tu instinto. Además, en la mejor de las circunstancias, una producción de cine es casi siempre caótica. Yo siempre he pensado que todo *crew* de cine es como una familia mal llevada. Eso, aunque sean amigos y buenos artistas y técnicos. Por ejemplo, hay una cosa muy curiosa que ocurre en el *set,* y es que a la mayoría de la gente le entra un pánico de cometer errores, y entonces tratan de «cubrirse» para que no parezca que es culpa de ellos, cuando lo que ocurre es que la mayoría de las veces no hay culpable. A mí en *Guaguasí,* por ejemplo, se me venían con críticas de logística: que por qué tal actor, que lo que tiene es una escena que es un pedacito, lleva aquí tantos días y no se le manda de vuelta a los Estados Unidos, que si eso es botar dinero por gusto, que si esto, que si lo otro. Todo eso es bla bla bla. Yo tenía actores, el 99 por 100, que estaban a *flat fee*, es decir, un precio ajustado, no un precio por hora, ni por día, ni nada de eso. Desde un punto de vista de ahorro de dinero, a mí me era más barato y cómodo dejarlos unos días más en Santo Domingo y no cambiar el *shooting schedule*. Entonces, ¿qué yo hacía? Pues yo iba sacando a los de compromisos más complicados en su lugar de origen, iba jugando un ajedrez con las «locaciones» y el reparto, me iba apoyando en las ventajas de arreglos con los hoteles, que afortunadamente eran arreglos beneficiosos para nosotros... Iba tocando de oído, como aquel que dice, y esto es algo que tú no puedes explicar cuando hay tanta gente de un lado para otro, como lo era esa película. Es decir, que vuelvo a lo mismo: que el productor tiene que evitar, primero, que los problemas ocurran. Esa es la primera ley. Pero si el problema ocurre, tiene que resolverlo sin nerviosismo. Esta es una ley aún más importante. Yo, por ejemplo, me preocupé de ayudar a Jorge con varios papeles, como en el caso del actor Marco Santiago, que hacía el papel del marxista Raúl. Yo le decía: Marco, te dejo unos días más, quédate, quédate, que tú veras que tu papel se hace más presente. La idea era que el papel del marxista creciera y estuviese presente en la mayor cantidad de escenas posibles, para reforzar la columna vertebral de la película. Así lo hice también con Julio Mechoso, que era el simpático Ernestico, el radiooperador, y si no lo dejo, Jorge no lo hubiera podido poner bostezando en la hamaca, en medio de la lectura de aquella carta de Raúl a Fidel. En fin, aspectos como estos que nadie conoce en el momento que están ocurriendo, y otros aún más complicados.

—*¿Como cuáles?*

—Bueno, pues considera tú que yo siempre estaba esperando que se consiguiera el dinero que faltaba y tratando de cuadrar las cuentas. Entonces estaba el que me decía: oye, ¿tú sabes lo que tú estás haciendo?, y el otro que venía y me decía: Fulano está bravo contigo, porque no estuviste debajo de la mata de mango a las dos y cinco minutos, como habías quedado, o el otro que venía y decía: Yo creo que Jorge ha perdido la elipsis del relato, y estaban los que venían y me decían: Jorgito se cree Fellini, está haciendo una cosa muy rara. Te aconsejo que le digas que le saque partido al lado melodramático de la película. Y en medio de toda esta barahúnda, yo mantenía mi calma. Por otra parte, Jorge se mantuvo firme, y nunca perdió la paciencia ni la sonrisa, esa es la verdad...

—Cuando tú hablas de problemas de logística, y esto te lo pregunto para los interesados en hacer cine independiente, ¿qué ejemplos me puedes dar?

—Sólo con decirte que yo tuve que armar la película al revés, me podrán entender mejor. Fíjate: casi siempre se trata de hacer el plan de rodaje comenzando por lo más difícil, para que en la medida que la gente se vaya cansando y el ánimo vaya disminuyendo, las cosas marchen mejor y cada ser humano pueda dar lo mejor de sí. Bien. Por razones de continuidad, yo tuve que poner las escenas más fáciles al principio y las más difíciles al final, es decir, las escenas de la ciudad fueron las primeras que rodamos, con el personaje con la barba natural —porque no queríamos usar postizos— que se había dejado de acuerdo con las exigencias del guión, y luego rodamos las escenas de la montaña —las más difíciles—, en las que Guaguasí es seducido para unirse a los rebeldes, con el personaje sin barba. El precio de todo esto se pagaba bien caro, en el sacrificio de la gente. Una noche en la montaña, fue el ataque de mosquitos más feroz que he visto jamás.

—De este cine evidentemente dificultoso, de este «cine de miseria»... ¿qué ventajas puedes ver en este cine independiente?

—La ventaja de que hay mayores libertades creativas. La ventaja de que yo como productor puedo estar equivocado, pero yo soy el que manda. Esa es la ventaja del productor de cine independiente. Cuando trabajas con los estudios cinematográficos tienes que escuchar preguntas y opiniones de muchos ejecutivos que no saben ni tienen idea de lo que está pasando. Y que no sufren, por ejemplo, un ataque de mosquitos.

Entrevistó: **Andrés Hernández-Alende**

Chico O'Farrill: poniéndole ritmo al caos

Chico O'Farrill es una leyenda. Su nombre está vinculado al jazz en los Estados Unidos y, principalmente, al aporte de la música afrocubana, que al fusionarse con el jazz produce el jazz afrocubano.

Arturo O'Farrill —de una familia de irlandeses afincados en La Habana— se resiste en los años 40 a terminar una carrera de leyes y se une a los Havana Cuban Boys, de Armando Oréfiche. Viaja por el mundo, se distingue como trompetista de considerable virtuosismo, arreglista y experimentador con la música cubana. Por entonces se enamora de los sonidos llamados «americanos», pero el romance está lleno de pasión y la pasión está llena de fusión: a ese sonido «americano», O'Farrill le imprimiría una marca indeleblemente cubana. Donde para algunos comenzaba su traición de lo cubano, ahí mismo comenzaba un homenaje, sereno a veces y vibrante otras, a lo cubano.

En 1946, tras haber obtenido excelentes críticas como trompetista, deja el instrumento y se dedica de lleno a lo que le ha venido obsediendo: escribir música. En 1948, deja Cuba, se muda a Nueva York, se fascina con la ciudad y amplía sus horizontes musicales estudiando en conservatorios. En los centros de educación musical superior, se gana el respeto de maestros como Stephen Wolpe y Hall Overton. Su preparación técnica es motivo de asombro y le aconsejan que escriba música «seria». Hace un poco de esto, pero vuelve a la música cubana, al jazz y a la mezcla de todas estas. Se atreve a buscar trabajo y lo consigue, nada menos que con Benny Goodman, y ahí nace su contribución a la banda de bebop de Benny Goodman: Undercurrent Blues y Shiskabop. Escribe el aclamado Cuban Episode para la banda de Stan Kenton. En 1964, con Dizzie Gillespie, el genial Charlie Parker y Machito, se junta para grabar la más ambiciosa sesión de Afro-Cuban Jazz: de común acuerdo, lo nombran arreglista y conductor de la gigantesca banda que interpretará buena parte de las composiciones del propio O'Farrill (Havana Special, Aguacates, 6 por 8, Canción y Rumba Abierta), así como su arreglo de la melodía Manteca, del inspirado bongosero cubano Chano Pozo, quien había introducido los tambores afrocubanos en el sonido jazzístico de Gillespie.

Satisfecho de sus éxitos y profundamente interesado en sus raíces, el joven O'Farrill vuelve a Cuba. La recepción es mixta. Gonzalo Roig se refiere a él llamándolo «ese enemigo de la música cubana», mientras que otros compatriotas le comisionan trabajos. Escribe para Beny Moré, Bola de Nieve, Elena Burke, las D'Aida, y dirige la orquesta del cabaret Sans-Souci. Se hace discípulo de Félix Guerrero. Vuelve a irse de la isla. Vienen una etapa por México, 30 discos de larga duración y los éxitos de su orquesta de jazz afrocubano, y su famoso disco Chico's Chachachá.

Instalado finalmente en Nueva York, compone y arregla para Count Basie, Glenn Miller, Cal Tjadar, Stan Kenton, etc. Sobresale su arreglo del tema Chicago para Basie. Escribe música original para Clark Terry, Joe Newman y Frank Wess. Posteriormente, para Lionel Hampton, y es invitado por un saxofonista que lo reverencia desde joven, Gato Barbieri, quien le propone que se convierta en coautor de su álbum, América Latina, chapter III: ¡Viva Emiliano Zapata!

Entre éxitos y decepciones, hay una larga lista de composiciones y arreglos para la televisión, un centenar de jingles para cuñas publicitarias, y arreglos que van desde el ex-Beatle Ringo Starr hasta La Lupe. Entre su música más importante figura Tres Danzas Cubanas, *montada por varias orquestas sinfónicas, entre ellas la de Caracas y Atlanta. En el aspecto jazzístico, su pieza cumbre es* Oro, incienso y mirra, *grabada por Gillespie y Machito en Nueva York, y en la que las influencias y confluencias cubanas quedan al descubierto.*

En su apartamento de West End Avenue, en lo que corrían los vasos de Scotch, corrió también la grabadora.

—*¿En qué forma trabajaste la música de* **Guaguasí**?

—Para mí, lo primero era establecer la película desde el punto de vista del período. Claro, lo más importante después del argumento, y en lo que toca al argumento, pienso que en una película como *Guaguasí* —con su gran cantidad de elementos satíricos—, no se podía usar un enfoque excesivamente dramático. Pero estos son los aspectos puramente prácticos, ¿no es cierto? Lo fundamental, eso sí, es la esencia de la película, y yo me percaté de esa esencia, del sentido del film, y creo que fue esto lo que dictó el sonido.

—*¿Qué dificultades encaraste?*

—El 90 por ciento de la música de cine tiende a ser episódica, como toda música incidental, pues se trata de manejar distintos trozos dramáticos; no es una pieza musical que comienza, se desarrolla, crece y concluye. Entonces tenemos que la coherencia que hace falta para entrelazar estos episodios, el sentido de unidad que merece una obra musical fílmica, esa idea de totalidad, es una tarea y es como un truco que debe manejar el compositor y que está oculto en la forma en que uno conjuga el material temático. En el caso de *Guaguasí*, se dificultó porque hubo que enlazar dos sonidos, para mí simbólicos: el de la ciudad, que yo trabajé con una orquesta de jazz, y el del campo, más suave, más pastoral, una orquesta más bien de cuerdas. Yo dividí el trabajo en dos formaciones orquestales, y para ahorrar tiempo —que en este caso era también ahorrar dinero— grabé en dos días. Primero, el sonido de la ciudad: la orquesta que usamos es lo que se llama la típica *jazzband*. Por allá por los 30 y los 40, cuando empezaban en Cuba las *jazzbands*, se copiaba, casi sin percatarse de ello, la formación de las orquestas americanas, las de los años treinta —más grandes, la grande—, y después se copiaba la pequeña de los años veinte: formación de tres trompetas, dos trombones, cuatro saxofones, piano, bajo, guitarra y batería, que viene a ser la formación prototípica de la *jazzband* norteamericana. ¿Qué hicimos en Cuba? En Cuba, tomamos esa misma formación, o formaciones similares, y le pusimos ritmos percusivos afrocubanos, pero eran iguales en el *top,* es decir, en la parte instrumental de arriba, ¿ves? Entonces al recrear la época en *Guaguasí*, quise recrear ese peculiar sonido cubano americanizado. ¿Cuál era, independientemente de su *sabor criollo*, por supuesto, el sonido de las orquestas de La Habana de los cincuenta, aparte, claro, de las charangas y los conjuntos típicos? Beny Moré, la orquesta Casino de la Playa, la Riverside... ¿Qué tenían esas orquestas? Trompetas, trombones, saxofones y ritmos percusivos.

—*¿Cómo definiría Chico O'Farrill esa música? ¿Cubana?*

—Bueno, podríamos decir que era una música cubana un poco colonizada, *right?* (RISAS). Pero sí, sí, sí, en cierto modo lo era. Fíjate que en Cuba siempre se pagó mejor a las *jazzbands* que a las orquestas de música popular más criollas. Tenía que ser una Aragón para que se les tratara bien económicamente, y yo siempre me pregunté por qué, y en cierto modo, me mortificaba que fuera así... Pero era una realidad.

—*¿Entonces tú aceptas haber hecho música colonizada?*

—Eso es una frase. La música que hacíamos era música. Llámale cubana, china, gringa, lo que te dé la gana. Eso de *colonizada* se ha vuelto también un cliché, y no hay por qué encasillar las cosas. En Cuba estaba pasando de todo con la música: danzón, guaracha, cha-cha-cha, mambo, charanga, jazz afrocubano... Todo estaba pasando allí.

—*El crítico dominicano Carlos Francisco Elías hizo un en-*

Arturo O'Farrill, Jorge Ulla y Paquito D'Rivera.

sayo sobre la música y la banda sonora en **Guaguasí**, *para el suplemento artístico del* **Listín Diario.** *En el mismo, Elías escribió y te lo leo textualmente:* «*La fastuosidad de los arreglos, los cambios de tiempo tumultuosos, su fuerza sonora, hacen del Afro-Cuban jazz un sonido para un país en franca crisis social*» *¿Estás de acuerdo con lo que dice el crítico?*

—Quizá Elías tenga razón. Yo leí su trabajo en el que se indaga toda esa cuestión social y política que es muy interesante. No se puede olvidar que el jazz sale de los ghettos, que surge como un lamento, y en ese sentido nuestra inadaptación puede ser una respuesta a todo tipo de crisis.

—*Hablaste de dividir la película en dos partes musicales...*

—Yo concebí el programa de trabajo bidimensionalmente. A la primera parte le llamo *Fantasías cubanas*, y está formada por variaciones líricas de un tema sobre la campiña cubana. Por aquí empiezo con el tema *Guaguasí*, que tiene cinco momentos *(Campiña, Misión, Amanecer, Regreso* y *Perdomo,* que es breve y presagioso), y dentro de este mismo campo composicional, una variación temática de estas mismas *Fantasías cubanas*, que titulo *Yelán*, y que tiene que ver con la hermanastra de Guaguasí. La segunda parte es lo que yo llamo *Búsquedas del jazz afrocubano*, y ahí tú tienes temas como *La suite de Marina*...

—*¿Lo de la suite de Marina es porque se pasa mucho tiempo en el cuarto?*

—(RISAS). Bueno, por eso y porque, aunque son piezas sueltas, yo busqué cierto tipo de coherencia que le diese al trabajo una totalidad narrativa. En el álbum se juntan como *suite*, y en la película tienen una participación episódica: *Marina y el coronel, La Playa, La seducción, La botica, Lección de cha-cha-cha* y *La azotea*. Creo que no se me quedó ninguno. Entonces están los fragmentos, algunos diferentes al tema de Marina, y otros que son variaciones: ahí tengo *La Habana para los turistas*, que es nuevo y que es un *foxtrot; La Habana e mobile*, que se la pido prestada a Verdi y la monto en un formato tipo Count Basie para la pequeña *orgy* de Marina y sus amiguitas; tengo un tango tropical que no sé si se parece a un tango de Gardel o al tango de Stravinsky, que se llama *Arrebatado*, y que se escucha cuando Guaguasí enloquece en la playa con el *jeep*. Está la fanfarria *Loco*, cuando se pasa de copas en el *niteclub*... ¿Quieres que te rellene el trago? Eso está muy aguado...

—*No, estoy bien...*

—Está *La Habana 1959*, que tiene una poderosa participación de Paquito D'Rivera, como también tengo la pesadilla con el tema *Santa Bárbara*, que tiene los tambores batá, tocados por Daniel Ponce.

—*Escogiste una lista de músicos de Nueva York, una banda muy fuerte. ¿Cómo la seleccionaste?*

—Muy sencillo: son los mejores, y son gente con la que siempre estoy trabajando.

—*¿Los hay mejores?*

—No. No lo creo. Estoy seguro que son los mejores.

—*¿Por qué escogiste a Paquito D'Rivera?*

Porque Paquito entiende los ritmos cubanos y su participación en la banda sonora yo sabía que iba a ser de suma importancia. Mira, Paquito es jazzista, pero es cubano como yo y entiende ese ritmo intrincado. La música cubana no es fácil, no vayas a creer.

—*¿Hubiera sido diferente con Gato Barbieri, por ejemplo, que también ha colaborado contigo?*

—Distinto es la palabra. Hubiese sido distinto. Paquito tocó saxofón y flauta aquí en *Guaguasí*, y se amoldó, aún como solista, al cuerpo sonoro que yo diseñé. Mi experiencia con Gato había sido como arreglista y director, pero esto era en un contexto creativo dentro del cual él imponía ciertos procedimientos estéticos, con los cuales tal vez tú no estás de acuerdo. No me quejo, es como debe ser, él era la estrella. En el álbum de Gato, él tenía el control. Fue una colaboración muy agradable, pero la película es distinta: yo tenía el control.

—*Y con Paquito D'Rivera, ¿qué tal la colaboración?*

—Magnífica. Paquito es «una dama». Es uno de los artistas más importantes que Cuba ha dado. Lo conozco desde que era un chiquillo... fui amigo de su padre.

—*Tú hablas con gran placer de tus músicos...*

—Hombre, claro, todo el grupo que trabajó conmigo en esta película sabe conspirar conmigo: Frank Wess, otro saxofonista único y hombre clave de Count Basie hasta el último día, ahí lo tengo en la película; Vinnie Bell, un guitarrista asombroso, que además entiende el sonido cubano; «Chocolate» Armenteros, que para mí... bueno, ese hombre es el sabor cubano personificado en la trompeta; Jorge Dalto, que es un pianista incomparable, y fíjate el sonido cubano que alcanza en esta música siendo argentino; y está Candito, Daniel Ponce, Paquito y está Víctor Paz, panameño, otro trompetista que me da confianza... Estoy hablando de gente inspirada, pero gente que a la vez tiene dominio de la técnica.

—*Para ti la técnica parece que es muy importante...*

—Mira, una vez se me preguntó qué consejo le daría yo a los jóvenes estudiantes de música. El aspirante a músico o compositor debe aprender su *craft*, su técnica, su medio, entrenarse concienzudamente porque si no va a estar muy limitado en su carrera. Yo siempre traté de aprender lo más posible, tuve maestros que me entrenaron en música clásica... Ahora mismo me entreno en música electrónica, y este aprendizaje me ha ayudado mucho, y creo que hasta te ayuda también, cuando es necesario, cualquier etnicidad, o esa cubanidad, que el que no tiene buen entrenamiento la saca constantemente porque no hay otra cosa que decir. Si tú dominas ocho lenguajes, tienes más riqueza gramatical que si hablas uno solo.

—*Cuando volviste a Cuba, el maestro Gonzalo Roig se refirió a ti en una entrevista diciendo «Chico O'Farrill, ese enemigo de la música cubana...». ¿De qué manera te afectó esto en aquel momento y cómo lo contemplas ahora?*

—Sí, el maestro Roig se expresó así de mí. Me imagino que en aquel momento me tuvo que haber afectado un poco, pero yo siempre he respetado al maestro Roig, que en paz descanse, y lo sigo respetando todavía. Admiro parte de su obra, lo que andábamos por caminos diferentes. Yo respeto su purismo cubano y sé que, por ejemplo, cuando estuvo en Estados Unidos —que tuvo una carrera de mucho éxito aquí— él hizo una gran labor de divulgación de nuestra música pura y tuvo interpretaciones de la *Suite cubana*, de Jorge Anckermann, del *Intermezzo sinfónico*, de Ignacio Cervantes, y cosas del maestro Lecuona. Si te pones a ver, él exportaba lo cubano, y yo infiltraba lo cubano en la música norteamericana. Como él me acusó de enemigo, aquí los americanos me podrían haber acusado de invasor o de infiltrado, pero aquí no, aquí fueron muy abiertos. Yo creo que las nuevas generaciones tienen una expresión legítima y mucho derecho a desarrollarla, y uno debe procurar entenderla. Nunca se debe aplastar ni criticar al artista nuevo, el artista nuevo siempre trae algo, si vale algo, porque hay muchos que no valen nada, por supuesto. Por otro lado, hay que sacar a las cosas de todo estancamiento, hay que elaborar sobre las cosas. Si yo he tenido alguna contribución, ha sido elaborar sobre la música cubana, que otros lo han hecho, claro, pues ningún compositor existe por sí solo. Como un novelista, como un pintor, el músico, por muy original que sea, es un producto de los que le han precedido, y tú solamente puedes crear con la tradición que tú tengas. No hay arte que sea tarea de un gigante, sino que más bien es una tarea colectiva. Si yo tuviera la filosofía y la actitud de los que critican, hoy día estuviera maldiciendo la electrónica y los sintetizadores, y estuviera aferrado a lo que hice en los años 40, 50 y 60.

—*De los clásicos, ¿qué te gusta?*

—Hay tres compositores que para mí son vitales: Stravinsky, Beethoven y Ravel. Y me interesa mucho otra gente: Mozart, Copland, Gershwin. Schönberg. Schönberg y Stravinsky fueron personalidades en cierto modo antitéticas; Schönberg desarrolló el sistema de dos sonidos, tema serial, mientras que Stravinsky siempre operó bajo el principio de las tonalidades. Ahí tienes a dos gigantes, pero que siguieron tendencias completamente opuestas desde el punto de vista del técnico y del expresivo también: Schönberg era de una expresión sombría, criado en la escuela vienesa, mientras que Stravinsky tenía esa elegancia neoclásica que trataba de preservar la sanidad de lo clásico, que Schönberg echó a un lado por completo. Schönberg viene de Wagner, y Stravinsky proviene de una corriente más clásica, en lo que se refiere a su actitud composicional, quiero decir, a su manera de ver la música. Y mencioné a Ravel —creo que mencioné a Ravel— porque veo una elegancia única y una reservación tan propia de él, que no tiene esos desbordamientos, que logra un control tan sobrio y al mismo tiempo tan imaginativo. En mi opinión, Copland es el *dean* de los compositores americanos. El único que ha podido vivir de su música. Es injusto que un chiquillo saque una guitarra, toque par de acordes y se haga millonario. Pero hay tantas cosas injustas en la música, que para qué vamos a hablar. Tú tienes que, por ejemplo, la luz siempre tiene que venir de Europa, me refiero en el campo clásico, donde todavía este país, con los artistazos que ha dado, tiene ese complejo de inferioridad. No veo por qué. Y así es en todo: en lo popular también. Te agarran un mito como los Beatles y los convierten en vacas sagradas.

—¿*No te gustan los Beatles?*

—No. Yo creo que fueron un símbolo, más importante como fenómeno social que como fenómeno musical. Una gente que simbolizó la liberación de una época, de la moralidad pequeñoburguesa, de las costumbres de los crecidos... y que conste que conozco bien la música de los Beatles, porque hice dos álbumes con Count Basie sobre la música de los Beatles y tuve que investigar muy bien esa música, hacer mucho *research*. Toda esa famosa liberación de la frase de *ocho compases*, de *nueve*, es porque no sabían hacerlo de otra manera, esa es mi opinión.

—¿*No te gustan los grupos modernos, el rock?*

—Lo que quiero decir es que me gusta la gente que es buena de verdad. Ahora hay un grupo que me gusta y es bien excéntrico, y es bien moderno, y hay una inteligencia detrás de todo lo que hacen: los Talking Heads. Acabo de ver su película y me gustaron mucho.

—¿*De quién es tu mayor influencia?*

—Yo bebo de todas las fuentes. Pero quizá por arrogancia de la juventud, me acerqué más al jazz que a la música cubana. El jazz es como el cigarro, es un vicio, cuando empiezas a amarlo llega a ser como una droga, de la cual no he podido salir nunca en mi vida. No importa lo que yo haga: el jazz para mí siempre fue como una mujer muy querida que siempre se te vuelve a aparecer en tu vida.

—*¿En quién crees que ha recaído tu influencia?*

—Aparte de cierta influencia en el jazz afrocubano, hace poco se me acercó un músico y me agradeció mi influencia en la llamada *salsa,* ese nombre tan ambiguo que a veces significa buena música cubana, modernizada, y otras veces no es más que una mixta creación comercial, ¿verdad? Yo no sé si esa contribución estará ahí o no, pero me parece que sí.

—*¿Cómo fue trabajar con Ulla en* **Guaguasí**?

—Pues fue un poco como la combinación entre el músico y el libretista de ópera. Él conocía mi música, tenía una afición por el jazz, Parker, Coltrane, Mingus, y quería, como dijo el crítico Enrique Fernández en los *liner notes,* que yo crease una fusión de toda aquella con-fusión para ponerle ritmo al caos. Y eso fue lo que traté de hacer.

—*¿Tienes algún proyecto de música seria, de jazz, de cualquier cosa que te entusiasme realmente?*

—Mira, estoy un poco vago. Planes, sí, tengo planes, pero la conciencia me remuerde algunas veces, porque no escribo todo lo que debiera escribir, aunque sea para mí mismo. Tengo ideas de música seria, conceptos para jazz, cosas cubanas. Pero vivo de la música comercial, de los *jingles,* y gracias a Dios, hago dinero con esto. Veo un futuro muy feo, muy malo para el jazz, cada vez más minoritario, cada vez más elitista, música que se toca en cabarets chiquitos, y que se venden cinco discos de este y del otro, y que lucha contra toda la porquería que se le da a las masas. En cuanto a mí, ¿qué te puedo decir?, yo pasé por años de pánico económico, de vivir en el terror de no saber si iba a poder pagar la renta. La música comercial me sacó de esa situación. No me arrepiento. Gillespie y Chano Pozo, por asociación, Machito como organización... se pudo hacer lo que se hizo por el jazz afrocubano. El tiempo fue el catalista. Fue una colectividad, no un solo individuo... fueron una serie de tensiones que se juntaron hasta que el volcán hizo erupción. Yo voy a seguir dentro de la música, pero a veces uno se pone triste: ahora mismo es que los norteamericanos empiezan a descubrir a Celia Cruz, ¿no te parece increíble?

—*¿Algo más, Chico?*

—No. Vamos a tomarnos un trago ahora. *Let's have a drink.*

Entrevistó: **Andrés Hernández-Alende**

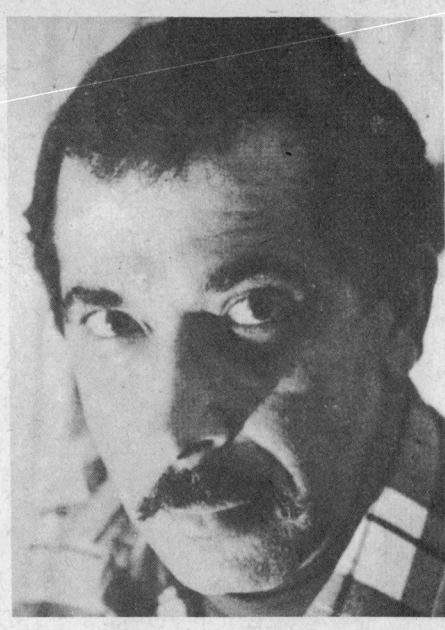

Julio Matilla: la recreación del mito

Julio Matilla, pintor, escenógrafo y diseñador de vestuario, tuvo una importante participación en el teatro y en el cine cubano antes de emigrar a París. El «toque Matilla» se manifestó en obras de teatro y ballet, además del cine. Su integración al ICAIC, a principios de la revolución, es recordada con admiración por sus compañeros, quienes se refieren a lo que Matilla hizo allí como un verdadero «taller renacentista».

Con toda naturalidad y sin asumir pose alguna, Matilla entiende su trabajo técnico a través de la cultura, una cultura múltiple en la que se casan los elementos de la autoctonía con los de la universalidad. En los últimos años, fuera de su país, ha vivido en París y Biarritz, donde se dedica a la decoración interior. Junto a otros pintores cubanos que forman el llamado «grupo de París» (Alejandro, Castaño, Camacho, Llinás y Pellón) ha participado en algunas exposiciones conjuntas, «One man shows», y se le han otorgado diferentes becas de reconocimiento. Severo Sarduy ha dicho de su pintura: «Matilla inserta su obra en la historia textual de dos colores —o en la ausencia aparente y en la saturación de un color—: el blanco (de Malevitch a Robert Ryman) y el negro (de Rotchenko a Ad Reinhart). Pero su exploración de este par de opuestos no está destinada a una confrontación o a una conceptualización. Al contrario. Encuentra, por una parte, la incandescencia o la exacerbación del color. Blancos múltiples y vibrantes vienen a dialogar dentro de otro blanco: galaxia. Y por la otra parte, la ausencia del color. Una luz rugosa, un rayo fósil, emanan de una fuente quemada. Arcoiris negro.»

—*Almendros ha escrito que una de las proezas de* **Guaguasí** *fue reproducir* La Habana *fuera de La Habana...*

—Bueno, figúrate, yo no quiero decir que fue una proeza... pero fue muy duro, se trabajó muy duro y la cosa empieza porque tienes que entender que La Habana es una, y no es lo mismo Santo Domingo, son dos cosas distintas, dos ciudades distintas. La Habana —y aquí es donde está el *quid* de la cosa— es una ciudad que tiene una belleza de imaginación alucinada, una belleza alucinada, donde si tú te pones a ver, verás que allí lo que engendraba la hermosura era el exceso. No se puede olvidar que la... ¿cómo llamarle?... las facciones, eso es, las facciones de estas dos ciudades, por decirlo así, son distintas, y que La Habana tiene una atmósfera tropical, sí, pero a pesar de la atmósfera, La Habana es muy mediterránea. La Habana es muy mediterránea y, además, con todo lo que eso implica de voluptuosa, es decir, la voluptuosidad de La Habana.

—*¿Cómo resolviste el problema?*

—Bueno, eso fue como si tú ahora me dieras unas fotos desteñidas y me pidieras que yo te identificara a la gente que está en las fotos. Eso es una tarea hasta cierto punto fatigante, porque era eso precisamente: era tratar de identificar a alguien de quien lo único que tú tienes es una foto desteñida. La gente dice: «La Habana es un mito, La Habana es un mito», entonces, ¿cómo tú reproduces un mito? Puede ser aterrador, ¿no crees tú?

—*¿Qué hiciste con el mito?*

—Bueno, el mismo Jorge Ulla me dijo: «Te entrego el mito». Y esto me asustó un poco más todavía, no porque yo no supiera la clase de reto que me esperaba, sino que cuando me decían cosas como estas, figúrate, no era para menos, uno se asusta. Después me di cuenta que era un recurso de Jorge para halagarme, pero también para tentarme y sacarme lo mejor.

—*¿Cómo describirías tu trabajo para la película?*

—Yo creo que se trabajó como a través de metáforas, ¿no? Metáforas de paisaje, metáforas de arquitectura... de colores... de carteles... etc. Y se trabajó con metáforas porque era lo único que se podía hacer. No hablo de esa cosa obvia de resaltar un detalle determinado, un detalle chocante, como ha pasado a veces cuando Hollywood ha tratado de crear a Cuba, que entonces tú ves que te reproducen un cartelón gigante o un cabaret extraño o cualquier cosa de esas, pero el resto no va con nada, ni tiene que ver nada con Cuba...

—*¿Como en El Padrino II?*

—Eso es un insulto, es lo que es eso. Ahí tienes una buena película, y entonces la echan a perder con esos detalles...

—*Les sale anacrónica...*

—No, no es eso. Yo creo que lo que ocurre es que se pierden de captar la esencia. Para mí la esencia es lo más importante en la decoración de cine. No es cuestión de anacronismos. En la misma *Guaguasí*, nosotros nos pusimos de acuerdo para tolerar ciertos anacronismos que aparecen ahí, que están ahí deliberadamente. ¿Por qué?, porque si se capta la esencia, eso hasta puede llegar a ser interesante. Porque en arte no se trata de calcar... eso es así... y ese anacronismo está ahí, y tú ves que todo el mundo viene y me dice: «Matilla, es Cuba, no lo puedo creer, es Cuba...» Y la realidad, por supuesto, es que no es Cuba; ahora, es la esencia, y eso es lo importante, y por eso dejábamos pasar algún que otro «gato por liebre», para llamarlos de alguna manera, y esto lo hacíamos para no pervertir del todo esta nueva realidad que Jorge estaba tratando de crear y que no tenía que ser un modelo exacto... Por lo que siempre se velaba era por la convergencia, eso es más importante que la fidelidad... Había que buscar una coincidencia en el *barroco a la cubana,* que de por sí ya sabemos que ese barroco cubano es un sabotaje del modelo original.

—*¿Cómo fue tu colaboración con Jorge?*
—Muy interesante y muy productiva. Fue una relación de trabajo muy bonita. Empieza porque él se toma el trabajo de buscarme, de llamarme a París... El había visto mi nombre de *Memorias del subdesarrollo,* y conocía gente que me conocía a mí, como el animador Luis López, que le da mi número de teléfono y entonces él me llama: «Tengo un guión, lo voy a hacer, ¿a usted le interesa?» Y yo le respondí: «Bueno, mándeme el guión para leerlo y si me interesa, entonces cuente conmigo...» Me gustó y me interesó. Después tuvimos una comunicación tremenda en el *set,* era como una telepatía, y la cosa funcionó bien, yo diría que desde la Florida porque ya él tenía cajas con *props* que había ido coleccionando o comprando: allí había de todo, desde llaveros cubanos, abridores de botella de la cerveza Hatuey... calendarios del año 58... ojos yoruba... imágenes religiosas... en fin, que me estaba haciendo el trabajo, si no más fácil, por lo menos, menos difícil. Muchas de estas cosas a lo mejor ni se ven en pantalla, pero es importante que se tengan. Yo creo en ponerlo todo... cada cosa, lo que menos tú te imaginas, adquiere una presencia subliminal en cine...

—*¿Y cuáles fueron los problemas del rodaje?*
—Bueno, los de siempre: presupuesto muy limitado y personal bastante limitado también. ¿Entonces qué se hace? Pues poner la imaginación a trabajar. El mediopunto, los vitrales, esas cosas tan habaneras, tú no las ves en Santo Domingo; ellos tienen otras cosas de ellos... Pues a inventarlos: con celofanes como en el teatro, a diseñarlos y cortarlos yo mismo,

toda esa gama, todo ese juego de los vitrales coloniales. Y entonces me concentré en detalles: por ejemplo, Marina. Esta muchacha es una especie de *gourgandine* simpática, una criollota que es de ampanga, una *temptress,* pues bien, a esa muchachita hay que hacerle una cama que sea la gran pieza... y no de resistencia, precisamente... tenía que ser una cama a la que el guajiro no se le pudiera resistir (RISAS)... entonces le hago un respaldo a la cama con su *capitoné* y todo... elegante al punto que pudo haber sido de los padres de Marina, pero con el suficiente desenfado, y así el resto... Este apartamento era un lugar con esa sobriedad tropical y con esa amplitud de espacio... era el caserón que había pertenecido a uno de los primeros presidentes de República Dominicana, y aunque no era pretencioso, se prestaba para usar estos espacios de una forma ecléctica, porque con esta tropicalidad y estos espacios se permitía casi todo, y yo quería trabajar ciertos elementos como de parodia. Ya cuando tú llegas al cuartico de la orgía, ya eso es otra cosa, es otro ambiente: yo le llamaba «el toque marica», es un cuarto de éxtasis de mediopelo, un poco *pop,* donde el sistema estético cubano se ve bombardeado por todo un *kitsch* y por toda una *rigolade* de la decoración, ya sea deliberada o indeliberadamente: muñequitas, lamparitas, cojines naranja, verde, etc... rosarios con cuentas de madera, afiches, fotos de Alicia Alonso, etc. Y, por otra parte, está la decoración sobria, elegante y de buen gusto, de la que Cuba siempre tuvo también exponentes, la cual está dada en la casa de Mónica, e incluso en otros detalles generales de la misma Marina.

En Cuba se asentaban muchas influencias de los diferentes coloniajes. En una época La Habana fue muy codiciada y un puerto muy rico. El que se plantaba allí, traía esa influencia, y Cuba desarrollaba buenos ebanistas, buenos forjadores, etc.

Así fueron dándose las distintas fases de «barroco cubano», que es bastardo y es maravilloso con esa fiebre de columnas de que habla Carpentier, con la influencia morisca de que se habla en el libro de Prat, el arqueólogo catalán. Eso era La Habana y había buenas piezas en la Isla, que yo recuerdo sobre todo por haberlas visto en una cantidad impactante, ya que en una época Celia Sánchez * me comisionó para decorar las residencias de lujo del gobierno y para atender diplomáticos, y ella venía conmigo a un gran almacén de los llamados bienes malversados, y lo que había allí era asombroso. Es decir, que en la película se conjugaron varios estilos de escenografía en el sentido de que hay cierto eclecticismo desenfadado que está en lo cubano y no es que se me haya ocurrido o yo lo haya inventado. Todo lo que yo tenía que hacer era mantener un balance, como el balance que tuvimos que mantener en cuanto a la presencia del verde, también, que fue otro problema...

—*¿El verde del campo, de los exteriores?*

—Ese y el de la ciudad. Fíjate que el verde está en la película en casi todas las escenas, y había que desdibujarlo un poco a veces o llevarlo al hiperrealismo otras veces. Teníamos el verde en los uniformes, en las paredes de las oficinas del campamento... Ese mismo verde lírico de la campiña te puede llegar a empalagar y a molestar, y un mérito que se le debe reconocer a Ramón (Suárez) es que controló la fulgurancia de este verde. Nosotros tratamos por todos lados de descubrir nuevos modos de mirar el verde. A veces una jugada para contestar a este verde o contrarrestarlo, tenía que esperar varias escenas, y era, por ejemplo, la aparición de una pared color mostaza con una resonancia especial. O el rojo y el negro que llegan a la segunda parte de la película con el 1 de enero de 1959.

—*Tú también creaste el vestuario de la película. Quisiéramos que nos hablaras un poco de eso.*

—El vestuario fue uno de los actos de magia. Había que buscar vestidos que guardaran fidelidad cronológica... fue cuestión de revisar los baúles y los cofres de todo el mundo. Me fui a una tienda que hay en Miami donde venden ropa de segunda mano —lo que le llaman el *Salvation Army*— y allí

---

* Celia Sánchez fue una especie de asistente personal de Fidel Castro desde los tiempos de la lucha de la Sierra Maestra. Murió de cáncer hace unos años.

compré cajones de ropa. Cuando todo esto estaba en el taller de Santo Domingo, rediseñé con dos costureras. Trabajábamos con fotos y revistas de la época. La ropa se iba rearmando. Para trabajar dentro de mi propia paleta, lo que hacía con algunos vestidos es que los mandaba a teñir del color que me conviniese más para lograr los balances. El resto era trabajar con joyas de fantasía, pañuelos y demás detalles. La intrusión del rojo y negro en los primeros días del 59 llegó a ser algo así como un carnaval. Yo quise resaltar ese carnaval. A veces nos divertíamos mucho rediseñando un vestido: tomando por ejemplo una saya paradera y ciñéndola sobre las rodillas para semejar una bombilla, pues este era uno de los estilos de esa época. Eran verdaderas «aventuras sigilosas» de improvisación con mis asistentes, un muchacho arquitecto dominicano, Eddy Guzmán, y Ariel Ferrer. El taller no paraba día y noche, y cuando no tenías una tijera en la mano, tenías una brocha o un martillo. Piensa que llegamos a poner unas letras gigantes de CMQ en una antena de televisión en la capital, en Santo Domingo, que se ven cuando Guaguasí se recuesta, todo atribulado, al muro de la azotea después de la muerte de Marina y Moya: cada letra de madera tenía más de seis pies de alto, y las amarramos con sogas. Parece que no le molestaron a los dueños, porque según me cuentan, permanecieron en la antena por más de un año después de filmada la película.

—*¿Lamentas algo o tuviste algún problema en la película? ¿O quisieras haber hecho algo que no pudiste?*

—En realidad, hubo problemas menores. Rivalidades aquí y allá, como entre la mujer del director y la hermana del productor, que hicieron un excelente trabajo de producción y que estaban muy vinculadas a mí. Pero todo esto era cuestión de celos por dar una mejor calidad en el trabajo. Como hubo rivalidades en el equipo de producción y entre algunos actores. Pero la verdad es que todo esto era para el bien de la película, y en ese momento de locura todo el mundo tiene su propia interpretación. Si tú me preguntas si quisiera haber hecho algo un poco diferente, yo te diría que el maquillaje. A mí me hubiera gustado que fuera más caliente, más subrayado.

Yo tuve varias discusiones con el maquillista Julio Piedra, que por lo demás hizo un buen trabajo. Era una cuestión de interpretaciones, y Jorge estaba de acuerdo conmigo, pero de alguna manera, Piedra se salió con la suya. Yo quería aproximar el maquillaje un poco más a la época, caricaturizarlo, pues ya la época de por sí era una caricatura. Ahora, aunque no salió como yo lo veía, no hay duda que salió bien, sobre todo en el personaje de Marina, a quien Piedra le sacó toda su belleza. Yo creo que eso es todo. Yo estoy satisfecho con la película, con la manera en que «chotea» el relato, y eso para mí, me parece que es muy sano, muy positivo. Trabajar con Bardisa como productor, fue también muy agradable, y digan lo que digan, yo me divertí haciendo la película...

—*Tras este trabajo, y con esta comunicación que entablaste con Ulla, ¿cómo lo describirías?*

—Bueno, yo respeto mucho su talento y me divierto con su sentido del humor. Nos parecemos en muchas cosas, en cierta aspiración gótica, en cierto extremismo, pero también él sabe tirar a relajo todo eso. Allí se le dijo de todo, desde Rasputín hasta hijo de Changó, y él nunca perdió la tabla, a lo mejor porque tenía un buen resguardo con el collar de santería que tenía puesto. Yo repito lo mismo: me parece que ha sido un gran trabajo, y en comparación a las cosas que empezamos a hacer en los primeros años del ICAIC, para mí, *Guaguasí* es respuesta y es continuación a *Memorias del subdesarrollo*. Más o menos es por ahí que yo la veo... es decir, la cosa desde acá, con otra visión. Yo creo que es lo mejor que hemos hecho.

Entrevistó: **Jorge Ronet**

Jorge Ulla: la realidad es un truco de la imaginación

Jorge Ulla nos confesó que le producía pavor la idea de esta entrevista. ¿Por qué? Pues porque —como a casi todos los creadores, diríamos— no le gusta hablar de sí mismo. Esto en primer lugar. En segundo, porque este hombre tiene tantas ideas en la cabeza que le resulta difícil, a veces, ponerlas en orden, o teme pasar por alto cuestiones que juzga cardinales.

Nacido en La Habana, en 1948, emigró a los Estados Unidos en 1961. Ha practicado el periodismo y la publicidad, comparte por igual una pasión por la cultura, por el arte, por la música, por la gente, y lo cubano en él —a pesar de haber emigrado tan pequeño— se mantiene vivo en su recuerdo, en su labor creadora y —con insólito arraigo— en su personalidad. A partir de sus vivencias, Ulla ha levantado lo que él llama «arquitectura de los recuerdos», y sobre esta armazón monta Guaguasí, su primer largometraje, en 1978, basado en un argumento suyo y realizado contra todas las apuestas. Guaguasí se estrena en 1982 en el XXX Festival de San Sebastián, participa en la

XXVII Semana Internacional de Cine de Valladolid, continúa a otros festivales, ganando lauros como mejor largometraje, así como por su cinematografía, y es seleccionada para el I Festival de Cine de Miami y para el XIX Festival Internacional de Chicago. Aquí y allá, la película protagoniza varios escándalos políticos y se enfrenta a un viscoso entramado de discriminación ideológica y rechazo por contubernio. En algún caso, se ve invitada y posteriormente «desinvitada» a algún Festival. Con la cinta mexicana Eréndira *y la peruana* Maruja en el infierno, *el film de Ulla (representando a República Dominicana) es, sin embargo, una de las tres películas latinoamericanas que estuvieron en la selección para el Oscar a la mejor película extranjera, en 1983.*

En 1980, Ulla realiza el documental En sus propias palabras, *un desgarrador testimonio sobre el éxodo del Mariel y la llegada a la Florida de miles de refugiados cubanos. En 1983, colabora como coguionista en la realización del largometraje* La otra Cuba, *una tarea crucial a la vertebración de un copioso archivo cinematográfico en el que se ve también vertido gran parte del pietaje del documental del Mariel.*

La incesante y valiosa actividad de Jorge Ulla —tanto en sus propios proyectos creativos como en el apoyo a otras ideas y otros artistas— lo han situado en un puesto de avanzada de lo que ya podemos llamar el arte cubano en el exilio, y, dentro de este, un nuevo cine.

La muy pospuesta entrevista —la última a los siete filmmakers *fundamentales, en torno a la película que motiva este libro— se produjo al fin en su casa, entre chistes y copas del recién llegado Beaujolais Nouveau. Se habló de todo: desde Bach hasta las canciones de Ñico Membiela. Aquí está lo que nos pareció más interesante.*

HERNÁNDEZ-ALENDE: *¿Por qué haces esta película?*

ULLA: Tavernier dice que a veces le toma años saber por qué había hecho una película. Bueno, a mí se me ocurre la película porque la revolución cubana representaba para mí un impacto muy grande. Era un recuerdo poderoso que se me convertía en pretexto para contar otra cosa. Yo recuerdo que yo estaba en Santa Clara —que es la ciudad donde se produjo la única batalla grande—; yo era un niño y presencié el combate y la llegada de los rebeldes. Después estaba, por supuesto, la cuestión de encontrar la manera en que todo esto se hiciera relatable, y yo encuentro esa manera el día que me cuentan la anécdota de Guaguasí. Porque Guaguasí existió, y si te pones a ver, la realidad, por supuesto, es más interesante aún que la película. Él era un campesino del Escambray que se une a los alzados, y después del triunfo, lo expulsan de La Habana porque había chocado seis automóviles, lo que lo convierte en el primer «exiliado»: exiliado en las montañas del Escambray. Lo echan del «nuevo paraíso». En realidad, se deshacen de él por bruto, porque hubo gente que cometió mayores desórdenes y no les pasó nada. Y entonces, por esa época, en el Escambray comienzan a alzarse ex miembros del ejército rebelde, en la medida en que Fidel se radicaliza y varios de sus ex compañeros vuelven a la montaña. Un día, el verdadero Guaguasí se topa con un grupo de estos nuevos rebeldes, quienes lo reconocen y le preguntan qué hace él allí, y Guaguasí, entre chanza, confianza y estupidez, bromea y les dice que lo han mandado de La Habana para espiarlos a ellos. Esta gente, que estaban allí para «cosas muy serias» —como dice uno de los personajes de nuestra película—, pues imagínate tú, al oír una declaración así, lo agarran y lo estrangulan con alambre de púas. Y así murió. Ese fue el final de Guaguasí.

RONET: *¿Qué te hizo decidir entre la visión personal y el relato puramente histórico?*

ULLA: El único compromiso real que yo le veo al artista es el de tratar de transformar su realidad en mito. Además, yo creo que la historia es el nombre que se le da a una cosa que si algo suele ser es una variante de la filosofía. La misma revolución cubana ha permitido que se cree toda una mitología en torno a ella, y en esta visión mitologizante, Fidel es como una especie de Zeus. Yo creo que hay que romper con esa mitología, y me parece que al centro de mi película está precisamente el tema de la desmitificación, que a mí me atrae mucho. La desmitificación como en *Mayta* de Vargas Llosa. No se trata de atacar —que eso puede ser pueril y contraproducente—; se trata de desacralizar. Ni más ni menos. Fíjate como los ingleses hacen humor como nadie sobre el comunismo, y le llamo homogéneamente comunismo para que esto incluya todas sus formas y manifestaciones, mientras que los americanos, por ejemplo, se toman el comunismo demasiado en serio, como impresionados de que eso es una doctrina que se sustenta en libros y códigos complicados, y que no, que no es tan fácil de entender como la Declaración de Independencia de los Estados Unidos, por ejemplo. Hay gente en círculos americanos que convierten en sinónimo de inteligente a todo aquel que se autocalifica de marxista, por ejemplo. Mientras que hace poco yo estaba viendo un programa cómico de la televisión británica, y el *sketch* presentaba una mesa redonda deportiva sobre el balompié y la Copa Mundial, y los participantes, ¿quiénes eran? Pues nada menos que Lenin, Che Guevara y Karl Marx. (RISAS) En Cuba se han divinizado muchas cosas y a mucha gente. Martí está en un púlpito... es la gran hipérbole... con todo esto hay siempre esta tendencia delirante. El artista debe destruir esos mitos y crear los mitos que pertenecen puramente al espíritu.

RONET: *El tratar el relato de estos personajes en ese contexto histórico, con una visión tan personal, ¿qué problemas te trajo?*

ULLA: Bueno, yo creo que el principal problema es que la gente no quiere ver una visión personal, ni tener una visión personal, sino estar a la moda. Pero si uno tiende a resistirse o tratar de resistirse a lo usual, pues hay que hacer cualquier cosa como esta, y aceptar sus consecuencias. Siempre se corre un peligro cuando se juega a cambiar la realidad, y yo que soy incrédulo ante la realidad, sabía que me exponía a algunos riesgos. Yo creo que la realidad no existe. Cuando más, es un truco de la imaginación que casi siempre sale mal. Son los riesgos que también corre el novelista, y yo entiendo el cine de esa manera, un poco como el novelista. Por otro lado, no estoy hablando de magia, ni me creo mago... Es...

HERNÁNDEZ-ALENDE: *¿No comparas al acto del realizador con el acto del mago?*

ULLA: No. La gente se cree que el director es un mago que entra en un cuarto y, abracadabra, saca una película, y así es como venden el cine, porque el cine también tiene su mitología. El mismo hecho que yo esté aquí hablando con ustedes es un acto de evidente narcisismo. Pero en realidad el director suele ser mucho menos afortunado, y esta es una profesión muy rara... muy extraña. A mí me decía Vierita * que ser director es como declararse profeta, y eso no es una cosa que se toma en serio. Además, son gente que la puede pasar muy mal, o la mayoría de ellos se la pasa esperando: la vida de todos los directores es un largo tratado de paciencia. Griffith, por ejemplo, atacado y fracasado con *Birth of a Nation*, hace *Way Down West*, con aquella fabulosa escena del rescate en el hielo y después la del alcoholismo, *The Struggle,* un título que le venía de perillas, porque con ella fracasó el estudio. Y está la misma historia de un Hitchcock, que no puede ser más triste: imagínate que meses antes de morir, la secretaria del estudio, que años antes había sido su secretaria, le ocultaba la bancarrota y todavía se hacía pasar por su secretaria, por respeto al viejo. Con datos así, solamente a un loco se le puede ocurrir querer dirigir cine. ¿Quién sabe, por ejemplo, de Antonioni, bien entrada la madrugada en un hotel barato de Nueva York, confesando que nadie en Norteamérica le quiere comprar su última película, y tratándosela de vender al distribuidor cubano independiente René Fuentes Chao, quien, por suerte, es una especie de «agente literario»? Son cosas que no hay quien las crea.

---

* Se refiere al periodista y escritor cubano Bernardo Viera Trejo.

HERNÁNDEZ-ALENDE: *Y el ánimo... ¿decayó alguna vez?*

ULLA: El ánimo decayó varias veces. Esa es una historia aparte, con eso pueden hacer otro libro. No creo que el mío, el mío no tanto. Pero hubo gente que ayudó siempre. Y hubo una etapa que la editora no contó en su entrevista, por cierto, donde coincidieron la pérdida de fe y el abandono absoluto del proyecto. Este es un aspecto donde yo recuerdo la contribución de Orlando Jiménez-Leal que fue muy inteligente y generosa. Orlando se enamoró de la película y fue quien dio ánimo a Gloria. Era un momento en que yo había perdido perspectiva y él llegó lleno de ideas y me hizo las preguntas correctas para que yo pudiera re-encontrar mi visión. Era una época en que los dos nos comunicábamos muy bien —el mismo humor, la misma visión de las cosas— y así duró hasta *L'altra Cuba* en la que colaboramos también y a partir de la cual se producen un rompimiento, una reconciliación y un nuevo rompimiento.

RONET: *Cuando tú dices que no querías ser fiel a la historia, ¿qué quieres decir?*

ULLA: En cierto modo, eso es una exageración de mi parte. Porque, sí, es cierto, en Guaguasí hay cierto empeño por *deshistorizarse* al servicio de una creación más libre, que de una manera misteriosa termina aproximándose a la realidad, aunque superada por ésta. Es curioso cómo una distorsión puede acabar convirtiéndose en una puntualización, en el sentido de que hay determinados rasgos que tú no ves, por ejemplo, en una foto, y de repente tú los descubres en una caricatura, ¿no es cierto? Eso de exigir absoluta fidelidad puede ser fidelismo, ceguera. Más que nada, la historia es como una sucesión de espejos. A mí me parece que en cine, si fuéramos por ejemplo a hacer una película en la época del batistato en Cuba, sería más interesante a lo mejor, en vez de investigar en bibliotecas y archivos, poner esta escena que te voy a contar: un niño se asoma al balcón de su casa, mira hacia abajo, donde hay una interminable cola de campesinos que habían sido traídos para votar en las elecciones fraudulentas del 58. Un hombre entrega a cada campesino un *sandwich*, una cerveza Polar y cinco pesos a cambio de su cédula electoral. Esto, abiertamente, en el medio de la calle. Y esto lo vi yo, yo era el niño. Leyendo, por ejemplo, el libro de Carlos Franqui encuentro anécdotas, antecedentes y datos específicos con los que coincide la trama de *Guaguasí*. Yo tengo una anécdota sobre estas simetrías, que a mí me dejó lelo y a los que estaban conmigo también. Estábamos buscando al actor que haría el papel de Flor, que está inspirado en un mulato que era vecino de una de mis tías, cerca del Malecón de La Habana. Este hombre era una excelente persona, que se untaba cajas de polvo Tres Flores en la cara y se ponía unas camisas de seda muy escandalosas, y encima de eso, se teñía su pelo rizado de un rubio americano que era impresionante. Cuando me fui de Cuba, este amable caballero tendría casi sesenta años, y casi veinte años después, cuando estábamos en Nueva York probando a un actor para ese papel en la película, minutos después de una lectura del guión con ese actor, entro en el elevador del edificio Manhattan Plaza con Matacena y el actor dominicano Marco Santiago, y adivinen ustedes quién iba en ese elevador: el vecino de marras... el pelo teñido igual, con su mejor camisa de seda igualmente chillona, y parecía que no le había pasado ni un año por encima. Todo lo que nos parecía «imaginado» resultaba fríamente real.

RONET: *Es decir, que no hay exceso...*

ULLA: No, sí hay exceso. En *Guaguasí* hay una cierta estética del exceso, que es muy latina, muy española y muy cubana. Hay una tendencia al *overstatement*. Es la filosofía de «ponle tres capas más», que está simbolizada en el *sandwich* Elena Ruth, un *sandwich* que tengo entendido que se ideó en El Carmelo, de La Habana, y que se vende hoy día en Miami, y que es una mezcla de jamón, mermelada de fresa, queso crema, pierna y pepino, imagínate tú, todo eso hace una explosión en las papilas gustativas, pero de alguna manera, funciona. ¿Quién sabe si este *sandwich* es el precursor de la *nouvelle cuisine*? No, yo no le tengo miedo al descontrol, siempre que el descontrol esté controlado. A mí lo que me aterra es la obra a medio camino, o lo que se vuelve *standard*.

HERNÁNDEZ-ALENDE: *Suárez habló de la luz en su entrevista... ¿Cómo contemplas tú las asociaciones visuales?*

ULLA: Las asociaciones visuales, estéticas, plásticas... todas están ahí y eran temas del trabajo de mesa... es lo que se usa como referencia o inspiración: por ejemplo, la forma en que se planteó el comienzo de la última secuencia, con el tren por los cañaverales, es un homenaje al *Paisaje de Montmajour con tren* de Van Gogh... Ahora, aunque a mí me apasiona la fotografía, creo que ya Ramón agotó el tema, ¿no creen?

RONET: *¿Cómo defines el planteamiento musical del film?*

ULLA: El primer planteamiento musical del film era muy diferente... era mucho más cubano en la tradición lírica de Saumell, Cervantes, Caturla, White... por ahí iba la cosa. Pero resulta que el músico con que estaba trabajando exigió control de aspectos de la película tales como los diálogos, el sonido general, los ruidos, etc. Incluso llegó a pedir que su música fuese sobrepuesta a voces. A mí me parece que fue como un *overlap* de pasión... El caso es que ya este hombre tenía cobrados varios miles de dólares, en un momento en que cada centavo significaba mucho para nosotros, muchísimo... Tratamos de convencerlo —sobre todo porque es un músico a quien yo respeto mucho— pero mi productor y él no lograron entenderse. Entonces aquel rompimiento fue un verdadero descalabro: imagínense ustedes —tú viviste todo aquel proceso, Ronet— y nos desbarató la moral. Pero poco a poco nos recuperamos, buscamos más plata y me fui a ver a O'Farrill. Yo voy a O'Farrill por el jazz. El jazz siempre me ha apasionado y decidí darle un giro a la música: me dije, ¿qué tal si le damos a la música un viraje radical? Eso fue lo que hicimos. Eso fue lo que hizo O'Farrill: por un lado cierta fidelidad a los patrones musicales cubanos; por otro lado, subvertir esos moldes... Aparte de la música de O'Farrill, con la participación de Paquito D'Rivera, hay un *collage* sonoro en el que se mezclan *jingles* de la época, Beny Moré, la orquesta Riverside, María

Teresa Vera, Miguelito Cuní, etc. Por un lado es la fuerza de lo cubano típico, lo autóctono, y por otro lado, es la presencia del *jazzband,* un cierto elemento norteamericanizante, que no sólo iba con la época, sino también con la realidad de que esta era una película que se estaba haciendo fuera de Cuba...

RONET: *¿Consideras revolucionaria tu película?*

ULLA: ¡Ah, esa palabrita! Bueno, sí, en ciertos aspectos sí lo es, o yo quisiera pensar que lo es. Pero...

RONET: *A lo que nos referimos es a la manera de tratar lo cubano...*

ULLA: Sí, sí, entiendo. Y lo es en el sentido de que no es una película típica, por ahí es que hay que sacudir la mata también. Cuando José Luis Cuevas atacó el muralismo mexicano no estaba cortando sus raíces, estaba sacudiendo las ramas, haciendo pensar, qué sé yo... ir contra todo eso es importante: ese sentido ridículo y municipal de lo autóctono, por ejemplo, es chauvinismo y yo no lo secundo. Y esto implica a nuestra música, a nuestro cine. Y aquí es donde cabe aquel alerta de Cuevas... lo que se pretende es un anti-moldismo, promover el arte a nuevos niveles de búsqueda, provocarlo y provocar... desindigenizar el arte aquí, que sea criollo en esto y aquello, si se quiere, pero que sea nuevo en lo otro y en lo otro... No sólo de plátanos maduros vive el hombre, ¿verdad? Por ahí va la cosa. Y esto es algo que se demuestra excepcionalmente en la literatura de Cabrera Infante.

HERNÁNDEZ-ALENDE: *De eso te queríamos hablar: de Cabrera Infante. Nosotros hemos sentido la influencia de Guillermo Cabrera Infante en la película, ¿cómo la defines tú?*

ULLA: Guillermo, Cabrera Infante, Caín, *Tres tristes tigres,* La Habana de Cabrera Infante... bueno, esa influencia es suprema a la película desde el primer fotograma. Lo es en tanto le aporta toda una simbología, una manera de ver y de recrear, el poder de su color, de un número, de un sonido... Me parece que eso es evidente, ¿no? La clave cubana, el nueve cubano, la triplicación del triple, esa visión de los tres mundos: corpóreo, intelectual y espiritual. *Beautiful influence!,* lo cabreresco, como también lo lezamesco, digo yo, porque lo que hay en el fondo es esa tendencia a transformar la realidad en mito: lo que Lezama hace religión y Cabrera Infante hace humor...

HERNÁNDEZ-ALENDE: *Sin embargo, es curioso que tú, que saliste de allí tan pequeño, hayas podido recrear la época y el «location», el entorno, tan fielmente... y la psiquis colectiva...*

ULLA: Bueno, no sé cuánto se logró... quiero pensar que algo logramos en esa aventura arqueológica. Por mi parte, yo creo que eso es algo que tú te llevas o no te llevas en tus sentidos, y yo creo que yo traía todo eso en los sentidos y, después, está la tarea de construir a escala, un poco de arquitectura de los recuerdos. Y después, claro, trabajar con la gente correcta como Ramoncito y Matilla...

RONET: *Ahora que hablas de Ramón (Suárez) y Julio Matilla... ¿sigues el cine de Cuba hoy día, el cine del ICAIC?*

ULLA: Hasta donde se me hace posible, sí. Me parece que su etapa más interesante fue esa, la de *Memorias del subdesarrollo*, la época de Fausto Canel, Fandiño, Manet, Ramón, toda esa gente. Después creo que no tanto, aunque no les niego sus buenas películas.

RONET: *¿Qué has visto?*

ULLA: Algunas cosas. Gutiérrez Alea me parece lo más interesante y es, además, alguien cuyo oficio y estilo tienen componentes culturales que me interesan. Sin embargo, tú ves sus películas y es como si tuvieran puestas una máscara. Los griegos creían que la máscara fijaba mejor la emoción, no sé si será que él piensa como los griegos, ¿no?, pero no me parece que cumpla una verdadera función crítica el tomar un tema *hasta cierto punto* menor (RISAS) en el contexto cubano, como puede ser el machismo, y no la problemática mayor como son otros asuntos aún más cruciales, ¿no?, problemas del ser, digo, en ese tipo de sociedad: el doble lenguaje, la autocensura, el paternalismo, la paranoia, este lío que se hacen en Cuba con las cosas del sexo... en fin...

HERNÁNDEZ-ALENDE: *¿Viste* Hasta cierto punto?

ULLA: Sí. Es curioso: con esta película se cierra un ciclo muy cauteloso de aquel cine, un ciclo de erotismo...

HERNÁNDEZ-ALENDE: *¿En qué sentido?*

ULLA: Pues mira: en *Lucía* cuando hacen el amor, al fin, en un ingenio azucarero, Humberto Solás deja sola a la pareja (RISAS) y la cámara se va *paneando* hasta una torre, creo, o a una chimenea. Una imagen obviamente fálica, ¿no es cierto? Después viene *Cecilia* y aquí se nos da esa gran metáfora de la papaya y el plátano: es decir, Humberto Solás vuelve a dejar sola (RISAS) a la pareja y —muy Lubitsch él— la cámara se va *paneando* hacia una mesa donde están la papaya y el plátano... es decir, un Lubitsch *después de la agricultura*. Pero años después nos llega *Hasta cierto punto* y Titón * comprende que la libertad sexual hasta cierto punto empieza por casa y así nos deja ver las tetas de Mirta Ibarra **. No sé si él ha logrado poner fin a todo ese victorianismo, prefiero no ponerlo en duda, pero esa gente habla de la existencia de la revolución cubana como el que cree en la existencia del unicornio...

RONET: *Ahora que hablaste de mujeres en el cine, háblanos de Marina en* Guaguasí, *para mí es el personaje favorito de la película...*

ULLA: Bueno, yo no quiero parecer un misógino, pero es cierto que este personaje tomó vida propia. No soy misógino porque esta es, afortunadamente, una mujer muy segura, de otra época, de otros valores, pero muy segura... en ese sentido es como una mujer de Helmut Newton: dominante. Fíjense ustedes que Guaguasí está siendo «educado» por esta mujer, un Pigmalión al revés, con la atracción erótica que hay al fondo de todo esto. Es un personaje que me seduce mucho y que, sí, a mí me habla de cierta «inocencia sexual» como apuntó

---

* Se refiere al realizador Tomás Gutiérrez Alea.
** Actriz del cine cubano, esposa de Gutiérrez Alea. Hace el papel de Lina, tarjadora de los muelles de La Habana, en el film *Hasta cierto punto*.

Susan Sontag. Hay una Marina en la *Roma, città aperta,* de Rossellini. Esta Marina del cine italiano era traidora. Yo no pienso que la Marina, esta Marina de guerra de Guaguasí, fuese traidora. Es más bien una mujer múltiple, complicada... una mujer. En principio, yo buscaba una figura más cerca de las esculturas de Gastón Lachaise, de más voluptuosidad, más rotundez en la anatomía. Había hablado con Zuly Montero quien luego hizo la Aurelia en *El Super,* pero ella no pudo... aunque creo que Marilyn Puppo está insuperable y el peso de su actuación equiparó las libras que le faltaban a su esbelta anatomía.

RONET: *Usaste actores de diferente formación. ¿Cómo armonizaste el trabajo?*

ULLA: Hay dos escuelas de *acting* en el film: básicamente la intuitiva clásica y la más moderna, la del método, aparte de la mezcla de ambas. Yo le llamaba el grupo de CMQ a la clásica, y el grupo de Nueva York a la que está más cerca del Método. Matacena es un ejemplo de actor del método. Raymundo Hidalgo-Gato es una combinación de ambas, aparte de ser un actor de un instinto increíble. Entonces tienes a gente como Rolando Barral que venían de la escuela de la televisión cubana. Con cada uno de ellos se trabaja distinto. Hay que ver cómo se sienten con el papel y dejarlos aportar. Oswaldo Calvo, Manolo Coego, Griselda Noguera, toda esa gente tenía algo a su favor y era la experiencia de la revolución, de la época. A veces al actor se le hace daño dándole una respuesta. A veces lo que hay que hacer es hacerle la pregunta correcta. Yo recuerdo que Barral, que es un tío muy inteligente, vino después de la escena del juicio de Montiel y me dio las gracias y todo lo que yo había hecho era hacerle una pregunta. El me había preguntado qué emoción yo quería y yo le había dicho: la emoción es que no te emociones, di todas tus líneas preguntándote de qué vale emocionarme ahora, pon esa «condición dominante» a trabajar en tu mente...

RONET: *¿Usaste el melodrama?*

ULLA: Bueno, podríamos ir a *Madame Bovary,* repasar

buena parte de la obra de Chéjov, el mismo Dostoievski no se queda atrás... No sé. En Estados Unidos siempre hay un trajín con eso, en cambio se olvidan de ver lo melodramático de ciertas fórmulas narrativas. Se habla de melodrama como forma, no como fondo. Desde el momento que se busca identificación con el personaje ya hay melodrama. Yo no creo mucho en esas leyes de identificación, a mí me da sarpullido eso de personajes *likeable,* que la gente se identifique con ellos... no sé, realmente. ¿Quién se podía identificar con El Quijote, me pregunto? ¿O sería por eso que decepcionaban menos Lope y Calderón? No sé, francamente. Pero toda esa fórmula válida de la mujer perseguida, la mujer indefensa a la que el coche no le arranca en el momento del peligro, no es que sea clichelandia, pero no es para este tipo de cine que se planteó en *Guaguasí.* Esto era otro tipo de película...

HERNÁNDEZ-ALENDE: *¿Crees que eso te ganó enemigos?*

ULLA: Es posible. Pero a mí me parecen personajes de una belleza humana muy peculiar. Son otra cosa: son como unos pobres galgos que van corriendo detrás del conejo del canódromo. Es inútil. ¿Adónde van? ¿Quién atrapa ese conejo?

RONET: *Hay gente que se escandaliza de ver a Flor bailando al compás del Himno Nacional.*

ULLA: En Estados Unidos el himno se usa como *jingle* para vender productos y tú ves que se hacen ventas de remate en el natalicio de George Washington. No hay nada sacrílego en eso. No es una burla. Yo creo que cualquier ataque a las cosas cubanas en esta película es un acto amatorio y nunca parte de una arrogancia o de cualquier sentimiento oscuro o extraño.

HERNÁNDEZ-ALENDE: *¿Ustedes filmaron el guión tal como estaba?*

ULLA: No. Hubo cosas que cambié. El final con él conduciendo el *jeep* y con los soviéticos, eso no era así, eso fue algo que escribí esa mañana, lo de «musikanga» o «musikaka». A Matacena no le gustó —hay cosas que a él no le gustaron de la película— y trató de darme otro sentimiento: de hecho, se echó a llorar al indicarle el lomerío a los soviéticos. Eso se filmó, pero yo preferí lo que hay ahora. Y así hice cambios, sí, hice cambios antes y después...

HERNÁNDEZ-ALENDE: *¿Otro que recuerdes? En el guión, específicamente...*

ULLA: Pues la escena de la muerte de Moya y Marina. Eso lo habíamos escrito de otra forma: ellos morían en una bañera, el agua se volvía roja con la sangre que a su vez se salía por los agujeros que hacían los balazos de Guaguasí en la bañera. Esto lo cambié un día antes: primero, me parecía muy efectista, casi cosa de película del Oeste y, además, me hacía culpable a Guaguasí al momento, en ese mismo instante. Ahora, con la muerte en la azotea, entre las sábanas, no sólo es más bello estéticamente, creo yo, sino que la culpa se vuelve ambigua, se la lleva el viento, me parece... A mí no me gustan las culpas.

RONET: *¿De qué desventajas del bajo presupuesto te lamentas?*

ULLA: En cierto modo yo no me quejo tanto de eso. A la película le vino bien ser un *low-budget* porque la revolución y la misma Cuba son un poco *low-budget,* ¿tú no crees? (RISAS).

HERNÁNDEZ-ALENDE: *En Miami la atacó alguna gente diciendo que era una película inmoral.*

ULLA: Bueno, en Miami hay mucha gente que no está puesta al día. El crítico Bill Cosford del *Miami Herald* censuró la hechura de la película, lo cual me parece más interesante, aunque creo que su deficiencia estaba en su desconocimiento de lo cubano: es decir, él desconocía la hechura de la isla, de ese fenómeno, de esa farándula. A mí se me acercó un crítico cubano, Orlando Alomá, y me dijo que no le gustó el *subtramado,* eso me parece inteligente también. Ahora, atacar con tonterías es una tontería. Por otro lado, a mí la unanimidad me espanta. A mí me encanta la diversidad. La unanimidad debe y suele estar reservada para todo lo que es inofensivo, para todo el que no se atreve.

RONET: *La película se atreve, de eso no hay duda. Y entre las cosas a las que se atreve está el tratamiento del tema del homosexualismo...*

ULLA: Bueno, no. Yo no creo que en *Guaguasí* se trate el tema del homosexualismo. Hay un personaje que es ruidosamente homosexual, Flor. Eso es otra cosa.

RONET: *¿Caricatura?*

ULLA: No sé hasta qué punto. Hemos visto *Conducta impropia* recientemente. Ahí se comprueba que hay una actitud de excesivo amaneramiento en el comportamiento de muchos *gays* en Cuba y en cualquier parte, ¿no? A falta de razones, yo creo que eso es una manifestación más bien defensiva en contra de la terrible presión y los patrones machistas que les impone la sociedad. Mira la misma televisión latinoamericana que se ve aquí en Nueva York: programas de Argentina que muestran al gran *gay* de grandes amaneramientos... mira la televisión de Puerto Rico, el doble sentido... tienen incluso un personaje que da consejos que se llama Lalo Camacho... En fin, eso no se inventa, eso es así. Yo he visto a Flor en Miami, pero también lo he visto en la televisión norteamericana, y lo he visto en Madrid, y por la Quinta Avenida de Nueva York, y ha podido ser un norteamericano, un japonés o sabediosqué.

HERNÁNDEZ-ALENDE: *Hemos hablado de cine en estos días, de muchas películas. Tú siempre estás hablando de películas. En cambio, creo que en la entrevista no hemos mencionado películas.*

ULLA: En este tipo de entrevista siempre hay una tentación por dar una selección de preferencias, gustos, etc. Yo tengo mi lista, como todo el mundo, y ahí están *Citizen Kane*, y todo lo que es de esperar, pero en realidad, no tengo una lista coordinada ni películas enumeradas por orden de importancia, y soy más bien ecléctico en cuanto a mis preferencias cinematográficas. Considera tú que recientemente —aunque hace bastante tiempo que no voy al cine— me han gustado películas tan diferentes como *Aguirre, la cólera de Dios*, de Werner

Herzog, y me pareció fascinante *Fedora,* de Billy Wilder. Me gustó *El rey de la comedia,* de Scorsese, y casi nunca me defraudan Kurosawa y Kubrick, las dos K, y Fellini...

RONET: *¿Y tú vas a seguir tratando de hacer películas con lo difícil que es para quien no tiene recursos, ni un país, ni un instituto de cine que lo apoye... porque hasta cierto punto, esto es como un cine de* **black beans?** *(RISAS).*

ULLA: Bueno, el cine es universalmente difícil, lo es para todo el mundo. Yo comparto tu ironía, y la he pagado caro. Esto es algo que afecta a todo el mundo, desde Francis Ford Coppola hasta un productor de medio pelo en Argentina, pero por otro lado, esto es una cuestión de instinto, y aunque ese sea el «estado de las cosas», que por cierto es una película de Wim Wenders que trata precisamente esta agonía de hacer cine, yo creo que hay que hacerlo. Ahora mismo, León Ichaso y Manolo Arce, que son gente más o menos del mismo grupo, y a quienes quiero y admiro mucho, han logrado un paso adelante con la película de León con Rubén Blades, *Crossover Dreams.*

RONET: *¿Pero no se te vuelve como una pesadilla a veces?*

ULLA: Sí. Y a veces tengo una pesadilla en la que me veo rodando una película desde una ventana que mira a otra ventana, y en esta última ventana están ocurriendo cosas espantosas, que observo desde la cámara y desde la ventana en que está emplazada.

RONET: *Pero eso es Hitchcock...*

ULLA: Sí, con una variante: en este caso, lo que hay en la ventana donde están pasando las cosas horrorosas, es un espejo.

RONET: *¿Terminamos? ¿Se acabó eso?*

HERNÁNDEZ-ALENDE: *Creo que se acabó el cassette...*

ULLA: Why don't you let me go...? Mr. Arkadin is giving a party *.

---

* *Mr. Arkadin,* conocida también como *Confidential Report,* es un

HERNÁNDEZ-ALENDE: *Bueno, para terminar, ¿cómo te sientes, en fin, con relación a tu película?*

ULLA: Yo digo como decía Groucho Marx: «Surgiendo de la nada, hemos alcanzado las más altas cimas de la miseria.»

---

film de Orson Welles, considerado junto a *El proceso,* una de las películas menos satisfactorias de Welles. Es curiosamente una de las favoritas de Ulla. La frase la pronuncia uno de los personajes del film, y significa: «¿Por qué no me dejan ir? El señor Arkadin está dando una fiesta.» La entrevista se producía el 11 de octubre de 1985, un día después de la muerte de Orson Welles.

Ataques y controversias

«La política casi siempre es perversa»:
Polémica en Valladolid

Guaguasí, una película de largometraje sobre la revolución cubana, que curiosamente fue realizada por cubanos exiliados en Estados Unidos, provocó una candente polémica al participar de la Vigésima Séptima Semana Internacional de Cine de Valladolid, el segundo festival en antigüedad después del de San Sebastián. «Es una visión muy interesante de un proceso político y triunfa porque plantea un entramado humano, más que uno político», dijo el crítico español José Ignacio Fernández Bourgón, organizador del Ciclo de Cine Independiente Americano, sección fuera de concurso dentro de la cual participó la película. Sin embargo, en rueda de prensa y en varios coloquios con Jorge Ulla, director de la cinta, espectadores y periodistas dedicaron tanto tiempo al contenido político del film como a su alabada cinematografía.

«Esto no es más que una visión contrarrevolucionaria de la revolución del pueblo cubano. Con esta visión usted trata de cargarse a la revolución como una caricatura y caricaturizar es una perversa manera de atacar los logros de ese país», exclamó un estudiante de la Universidad de Valladolid presente en el coloquio con el director que fue recibido entre murmullos y un tímido grito de ¡gusano! proveniente del fondo del salón que arrancó una risa nerviosa a los presentes.

«La política casi siempre es perversa», replicó Jorge Ulla, «y no fui yo sino la política la que escogió a Guaguasí, a quien vemos pasar de cándido a militante y de héroe a no persona. No quería venir aquí a hablar de política, pero si quieren... ¡Hablemos de política!»

«Mi película no caricaturiza, sino que tipifica», añadió. «¿Qué les pasa a muchos de ustedes... por qué esa superstición intelectualoide en Europa de que todo lo que se diga contra la revolución cubana es contrarrevolucionario?», preguntó. «Yo no soy contrarrevolucionario».

La película, que se exhibió aquí junto a filmes de realizadores independientes como *Los siete de Secaucus,* del realizador John Sayles, sigue el proceso de la caída del dictador Batista hasta los primeros tres años de la revolución de Castro, visto a través de los ojos del campesino Guaguasí. La controversia recordó la reciente participación del dramaturgo Fernando Arrabal, quien asistiera el año anterior a la muestra de Valladolid como actor en el film *El hombre de Hamburgo*. El periodista Aníbal Lozano, del *Adelanto* de Salamanca, calificó a *Guaguasí* de «historia sorprendente y bien hilvanada, trasfondo de un proceso que aún no se ha cerrado, cuyo principal mérito, el que le da su mejor magia, es contarse a través de un hombre insignificante».

La cinta, que participó aquí «fuera de competencia», fue producida a un bajísimo costo en República Dominicana por técnicos cinematográficos dominicanos y cubano-americanos y disidentes de la industria cinematográfica cubana que actualmente residen en París.

«Los coloquios han continuado hasta la madrugada y Ulla no sólo ha encontrado aplausos y admiradores de su cinta, sino que ha defendido sus ideas con seriedad y aristocracia, ganando amigos en muchos casos», dijo Fernando Herrero, uno de los organizadores del Ciclo de Cine Americano.

(IBERIA PRESS.)

Una sátira agridulce en un gran festival

En España proliferan ahora los festivales de cine. Provincia que se respete ha de tener el suyo: La Coruña (de comedia), Valencia, Barcelona, he aquí los sitios de los más recientes. Otro de ellos, sin embargo, el de Valladolid, no es nuevo y sigue al de San Sebastián en sólo dos aspectos: antigüedad y buena reputación. Antigüedad de veintisiete años y prestigio a virtud de constituir una muestra única como propiciadora de nuevos cines que Valladolid ha ayudado a descubrir al mundo.

Mucho ha llovido desde que la Semana Internacional de Cine de Valladolid dejó atrás su timbre religioso, que, extrañamente, nunca le limitó o cohibió su naturaleza posibilitadora de estéticas, cineastas y formas nuevas.

Y de la lluvia de tantos años y cambios, del recuerdo de Rossellini en Valladolid o del francés Claude Chabrol afirmando que «vengo a Valladolid porque no es un festival para vender películas sino para venir a ver películas», llegando a esta vigesimoséptima edición a la pertinaz llovizna, al frío de estas calles llenas de historia, dos veces capital de España, fraguadora de la conquista, este Valladolid de mujeres en faldas de pliegos como va al rancio abolengo castellano. Llegamos también a las películas, veintiuna en la sección de competencia; otras tantas en la sección informativa; un ciclo de homenaje al realizador español (fallecido) Edgar Neville; y un refrescante ciclo de películas homologadas dentro del cine independiente americano. Se proyectaron asimismo cortometrajes a concurso entre los cuales figuró *Nova Sinfonía,* del reconocido documentalista cubano Santiago Alvarez, y algunos de los cortometrajes —a manera de homenaje— del granadino José Val del Omar, que murió en Madrid el 4 de agosto pasado, innovador adelantado en épocas cuyas imágenes de nubes veloces se adelantaron a Spielberg y sus montajes de chorros de agua bailando en las fuentes, al conjuro más español de una guitarra, resultan clases de ritmo de edición fílmica. La «Espiga de Oro» fue para la película portuguesa *Ana,* de Antonio Reis y Margarita Cordeiro, un filme poético, de emociones de la infancia —como afirman sus codirectores— aunque de débil apoyatura narrativa, un poco como en el aire, cual si una película pudiera flotar en la nada de su belleza plástica. Se concedió mención honorífica —vagos consuelos de la festivalería— al film que quizá era real merecedor, la película húngara *Una cierta mirada,* de Caroly Makk, atrevidísima para Hungría por cuanto trata las relaciones homosexuales entre dos mujeres que terminan por aceptar su amor. Tema escabroso, pero tratado aquí sin concesiones facilonas, lo que no puede decirse de *Colegas,* la obra presentada por el español Eloy de la Iglesia, que ofreció uno de sus habituales subproductos oportunistas, que no oportunos. Algunas secuencias pletóricas de machos de genitalia al aire, chicas en mesas de aborto, mal gusto y chabacanería. Película que apenas sí se redime por alguna que otra actuación, la gracia de su hablar «cheli», la presencia de dos hijos de Lola Flores —los noveles actores Antonio y Rosario González— y la manera en que nos pone cerca de la delincuencia juvenil madrileña, algo que ya había logrado, y mejor, Manuel Gutiérrez Aragón con su filme *Maravillas.*

La representación española a concurso se completó con *Cuerpo a cuerpo,* del santanderino Paulino Viota: como una «Opera Prima», la de Trueba pero sin Trueba, una ópera hipertrofiada, que trata de «pares y nones» (aquí más bien nones) como el film de José Cuerda, pero sin Silvia Munt ni el humor de Resines. Melodrama de cinco tenedores, cine para andar por casa... y en pijama.

América Latina vino fuerte en cantidad y débil en calidad. *La Boda,* del venezolano Thaelman Urgellés, una interesante visión de tres décadas de historia venezolana, todo visto en recuerdos y conversaciones a través de la prolongada ceremonia matrimonial —la boda como un laberinto para revisar dictaduras de porrazo y prebendas, señoronas, héroes y mequetrefes.

Sin duda, la película más polémica del festival fue la del realizador cubano Jorge Ulla, que con *Guaguasí* ha compuesto una sátira graciosa y agridulce de la corrupción en el poder, una especie de Fassbinder tropical, en la que se destacan puesta en escena, fotografía y trabajo de reparto sobresaliendo un alucinante protagónico de Orestes Matacena, una muy maja Marilyn Puppo y un cachondo Raymundo Hidalgo-Gato, para darnos, entre chufla y reflexión, un film controversial, de innegable fluidez y belleza plástica, que caprichosamente fue colocado en el ciclo americano cuando provocaba estar a concurso, extraño caso de una película que es cubana, aunque de exiliados en Estados Unidos, y tiene registro dominicano.

América Latina tuvo representaciones menores en filmes como *Café Tacuba,* de México, del realizador Jorge Prior Tapia —producido por la Universidad Autónoma—, que toma su nombre de un viejo café tradicional del centro de México, D. F., barrio en el que un anciano (en la tercera edad) recuerda y vive sus mejores momentos. Resultó ser un film sensible.

El hombre del subsuelo, de Nicolás Sarquis (Argentina), basado en la obra de Fedor Dostoievsky, es la peripecia de un hombre que se refugia en el pasado; interesante película e interesante ver a Teo Escamilla dirigiendo fotografía fuera de España.

El ciclo americano resultó pues de mayor interés con *Los Siete de Secaucus,* de John Sayles; y productos de calidad a pesar de los exiguos recursos con que se han hecho, tales como *The Loveless* (Desamorada); *La maldición de Fred Astaire,* original comedia homosexual de Mark Berger; el documental sobre sindicatos obreros *(The Wobblies),* de Deborah Shaffer y Stewart Bird; *Los dos mundos de Angelita,* de Jane Morrison, que refleja la marginación puertorriqueña en Estados Unidos; la estética innovadora de George Kuchar; el cine fantástico de Sara Driver; algún viejo Andy Warhol (créanlo o no, hasta ahora nunca visto en España) y el mencionado *Guaguasí.*

FERNANDO GARCÍA ROMÁN
Informaciones, Madrid

Película infame

El conocido cineasta dominicano, doctor Jimmy Sierra, denunció al presidente de la República la utilización del territorio nacional para la filmación de películas pornográficas y hostiles a otros pueblos hermanos. Al mismo tiempo el abogado y director artístico señala que quienes se dedican a ese tipo de actividad se están apoyando en la explotación de la ingenuidad nacional de los dominicanos.

En una carta pública al presidente, Salvador Jorge Blanco, el doctor Sierra refiere que el último de esos, y tal vez el más alarmante, es el que se refiere a la película *Guaguasí*.

Informa que esa filmación fue hecha en territorio dominicano por exiliados cubanos y supuestamente presentada ante la Academia Cinematográfica norteamericana como una realización dominicana a ser considerada para el Oscar a la mejor película extranjera.

«*Guaguasí* es un panfleto anti-cubano, de un contenido estético infame y un mensaje político retardatario», afirma Sierra. «Su carácter reaccionario y deprimente es tan cuestionable que la propia Academia no pudo justificar su inclusión en la lista de las nominaciones, hundiéndose en el pantano de su mediocridad», señala.

Sierra, quien además es profesor de la UASD, dice que «los mercaderes dominicanos del cine no perdieron tiempo para pasar la película de contrabando, haciéndole creer a la población que la misma había sido en verdad nominada a un premio y, peor aún, que ella representaba al cine nacional».

En su carta al presidente de la República, el doctor Sierra denuncia que *Guaguasí* está sobrecargada de elementos hostiles hacia la República de Cuba y su gobierno.

También que «en esta película se utilizan tanques de guerra, jeeps, armamentos pesados y livianos, pudiéndose notar en algunos de estos casos que la procedencia de los recursos militares son del arsenal del Ejército Nacional Dominicano».

Sierra recuerda que «no se debe ignorar que el pueblo de Cuba y su actual gobierno han profesado una profunda amistad y respeto por la República Dominicana en todo momento».

La Noticia
República Dominicana

Guaguasí 451

Han vuelto los bomberos de *Fahrenheit 451,* pero esta vez más temibles. No sólo para destruir todo lo escrito, sino que también la acometen contra lo visual. Si una película no está de acuerdo con sus intereses —y pocas deben de estarlo— ordenan destruirla sin compasión. Esos bomberos, ideados por Bradbury y recreados por Truffaut, se han instalado en nuestro suelo dominicano, lugar que se está poniendo tan maldito como aquel pueblo de *Presagio,* concebido por García Márquez.

Si uno no está de acuerdo con los bomberos está destinado a la extinción. A los bomberos, por ejemplo, no les ha gustado *Guaguasí.* Persiguen a la película como si fuera un demonio. Tratan de exorcizarla, de llevarla a la hoguera. Contratan a Sherlock Holmes para investigar por qué las Fuerzas Armadas del país colaboraron con su rodaje. Y llegan a escribir cartas al presidente (sin tener en cuenta que el filme se rodó meses antes de que el PRD ganara las elecciones con Antonio Guzmán).

Critican el hecho de que la cinta lleve la etiqueta de *dominicana* cuando es obvio que toda película exige una nacionalidad. Desentierren a Buñuel, digamos por ejemplo, y pregúntenle si *Nazarín* era mejicana o si *Diario de una camarera* era francesa. Averigüen si la ganadora del Oscar extranjero, representando a Costa de Marfil *(Blanco y negro en color)* era de veras de Costa de Marfil. Vaya usted a ver quién le pone etiquetas a coproducciones. *Guaguasí* es dominicana en virtud de una coproducción. Pregúntese a Milos Forman, a todos los extranjeros llegados a Hollywood, de dónde son los trabajos que realizan. Mi respuesta sería que de donde les dé la gana a ellos.

Danilo Bardisa, productor de *Guaguasí,* se siente un productor dominicano. La película de Ulla se hizo aquí. Es un film hecho con amor y no con odio. Objetivo en planteamiento. Nada panfletario ni tendencioso. Su geografía la hace dominicana porque un filme asume así su nacionalidad, no por la temática nacional que aborde.

De lo contrario, *Dr. Zhivago* sería rusa y *Matadero 5* pertenecería al planeta Transfalmadores.

ARTURO RODRÍGUEZ FERNÁNDEZ
Crítico de cine, «Primera Fila»
Ultima Hora - La Tarde Alegre
República Dominicana

El punto guajiro

Un lector, descontento con la crítica favorable que escribí sobre el film *Guaguasí*, me envía una carta desconcertante. De cualquier manera, por tratarse de un tema que a todos interesa —por lo novedoso y controversial— y en beneficio de la más estricta imparcialidad, reproducimos íntegramente la carta en cuestión.

«Distinguido señor Marsáns: Con gran sorpresa he leído su reciente escrito ponderando exageradamente la película *Guaguasí*. ¡Pornografía, más que cinematografía!

Sí, me sorprende que su característico refinado gusto haya degenerado tan ostensiblemente como para dedicarle toda clase de loas a cinta tan indecente como mendaz. Su figura central representa un guajiro de los años 1957-59, pero resulta que en esa época no existía en toda la serranía cubana un tipo tan degenerado, depravado, despreciable y repulsivo como el tal Guaguasí; como tampoco existía una guajira tan poco recatada, aun la que fuera proclive a la prostitución era recatada.

A Guaguasí lo muestran como un dechado de todas las miserias humanas, hasta de asesino. No, señor Marsáns, ese guajiro no existió más que en la mente perversa que lo concibió, acaso porque tenía un pariente de esa calaña. ¡Cada cual engendra a su semejante!

En nombre del bondadoso y noble guajiro cubano es que le hago estas líneas.»

Mario Alberto Godínez

LUIS FELIPE MARSANS
Crítico de cine
Diario Las Américas

Atentado a la imagen

En realidad, la cinta favorece más al gobierno totalitario de La Habana que a los miles de exiliados radicados en Miami. El actor cubano Orestes Matacena tiene a su cargo este repulsivo papel, secundado muy de cerca por Raymundo Hidalgo-Gato, quien incorpora a otro «revolucionario» sin conciencia. Lo asombroso del caso es que ambos personajes, no obstante sus detestables características, resultan simpáticos y en ningún momento despiertan animosidad entre el público. Este «milagro» lo consiguió el director Jorge Ulla haciendo aparecer al primero como una víctima inocente en el proceso histórico que le tocó vivir y el segundo como un tipo alegre y bonachón empleando al hablar muchas malas palabras.

Confesamos con enojo que una artista como Marilyn Puppo, cubana de nacimiento, con un historial artístico ganado en Puerto Rico, haya accedido a interpretar ese repugnante papel. Empleando un vocabulario chabacano y soez, la actriz exhibe su cuerpo, completamente desnudo, y la cámara se da gusto, se recrea, mostrando en close-ups sus voluptuosos y enervantes senos. No puedo repetir los comentarios que oí de las damas que estaban viendo la película, pero todas condenaban enérgicamente a la actriz por prestarse a vivir escenas tan reales. Tanto la escena de la bañadera, donde Marilyn entabla un candente *clinch* amoroso con Guaguasí, también desnudo, así como la realización del acto sexual en su apartamento, con todos los gestos, expresiones, lamentos y movimientos que exige el caso, son mostrados por la cámara con gran generosidad y realismo.

El asqueroso film contiene otro momento donde dos lesbianas (una blanca y la otra mulata) se despachan a su gusto. Denunciamos también otros crímenes: tararear nuestro Himno Nacional en tiempo de cha-cha-chá; tomar la copa llena de agua dedicada a Santa Bárbara y dársela a beber a Guaguasí...

René Jordán, del *Miami Herald*, dice que *Guaguasí* en un Otelo tropical. Esto suena a burla. Para Lloyd Sachs, del *Chicago Sun-Times*, «es una retozona y sutilmente embrujadora comedia irónica». Y el rosado Guillermo Cabrera Infante la califica como «una fábula». Aquí cabe aquello de ¡que el relajo sea con orden!

Hay muchos sujetos como Guaguasí en nuestra sufrida isla, pero llegada la hora final, tendrán que responder de todos los crímenes que han cometido. Cuando esto ocurra, la justicia será implacable con ellos.

FERNANDO DEL CASTILLO
La Verdad
Miami

Guaguasí, la CIA y Castro

Cuando en el Festival de Cine de Valladolid se estrenó *Guaguasí*, de Jorge Ulla, la opinión adversa más tajante fue la del Agregado de Cultura de la Embajada de Cuba en Madrid, un tal Laguardia (excelente apellido para un miliciano), que afirmó, sin titubeos, algo que aparentemente podría parecer exagerado: «Ese es el más vergonzoso ataque cinematográfico que ha recibido nuestra revolución. No dudaría que hubiera sido financiada por la CIA.»

Yo acababa de ver la película, junto a numerosos críticos y periodistas españoles que no dudaban en calificarla de la «estrella del festival», y en un primer momento creí que el diplomático estaba actuando bajo los efectos nocivos de su adiestramiento policial. Pensé que había oído una campanada del exilio y había sacado la porra. Luego me di cuenta de que el mecanismo no era tan sencillamente pavloviano.

Por lo menos la mitad del razonamiento era correcto: *Guaguasí* era endiabladamente anticastrista, pero de una manera sutil, inteligente y especialmente corrosiva. No era verdad que la CIA la hubiera financiado, a menos que la notoria y temida agencia sea simultáneamente la más miserable productora de la historia del cine, o que Jorge Ulla sea el mejor actor de todos los tiempos, puesto que lo había visto —en la distancia, por si acaso— levantar, centavo a centavo, el costo de la producción, para una versión que estuvo a punto de quedar parapléjicamente condenada a no salir de la lata.

Lo que hace a *Guaguasí* tan peligrosa para el castrismo es precisamente su ambigüedad política. En la superficie no se percibe ningún ataque frontal a la dictadura, pero es un estudio de la revolución cubana desde el esperpento. Valle Inclán, creador del género, solía decir que la estética del esperpento consistía en pasear la historia de España frente a los espejos deformantes del Callejón del Gato. Setenta años después de la explicación del escritor gallego, la fórmula sigue siendo válida, e inclusive el callejón y los espejos continúan en su sitio, extremo que compruebo todos los días cuando salgo a apoderarme de la prensa.

Jorge Ulla ha paseado a la revolución cubana por el Callejón del Gato. No ha tenido que decir que Castro es un vampiro o que el comunismo es una lata. Ha dicho algo aún más grave: que todo eso no es más que una farsa de circo de pueblo o como dicen los españoles con una frase cargada de intolerable racismo, «una merienda de negros».

Durante un fatigoso cuarto de siglo, Fidel Castro y su aparato de propaganda se han dedicado a construir una imagen épica de la revolución cubana. Todos aquellos tiroteos rurales de la Sierra Maestra con los años han ido creciendo demencialmente. La batalla de Alegría del Pío se ha convertido en Verdún. La toma de Mafo —una extraña excrecencia cubana de Oriente— devino en el sitio de Stalingrado. Y en algún punto de La Habana, guardado en un cristal, como un gran zapato rosa, yace el Granma, Midway de las fantasías guerreras de Fidel «Alejandro» Castro. *Guaguasí* es una agria carcajada contra esa historia y una vacuna contra todo delirio de grandeza, ese mal endémico de Cuba.

CARLOS ALBERTO MONTANER
El Miami Herald

Maneras de ver

Una historia sin héroes

Existe ya un cine cubano de la disidencia. El caso de *El Super* y de otros intentos pudo parecer accidente, anomalía. *Guaguasí* confirma el milagro: un pequeño país, Cuba, que posee dos cinematografías. Una dentro, oficial y conformista; otra fuera en el exilio, independiente y dotada de fuerte sentido crítico.

Jorge Ulla ha realizado con *Guaguasí* una película moderna en la que falsos héroes o cobardes son vistos con una óptica sin consignas. Vencedores y vencidos medidos con igual rigor. En *Guaguasí* nadie escapa al «banquillo de los acusados», responsables de la debacle cubana: ni el miliciano usando y abusando de su nuevo poder, ni los burgueses aquejados de un viejo pensamiento retórico. Ni ciertos personajes marginales de la farándula habanera incapaces de comprender el gran vuelco en el que comenzaba a instalarse un nuevo sistema de castas.

La gran astucia de Ulla consiste en recrear sólo los meses inmediatamente anteriores y posteriores a la caída de la dictadura de Batista. Son los momentos en que una nueva dictadura de corte demagógico comienza apenas a definirse. Es en esta zona de confusión de los primeros tiempos en la que deambulan los personajes de *Guaguasí* como autómatas impelidos por fuerzas exteriores a ellos mismos.

Por si esto fuera poco, el espectador no puede identificarse ni con el antihéroe, un ser primitivo, de pocas luces, ni con la amplia galería de personajes oportunistas, inconscientes o ilusos que lo rodean. Así se le otorga al público una distancia, una lucidez y un poder de análisis incomparables ante los acontecimientos que han precipitado a Cuba dentro de otra dictadura al parecer interminable.

Guaguasí ha sido realizada de manera heroica, con presupuesto exiguo y gracias a la buena voluntad y el tesón de varias personas. Pero si la película fue pobre en su aspecto financiero, fue en cambio rica en materia gris. Gracias al talento visual y dramático de su joven realizador Jorge Ulla, a la inspirada fotografía de Ramón Suárez, a la invención del escenógrafo y diseñador Julio Matilla y a la veracidad que conceden a sus personajes sus excepcionales intérpretes Orestes Matacena, Raymundo Hidalgo-Gato y Marilyn Puppo, *Guaguasí* alcanza a veces la espectacularidad de una superproducción. Nada menos que se recrea La Habana fuera de La Habana y fuera del tiempo actual... En suma, una hazaña cinematográfica que merece gran acogida popular y crítica.

NÉSTOR ALMENDROS

Un fresco al fresco...

Es una pintura *al fresco* de la revolución, vista a través de los ojos de un hombre primitivo que, en comparación, hace lucir brillantes al personaje Lennie en *De ratones y hombres,* de Steinbeck, y a Bruno S. en *Stroszek,* de Werner Herzog. Ulla acomete su tema con humor y compasión, y su visión de los de abajo posiblemente haga fruncir el ceño a los que están arriba. Al lidiar inteligentemente con el pasado, *Guaguasí* presenta un inquietante espejo hacia el futuro...

NATALIO CHEDIAK

Guaguasí: un Otelo del Caribe

Un guerrero no muy inteligente regresa triunfador de una contienda y consigue un ascenso y una mujer. Su supuesto amigo es un traidor que se aprovecha de la imbecilidad del fácilmente corruptible noble bruto. Estallan los celos y todo concluye con múltiples muertes. En su estructura básica, *Guaguasí,* de Jorge Ulla, es un Otelo tropical.

Pero Ulla va más allá por el camino de la burla satánica. Aunque el director jure sorprenderse ante ese paralelo entre el Moro de Venecia y el guajiro de Charco Azul, por percepción extrasensorial ha vestido el esqueleto argumental de Shakespeare con ropajes de corrosiva ironía.

Como el personaje central es más cretino que noble, *Guaguasí* no es una tragedia. Ni falta que le hace. Ulla opta por otra audaz solución y su film es una comedia anárquica en que el mal corre... a ritmo de cha-cha-cha.

El triángulo shakesperiano

Albertico *(Orestes Matacena)* es un guajiro de monte adentro que se une por inercia a las fuerzas rebeldes en la Sierra del Escambray, en la Cuba de fines de 1958. Moya *(Raymundo Hidalgo-Gato)* es el Yago que presiente el potencial gangsteril de este seso-hueco y bautiza a Albertico como Guaguasí. Con esa nueva identidad, Moya torna a su pelele en efectivo verdugo de presuntos chivatos.

Al triunfar la revolución, Moya se lleva a Guaguasí a La Habana y lo obliga a darle el tiro de gracia a los recién fusilados. En una escena de comicidad horripilante, Guaguasí aparta a un fotógrafo antes de cumplir su siniestra misión y musita «Aquí estamos trabajando». Guaguasí se ha convertido en una de las cosas más temibles de este mundo: la estupidez armada.

Matacena hace una creación escalofriante con Guaguasí. Le ha inventado una voz gangosa, nasal, como si las adenoides hipertrofiadas le invadieran el espacio que dejó la ausente materia gris. Tiene la sonrisa sin vida de los genuinamente enajenados. En la última carcajada de la cumbancha, los comunistas le perdonan un crimen pasional para que le sirva de lacayo a los «técnicos soviéticos». Este melenudo Rasputín títere es un robot peligroso.

Hidalgo-Gato es un Moya viscoso, peligroso de diferente manera. Es el vivo que tenía el alma muerta. Dicharachero, amoral, practica todos los pecados de los sentidos pero no tiene sentido del pecado. No le desea el mal a nadie, porque no sabe lo que es el mal. Cuando salmodia una letanía profana antes de ordenar la muerte de Perdomo *(Luis Oquendo)* es el colmo del espanto: Torquemada sin verdadero fanatismo.

Completando el trío de actuaciones insólitas está *Marilyn Puppo*, la Venus de venalidad absoluta. Ex batistiana en busca de la protección de un comandante barbudo, comete la pifia de pescar al bobo Guaguasí. Lo provoca en una bañera, cantando la inofensiva *Loma de Belén* como un lamento de seducción animal. Sus exabruptos impacientes, sus saltos de la pretensa finura a la aplastante chusmería certifican el trabajo de una actriz de temperamento mercurial.

Los elementos del film

Jorge Ulla ha capitalizado todos los elementos del film, que son muy buenos. La fotografía de Ramón Suárez va de lo isleño-paradisíaco a lo infernal-urbano en contrastes luminosos que literalmente inauguran una línea cinematográfica de tranvías: «Escambray-Luyanó» (del paisaje campesino al agitado entorno habanero)... ¡y en Santo Domingo!

La ambientación y decorados de Julio Matilla son de una astucia constante: de la alta *picuería* habanera al delirante falso Show del Hotel Capri hasta el cuarto de Marina, con su altar de santería sobre la concupiscente cama de cabecera *capitoné*.

La música de Chico O'Farrill alcanza el lirismo del primer descenso de Guaguasí al llano y luego la lujuria de una robusta rumbantela en la azotea, mientras que el saxofón de Paquito D'Rivera pespuntea escenas verídicas de la caída de Batista, en un *crescendo* orquestado con la pericia usual de la gran editora Gloria Piñeyro.

Pero lo mejor del film es la banda de sonido, donde Jorge Ulla ha mezclado pregones, trasmisiones de béisbol, radionovelas, *jingles*, en una alfombra mágica que transporta al pasado mediante los oídos. ¿Cuándo hubo una película en que durante un momento tenso se oye a un locutor gritar de lejos «Radio Progreso... La Onda de la Alegría» o cuando la mortífera desilusión erótica de Marilyn tiene por coro un vendedor callejero que ulula amenazadoramente: «Amolador... cuchillos y tijeras... Amolador»?

«En Charco Azul una vez...»

Guaguasí tiene defectos. Rolando Barral realiza una magnífica interpretación, al igual que Oquendo, Velia Martínez, Griselda Nogueras, Pepe Bahamonde, Oswaldo Calvo y Rubén Rabasa. Pero los subargumentos no agarran el fuego del triángulo Matacena-Puppo-Hidalgo Gato. El cine es perverso y —aun con la tijera bien amolada de Gloria Piñeyro— todo gravita hacia esos tres, lo cual quiere decir que la película tiene vida propia, que se le escapó a sus creadores.

Con esos tres, Jorge Ulla ha logrado imágenes impresionantes, como las sábanas que acarician a Albertico y Marina en la azotea, los envuelven en crisálida sexual de cha-cha-cha y los desatan luego, manchadas de sangre, desecradas por la traición de Moya.

«En Aleppo una vez...» gimió Otelo, queriendo explicar otro asesinato entre sábanas. «En Charco Azul una vez...» pudo decir Albertico, si tuviera una pizca de cerebro. Pero el film rechaza la tentación romántica y por eso Guaguasí, perenne camaleón, inverecundo cambia-casacas, termina servilmente con los rusos, en una frase que hiela la sangre porque es el destino de la Cuba actual:

«No Musikaka, Tovarich... qué caray... No Musikaka.»

RENÉ JORDÁN
Crítico de cine de
El Miami Herald

Chapayev al revés

Guaguasí es como el reverso de la fórmula clásica, establecida allá por los años treinta, durante la época de oro de los filmes de la escuela del realismo socialista. Una película de aquellos tiempos, *Chapayev*, realizada por los hermanos Vasiliev, mostraba cómo un hombre del pueblo era transformado en héroe y autor de nobles acciones por la vía de su asociación a una revolución marxista-leninista.

LUIS TRELLES
The San Juan Star

Cult movie

Guaguasí es una película atípica. Eso es quizá su factor más sobresaliente y positivo: apunta a estar fuera de moldes con las virtudes y problemas que eso conlleva. *Guaguasí* no es una obra fácil. Está expuesta a la coloración ideológica de cada cual. Responde a las exigencias de una obra inteligente y controversial, con una capacidad de promover desde la admiración hasta el coraje. Una cinta que se añade al cuerpo que toma el cine cubano en el exilio. Con reconocimiento, seguidores y enemigos, parece haberse convertido en lo que los norteamericanos llaman «cult film».

JOSÉ M. UMPIERRE
El Nuevo Día

Corruptos pero contentos...

Guaguasí es una parábola sobre la corrupción. Su personaje central es el representante máximo de la ignorancia. Pero es, además, un buen hombre: inocente y bondadoso. La adquisición súbita de poder y la corrupción que esto acompaña, lo llevan a ejecutar a un hombre a sangre fría, casi sin saber lo que hace. De este episodio pasará a ser quien da el *coup de grace* a los fusilados. Ulla nos ha dado un film de calidad que contiene una serie de comentarios profundos sobre todas las revoluciones: su gran logro es conseguir esto sin tomar posiciones ideológicas o políticas.

MANUEL MARTÍNEZ MALDONADO
VIVA/*El Reportero*

Miedo, ¿para qué?

¿Cuál es, entonces, el miedo de reconocerle a esta película otros valores que no sean los estéticos? Si bien *Guaguasí* es una muerte a lo sagrado y destruye símbolos de la revolución cubana, su manejo de la imagen desde una perspectiva crítica y valiente y su diferencia de los viejos esquemas visuales de la vulgar propaganda ridícula ultradirigida a escasos de mente, la hacen una visión curiosa del proceso, aunque se nos juzgue fuera de la ortodoxia por lo difícil que resulta abordar, en modo crítico y en términos públicos, algo (como la revolución cubana) que se fue mitificando con justificadas razones.

Guaguasí tiene en su lenguaje la médula estética que ha preocupado en los últimos años a las películas latinoamericanas más importantes. Pienso en *El Coronel Delmiro Goveira* (del director Geraldo Sarno, 1978), en *Lluvia de verano* (de Carlos Diegues, 1978), en *Iracema* (de Jorge Bodanzky), para citar solamente tres películas brasileñas que en el lenguaje se le aproximan.

CARLOS FRANCISCO ELÍAS
Listín Diario
República Dominicana

Ulla: desde la izquierda

Guaguasí es la primera película dominicana postulada para el Oscar. Se trata de una postulación nada despreciable, pese a que nosotros no le otorguemos mucho valor a las premiaciones de la Academia de Hollywood ni nos ocupemos en vaticinios inútiles, y sí creemos que la estatuilla ha venido perdiendo credibilidad en los últimos tiempos.

De todas maneras, hay que convenir en que *Guaguasí*, dirigida por Jorge Ulla, reviste importancia por ser un film dominicano y por haber sido elaborado por cubanos exiliados. En un sentido, *Guaguasí* es un pronunciamiento del exilio cubano. Es una película disidente, pero *no* anticomunista, en la que se escapa un dejo de nostalgia, algo de añoranza evocadora, mucho de mirada al pasado que promueve la reflexión sobre el futuro en aquella secuencia concluyente que plantea la dependencia de la zafra azucarera y la colaboración de técnicos soviéticos en un país que aún escribe sus memorias del subdesarrollo.

Humor y música, ironía y sátira, pasado y futuro se conjugan y entrecruzan en esta lograda comedia que reconstruye el eufórico ambiente habanero de la transición revolucionaria.

La anécdota de aquel guajiro ignorante —Guaguasí— enamorado de una corista de cabaret —Marina—, captado por los guerrilleros y arribado a La Habana bajo las órdenes del teniente Moya, permite reconstruir un intenso período de transformaciones en todos los órdenes, cuando la urgencia de cambios estructurales hizo inevitable que se cometieran errores lamentables y abusos de poder. Y es aquí justamente donde ubicamos los planteamientos ideológicos más cuestionadores de *Guaguasí*.

Desconocemos aún las reacciones que habrá provocado en los marxistas nativos un producto fílmico de esta clase, procedencia y hechura; más aún, ignoramos la actitud de los izquierdistas criollos y de los cubanos defensores de la revolución frente al cine cubano del exilio. Pero quienes reivindicamos la necesidad de una crítica comprometida, no podemos desdeñar la realidad de esta expresión cinematográfica legítima y válida: nos negamos a enarbolar la bandera de la crítica dogmática o a izar el estandarte del esquematismo sectario.

Sostenemos que *Guaguasí* patentiza un trabajo fílmico encomiable que puede ser objeto de diversas lecturas interpretativas y que, incluso, habría de ponderarse desde una crítica de izquierda.

FIDEL MUNNIGH
Crítico de cine de *El Nacional*
República Dominicana

Ni aventura ni romance

Guaguasí —un producto de lo que sus participantes describen como «el nuevo cine cubano en el exilio»— es un comentario un tanto lánguido sobre la manera en que la guerra debilita la moral individual. Se trata también de una visión sorprendentemente equilibrada de los motivos altruistas a ambos lados de la revolución de Castro, no importa en qué medida dichos motivos hayan sido distorsionados en el curso del tiempo.

Los protagonistas del film hacen alarde de sus poderosas cualidades histriónicas, y sus actuaciones describen con dramatismo la erosión de los valores humanos cuando la conquista de la libertad se torna amarga. La historia está contada desde un nivel personal, a través de un campesino de monte adentro que se une a la guerrilla de Castro cuando los rebeldes llegan a su zona.

El fervor por la causa se ve limitado por los objetivos sociales y políticos manipulados calladamente por la élite que, en realidad, controla el poder. El guión y la dirección de la película logran este punto sin hacer proselitismo.

Guaguasí arranca tensamente con sabotajes urbanos y luego, mediante un hábil recurso (el humo de una explosión que se diluye lentamente) cambia a las montañas, donde el tema se torna introspectivo. El campesino, bien caracterizado por Orestes Matacena, se asombra con los rebeldes en su cercanía y se les une en busca de alguna aventura. Este aspecto prosaico es puntualizado de manera efectiva con el bautismo de sangre del joven Guaguasí.

La segunda parte de la película salta a La Habana para el encontronazo con las realidades sociales y políticas del proceso revolucionario. Para entonces, el joven campesino está trocado en una máquina programada para matar. Aun así, su constante ingenuidad lo conduce a una relación sin esperanza con una corista, y a la trampa ocasional del alcohol y las drogas. Finalmente, el personaje enloquece en un rapto de celos y mata a su amante y a su mejor amigo.

Los aspectos técnicos son válidos, sobre todo si se considera que el presupuesto para cubrir la filmación no rebasaba los setenta y cinco mil dólares. El guión cinematográfico, además de algún pietaje documental noticioso para ilustrar eventos nacionales, es poderoso y convincente. El ritmo, no obstante, es lento, acentuado por la brusca edición de algunas escenas cortas.

Las caracterizaciones calan hondo, incluyendo a Marilyn Puppo como la trágica corista y a Raymundo Hidalgo-Gato como el astuto soldado que brinda su amistad al personaje central. Las tramas secundarias de la historia son tratadas eficientemente y la sutileza en el enfoque político dota a la película de una mayor apelación dramática de la que hubiera tenido de otra forma. Aun así, la serena inclinación filosófica de la historia y de las caracterizaciones silencian a *Guaguasí* como aventura y como romance.

VARIETY

Cuestión de riesgo

Con gratitud quiero ofrecer mis respetos a una película de la República Dominicana y hablar otra vez de un film marginal hecho en este país.

En el Sexto Festival Internacional de Cine de Philadelphia (Philafilm), acaba de ser premiada *Guaguasí*, el film de Jorge Ulla, una madura tragicomedia sociopolítica usando la revolución cubana de 1959 como telón de fondo. Escogida como mejor largometraje, llamó la atención la asombrosa cinematografía de Ramón Suárez. Philafilm es un intento por difundir las películas del Tercer Mundo, tanto las realizadas por artistas independientes como por cineastas patrocinados por sus gobiernos.

El título de la película proviene del nombre del protagonista, un revolucionario neófito reclutado por el movimiento de Castro, un típico campesino de monte adentro, interpretado cabalmente por Orestes Matacena. El film oscila entre el humor negro y el drama intenso mientras detalla el bautismo de sangre de Guaguasí. La fascinante segunda parte de la película, que se desarrolla en La Habana, contempla más los aspectos sociales de la revolución.

En esta parte se destacan las notables actuaciones de Raymundo Hidalgo-Gato, como un soldado extravagante, y de Marilyn Puppo, una bailarina que mantiene con Guaguasí una relación desesperada que culmina en tragedia.

Realizado con un increíble presupuesto de 75.000 dólares, el film de Ulla tiene relámpagos de color y de humor que contrapesan la angustia y otros detalles más aterradores. El director ha creado un mundo naturalista —donde nada parece ocurrir al azar—, realzado por la música de Arturo «Chico» O'Farrill.

Guaguasí fue producida por Bolero Films y la presentó aquí una compañía llamada Promovision International. Se está distribuyendo lentamente, y debiera exhibirse en la Cinemateca del Templo, TLA, el Roxy o, mejor aún, en I-House.

Otra película que me ha impresionado y de la que ya comenté en una anterior columna sobre filmes de complicada suerte, es *Heart Like a Wheel,* del director Jonathan Kaplan. La 20th Century Fox no sabía qué hacer con ella, hasta que por fin algunos allí, con mejor cabeza, creyeron en la película, concluyeron que era una historia de interés humano, no muy diferente a *Citizens Band* y *Melvin and Howard,* de Jonathan Demme, y han logrado incluirla en el Festival de Cine de Nueva York.

Hay películas que ameritan tomar riesgos.

JOE BALTAKE
Crítico de cine
Philadelphia Daily News

Frankenstein in Havana

Guaguasí es una versión tragicómica de Frankenstein que se desarrolla sobre el telón de fondo de la revolución cubana. Recomendamos esta película —realizada en la República Dominicana con actores hispanohablantes de varias naciones— como un sutil y divertido relato sobre la manera en que las implicaciones políticas transforman a un simple patán en un individuo apático y peligroso.

Guaguasí es el apodo del personaje central. Es un campesino ignorante que se ha pasado toda la vida en las montañas. Cuando los guerrilleros acampan cerca de su casa, siente curiosidad y se convierte en una especie de mascota del campamento, luego en un espía al servicio de los rebeldes y por último en un verdugo.

Su vida se complica más al marchar a La Habana, donde mantiene una relación amorosa con una corista, la cual piensa que es necesario contar con la protección de un miembro de las fuerzas rebeldes después de la victoria de la revolución.

Como la propia vida, este film es una rara mezcla de comicidad y tragedia. El director Jorge Ulla ha hecho una película que oscila entre el cine de Woody Allen y el de Sam Peckinpah. La cinta nos ofrece personajes y actuaciones llenos de colorido, como Marilyn Puppo —a quien se considera la reina de las telenovelas hispanas— en el papel de la ambiciosa corista, y Raymundo Hidalgo-Gato, como el chofer de ómnibus que se une a los revolucionarios, y que es el creador del monstruo en que se convierte su amigo Guaguasí.

En el papel protagónico, el coguionista Orestes Matacena brinda un asombroso trabajo de progresión de la personalidad, tanto en el aspecto político como en el social.

DAN PEARSON
CenterStage
Chicago

Comedia negra

La revolución cubana es el tema de esta traviesa comedia de un humor negro sutilmente embrujador, realizada por el director dominicano * Jorge Ulla. Su título proviene del nombre de un campesino que abandona su hogar en las montañas para unirse a los rebeldes, uno de los cuales se convierte en una suerte de Chong de su Cheech. Ambos comparten una vida de placeres y desenfreno, saliendo con coristas en la gran ciudad y fusilando gente a quemarropa. Finalmente, la inocencia de Guaguasí desaparece para dar lugar a una corrupción sin límites.

Lo que hace que este film sea especial, y lo que le da más fuerza, es la calmada resolución con que Ulla imprime un realismo cruel a su inquieta narrativa. Mientras *Guaguasí* progresa hacia un final de ironía suprema, su protagonista —que cada vez parece más tonto— muestra sus cartas y se deshumaniza de manera alarmante.

LLOYD SACHS
The Chicago Sun-Times

---

* El articulista colige la nacionalidad del director por la matrícula dominicana de la película.

Casi confidencial

Guaguasí: *la vez que fue noticia.*
Tres películas latinoamericanas nominadas para el premio Oscar

NUEVA YORK, 19 de enero (AP).—Tres películas latinoamericanas han sido postuladas para el «Oscar» al mejor filme extranjero de un total de 26 producciones extranjeras presentadas a competir por la estatuilla, informó la Academia de Artes y Ciencias Cinematográficas de Hollywood.

Las películas latinoamericanas son *Guaguasí*, presentada como producción de la República Dominicana y dirigida por el cubano Jorge Ulla, *Maruja en el infierno,* de Francisco Lombardi, que compite por Perú, y *Eréndira,* del brasileño Ruy Guerra, presentada por México.

La primera es la historia de un hombre que se integra a la revolución cubana y luego sufre una decepción en los primeros años de gobierno de Fidel Castro.

La segunda está basada en una novela del escritor peruano Enrique Congrains, titulada *No una sino muchas muertes,* sobre el submundo limeño. La violencia, la mezquindad, el robo y las violaciones se conjugan en un mundo en que se destaca una pandilla de adolescentes que se dedica a la tarea de robar a locos. Esos alienados trabajan en una fábrica de botellas escogiendo vidrios de colores, en un ambiente totalmente desquiciado.

Eréndira se basa en *La increíble y triste historia de la Cándida Eréndira,* uno de los relatos más conocidos del premio Nobel de Literatura 1982, el colombiano Gabriel García Márquez.

La película fue rodada en Zacatecas, México, con la gran actriz griega Irene Pappas en el papel protagónico, y fue dirigida por el brasileño Ruy Guerra.

De las tres películas, la de Lombardi es la primera que presenta Perú a las candidaturas de la Academia. *Maruja en el infierno* fue protagonizada por Elena Romero y Pablo Serra. Lombardi había dirigido antes *Muerte al amanecer* y *Muerte de un magnate.*

La comisión de premios a películas extranjeras, informó la Academia, verá todas las producciones postulantes antes de seleccionar cinco finalistas.

La Academia sólo acepta una película por país y las producciones deben ser largometrajes que tengan bandas de sonido en idiomas que no sean el inglés. Deben haber sido estrenadas en su país de origen entre el 1 de noviembre de 1982 y el 31 de octubre de 1983. Asimismo, las reglamentaciones de la Academia establecen que deben haber sido exhibidas en cines comerciales, aunque no necesariamente estrenadas en Estados Unidos.

Las mismas películas presentadas en la categoría de mejor film extranjero pueden postular en otras clasificaciones de la Academia, excepto «mejor película del año» y «mejor documental».

Una vez que son postuladas para la categoría de mejor película extranjera, las películas quedan fuera de consideración para los «Oscar» de otros años.

Hasta ahora, sólo tres películas han ganado en esta categoría y han obtenido otro «Oscar»: *Ocho y medio,* de Federico Fellini, en 1963, *Un hombre y una mujer,* de Claude Lelouch, en 1966, y *Z,* en 1969, de Constantin Costa-Gavras.

RODOLFO A. WINDHAUSEN

¿Por qué Guaguasí *no fue a Venecia?*

En 1982, Carlo Lizzani, director de la muestra de Venecia, en un primer cablegrama dirigido a Danilo Bardisa, productor de *Guaguasí,* pedía el videocassette de la película para visionarlo con vistas a su posible participación en el festival.

En un segundo telegrama, ya visionada la película, pedía fotos, afiches y otros materiales de propaganda y se mostraba entusiasmado con el film.

En un tercer —e inesperado— telegrama, Lizzani anunciaba la devolución de todos los materiales y la imposibilidad de la participación de *Guaguasí* en el festival.

¿Cuál fue la razón de esta insólita negativa? La respuesta quizá se encuentre en el siguiente cable de la agencia de prensa ANSA.

VENECIA (ANSA).—El único film latinoamericano de todo el festival de Venecia fue exhibido en la reseña paralela fuera de concurso, «Taller veneciano», pero para presentarlo al público y crítica se apareció nada menos que el director de la *mostra,* Carlo Lizzani.

La razón de tanto honor estriba en que *Alsino y el cóndor,* dirigido por el chileno Miguel Littin, es el primer film nicaragüense que participa en el festival en sus cincuenta años de historia. Más aún, se trata del primer largometraje de ficción que produce ese país y para realizarlo colaboraron con técnicos y artistas locales, cineastas de Cuba, México y Costa Rica y hasta un actor de fama internacional como el norteamericano Dean Stockwell.

La historia de *Alsino y el cóndor* tiene lugar en un indefinido país latinoamericano, donde existe un movimiento guerrillero y por ende una represión militar. Alsino es un niño que quiere volar y lo único que consigue es que un asesor norteamericano en las operaciones antiguerrilleras (Stockwell) lo lleve en su helicóptero, que luce pintado en el frente un cóndor. Pero lo que cuenta el film es sobre todo la guerra personal de un niño por sobrevivir, crecer y convertirse en adulto, sobre un fondo terrible de represión, miedo y sufrimientos.

El guión, escrito por Littin, Isadora Aguirre y Tomás Pérez Turrent, no permite afortunadamente al primero dar pruebas de esa retórica que había terminado por arruinar la mayor parte de sus películas. Producto artesanal pero realizado a alto nivel profesional, *Alsino y el cóndor* es un film que logra llegar y conmover al espectador, aun a ese espectador europeo que ha empezado a crear reacciones alérgicas ante todo lo que tenga que ver con la palabra revolución.

**¡Viva Marina!
Guaguasí o la Dolce Habana
de Jorge Ulla**

Jorge Ronet

«El público demanda exageración», exclama uno de los fabulosos personajes en *La Dolce Vita,* y Jorge Ulla, quien parece que se tiene bien aprendido su Fellini, ha entendido al pie de la letra dicha demanda y lo que con ella Federico quiso poner en boca de su personaje, más que una frase de simple azar cómico, la manera sutil de esconder una innecesaria intención justificativa: el Maestro italiano prefería que se recibiera su obra sin que se pensara que se había pasado de rosca. Lo que Ulla ha logrado con su *Guaguasí* resulta menos que una exageración fellinesca y bastante más que una buena película cubana: después de todo, para filmar la locura de la gente no hace falta pasarse de rosca.

Para quienes hemos seguido de cerca el proceso de esta película desde su empantanada filmación, prácticamente sin recursos, en la República Dominicana, nos ha llamado la atención, primero, por el mero hecho de que suponía un reto artístico en circunstancias especialmente ingratas, un poco como la eterna batalla (casi siempre perdida) entre los incautos ángeles de la voluntad y los astutos demonios del destino. Con el tiempo, desde su demorada terminación hasta hoy, *Guaguasí* ha cobrado un mayor interés, no sólo por las premiaciones festivaleras y el hecho de haber podido optar en la preliminar al Oscar extranjero de este año, sino también porque nuevos ingredientes mitologizantes han ido imantándosele misteriosamente, entre fotograma y fotograma: controversia y ataques de pro-castristas en España y Latinoamérica, con el inesperado colofón del Miami cubano donde se le tilda nada menos que de comunista y pornográfica.

Encuentro quienes matan por *Guaguasí* y veo que no faltan quienes la odian a muerte. A Ulla le han llamado por todos los nombres, adjetivos y epítetos habidos y por haber, lo que nos lleva a recordar que es precisamente entre maldiciones, más que entre los mismos aplausos, que se hacen perdurables las obras que lo merecen.

Pero, ¿qué pudo haber hecho Jorge Ulla, en definitiva, para merecer reacciones tan disímiles? Lo primero quizá sea que ha hecho una película muy controversial sobre un trauma que aún no ha quedado dilucidado; la ha hecho anticipadamente, con defectos, que es indudable que los tiene, pero con resultados y soluciones sobresalientes que hacen del film, en proporción y perspectiva, uno de los más importantes hechos cinematográficos de nuestro país. Ha realizado además, la película que no le tocaba hacer generacionalmente (la filma con menos de treinta años) y, como «niño terrible», se carga Historia, mitos, cuentos de camino y más (la guerrilla, la clase media, los héroes y los himnos...). Para hacer todo esto se ha servido de una anécdota marginal, agarrando a un simple campesino de monte adentro, insertándolo en la tropa rebelde antibatistiana y premiando su rústica heroicidad con el peor castigo: *La Habana para un idiota rebelde*. Allí le buscó mujer, una impúdica corista que le bailó el «uyu, yuy» de la muñequita de *Stokely's*, además de otras musiquitas, marchitas, boleritos y chacha-chas. Con este guajiro ñongo (Guaguasí), esta mujer fabulosa (Marina) y el amigo y «mentor» de Guaguasí (un tal Irenaldo Moya que debió haber subido a la Sierra al timón de una guagua de la Ruta 4), Ulla echa los cimientos sobre los que construirá un mundo en apariencia naturalista, aunque de una psiquis totalmente extralógica; un mundo completamente desquiciado, pícaro, alegre y fatal, el modelo perfecto de la Revolución Cubana de 1959. Aquí no falta nadie, ni siquiera los utópicos, los que no comprenden que Cuba es una valla de gallos y que mientras ellos se lamentan, discursean y protestan sobre la muerte del gallo número tres, ya la cuenta de espanto va por encima de treinta y ocho gallos y al pollero mayor (el Pototo mayor) sólo le interesa que siga la pelea...

De manera ambiciosa, imaginativa y múltiple, *Guaguasí* va descorriendo el telón de una trama imperfectamente bella y cautivadora, con diálogos a veces torpes dentro de un discurso narrativo no pocas veces inconexo, pero con un subtexto brillante que lo conecta todo por su inteligencia única y mordaz. La cinta parte de los días finales del dictador Batista y llega a los primeros tiempos de la entronización de ese parto de los montes del marxismo que es el fidelismo, mezcla de chanchullo peronista y espanto hitleriano con visos de ciencia del proletariado, sin entender que el inglés o el alemán (sobre los que se funda y fundamenta) ya tenían resueltas una serie de cuestiones existenciales; pero una cosa es con *Das Kapital* y otra cosa es con violín, instrumento de cuerda muy popular en la isla de Cuba no precisamente por sus valores clásicos, dignos de Paganini, sino por su aportación a la orquesta tipo charanga.

Es esta abundancia de materia gris (como dijera Néstor Almendros al referirse a *Guaguasí)* lo que distingue, por sobre todo lo demás, a la película. Sin el tropicalismo brasileño que tantas veces ha permeado al tantas veces hipócrita cine cubano del ICAIC, el joven realizador domina a su antojo la esperable plebeyez del tema, se eleva sobre lo meramente típico, rebasa lo superficialmente tópico y se va lejos, más allá, mucho más allá del mundo chato de aquello que es exclusivamente histórico-político. Así, Ulla conjura «orishas» de rojo y negro para su personalísima recreación (veraz por demás) de esa gran ceremonia del absurdo posible que fue (es) la cumbancha de los barbudos del 26.

Si me vinieran a preguntar ahora si se trata de un drama, una aventura o una comedia de humor negro, de veras que no sabría qué decir, porque me parece que aquí los géneros se trocan, se interpolan y se degeneran; en esta ecléctica coartada por la que Ulla ha optado, sólo parece haber una costura visible: la de ser una poderosa arma política, en la cual nada está dicho por gusto. En este sentido, *Guaguasí* propone, si no una ideología, al menos un punto de vista más original para analizar lo nuestro, como si abriéramos una nueva ventana hacia un mismo universo cubano, ciertamente, pero esta vez para poder verlo con nuevos ojos.

Acusarla de comunista resulta más simplón que reaccionario, pero siempre es interesante, no obstante, que el debate adquiera un nivel popular, pues en definitiva el cine es un arte de tono popular sobre el cual todo el mundo tiene (y se cree con) derecho a opinar. Claro, también es importante que ese público trate de ilustrarse un poco más respecto a la historia y la estética de ese arte que ya es tan viejo como este siglo. Los conceptos confusos (y confundidos) de nuestra burguesía cubana no le permiten a cierta gente entender, por ejemplo, leves elementos eróticos, en extremo tenues, que puede haber en la película y que sería harto innecesario que nos pusiéramos a justificar (equivaldría a analizar el papel que puede jugar la menopausia en la cultura), pues bastaría con una mera pasada por un curso de arte y apreciación estética para dar por terminado lo que de por sí es un debate raquítico. Existen, eso sí, otras cuestiones de fondo mucho más importantes. La película deja ver, por ejemplo, que el espíritu de nuestro pueblo es aún demasiado joven, de una ética todavía primitiva, y existe una constante en el filme que es la búsqueda del disfrute y de la oportunidad. Guaguasí es el pícaro Trespatines de Castor Vispo, aunque aquí los rasgos sean más perversos. Su amigo Moya es una especie de Lazarillo de Tormes del subdesarrollo, un criollo buscavida que subsiste a base de ser un «bicho» en la acepción cubana (no puertorriqueña) del término. El personaje de Marina, por su parte, puede tener varios significados. Por un lado está el chiste privado, el homenaje a su homónima, la célebre matrona de «la Casa de Marina», la más cara casa de citas de La Habana (se decía que tenía de todo como en botica... ¡hasta putas francesas!), objeto de incontables fantasías de pepillos de esquina que soñaban con «pegarse en la bolita» para poder ir allí y disfrutar de los mismos placeres que generales, doctores, senadores, garroteros y hasta gente mejor que se encontraban en dicho prostíbulo (circa 1958).

Marina (la corista, no la matrona) quizá sea el personaje más fuerte del filme de Ulla, encarnando a la *cambiacasaca por excelencia,* con un sentido de la oportunidad que sólo se adquiere en la Universidad de la Calle, la reina de la jodedera,

Hollywood en La Rampa. Ella es a la película como si, de repente, María Montez se apareciera en el «Cabaret Sierra», a la vuelta de Concha y Cristina, con perdón de los argentinos y que nadie vaya a pensar mal de Cristina, pues estoy hablando de dos calles del barrio de Luyanó donde estaba el cabaret de marras. Yo no me explico cómo hay gente que puede colegir que este personaje encarna a la mujer cubana (como han dicho algunas de las damas y caballeros que han atacado la película en Miami). Tamaño disparate no se le ocurrió a nadie (o por lo menos no se formó una controversia) en México, cuando cineastas mexicanos, como el Indio Fernández, representaron en sus películas a las soldaderas de la Santísima Revolución Mexicana, en filmes tales como *Enamorada* y ni en la peor borrachera de tequila nadie dijo que aquellos personajes, como el de María Félix en *Café Colón,* representaban a la mujer mexicana.

Este tipo de ataque lo que hace es poner en cueros nuestro provincianismo, cuando no nuestra hipocresía, y falta de sofisticación sexual, esta última una cuestión merecedora de más amplio análisis y a la cual Susan Sontag, con su acostumbrada lucidez crítica, ya hubo de aludir cuando dijo que *Guaguasí* era una bella historia sobre la inocencia sexual. Pero podemos ser menos severos con tales ataques y los atacantes, porque de alguna manera existen atenuantes: no es infrecuente que algunos pacientes le mienten la parentela al psiquiatra cuando éste les empieza a «sacar cosas», y no se puede perder de vista que la historia es todavía muy reciente, está demasiado fresca; todavía hay gente, incluso en el exilio cubano, que no se han podido poner de acuerdo con ellos mismos sobre si Castro es o no un mal necesario. Con *Conducta Impropia,* que es una de las primeras películas donde se abordan seriamente interesantes aspectos de nuestra historia y estilo como pueblo, me he encontrado, para mi asombro, con reacciones bastante análogas de gente con miedo de ver la realidad, y así nos hemos topado con extranjeros (¡y cubanos!) que se atreven a tratar de justificar, aunque sólo lo hagan en voz baja, ciertos tonos y modalidades, así como ciertas «razones», del terror imperante en Cuba.

La importancia de este nuevo cine cubano del lado de acá (pienso en *El Super, En sus propias palabras, Conducta Impropia,* el inspirador documental de Miñuca Villaverde *Ciudad de las Carpas, Guaguasí* y lo poco que he podido ver de *L'altra Cuba)* estriba primordialmente en que nos brinda la oportunidad de ejercitar ideas a través de imágenes; se hace un cine comprometido principalmente con la expresión artística, pero que por añadidura puede servir, en muchos casos, para analizar interesantes asuntos: por ejemplo, a mí se me ocurre preguntar, a propósito de *Guaguasí,* si no habrá sido la revolución cubana el pretexto perfecto para la gran fiesta del oportunismo, la pachanga, el balijú y el caritate. Preguntémonos por qué, por ejemplo, en estos veinticinco años de castrismo el verbo *disfrutar,* de apariencia tan inofensiva, se ha convertido en el más codiciado y pecaminoso. («¡Así que estabas *disfrutando* en Varadero a costa de la revolución!», nos puede increpar cualquier «compañero»). Yo recuerdo que la frasecita se usó mucho para asustar a los homosexuales, con el consiguiente resultado de que el subconsciente traicionaba siempre al que criticaba el *disfrute* o regañaba al disfrutador, cuestión que ameritaría otro mayor análisis, puesto que no se espera que un heterosexual tome por *disfrute* algo que en su diccionario debe aparecer bajo una acepción de martirologio.

Pero dejemos el homosexualismo (es un decir) y volvamos a la causante de esta digresión: la propia *Guaguasí,* una película en la que no podía faltar un homosexual de película, el coreógrafo Flor, afrentoso y pintoresco en sus amaneramientos, porque sabe que lo ampara su posición de artista, aunque desconoce que, al doblar la esquina, ya viene la aplanadora homofóbica, de la que apenas tiene un ligero aviso cuando Guaguasí lo insulta y le llama «partido», sin alusión por supuesto al Partido Comunista.

Orlando Jiménez-Leal me comentó un día que, con *Gua-*

guasí, Jorge Ulla había logrado una *metapelícula.* Pero lo que me parece aún más singular es que este logro sea (o consiga parecer) indeliberado, pues de haberse aparecido en el *set* dominicano el fantasma de la pretensión, a la película se le verían unas insoportables orejas ruso-cubanas (Eisenstein, Dovzhenko, Pudovkin, Kalatozov, Solás, Alvarez y un largo *et cétera* que cruza los mares —rojos— hasta llegar donde el listo Littín).

La manera en que Ulla ha utilizado el instante histórico resulta agresivamente personal, una *mise-en-scène* que lo hace vinculable a veces con ciertas corrientes identificables en el cine cubano (no olvidemos que con Ulla colaboraron el camarógrafo Ramón Suárez y el decorador Julio Matilla), pero hay en él un sello propio que desde su inicio lo aparta ya (favorablemente) de esas mismas referencias y lo sitúa más próximo a algunos realizadores norteamericanos, pero definitivamente puerta-con puerta-de Europa.

Desde 1963, cuando vi *Gente de Moscú,* y desde 1966, en que vi *El bautizo* (ambas películas del realizador cubano Roberto Fandiño), ningún filme cubano me había impresionado tanto como *Guaguasí,* donde el acierto supremo está en no haber sido planteado como una abominable cronología de hechos, sino como una temeraria elaboración crítica disfrazada de historia sencilla y lineal. Para Ulla no se vale trabajar en zona segura: sin recursos de tiempo y dinero, su pequeña «épica» consigue abarcar y apretar. Abarca el carácter cubano con sus raíces psicológicas y sus más sombríos tintes de pasión color bachata, y aprieta por el cuello a nuestra mala (¡horrible!) burguesía. El desnudo que más debería provocar en este largometraje no es el de la bella corista, sino el de la ignorancia supina de un pueblo que pasó de dar gritos de apoyo al pelotero Miñoso y al pobre hombre que intentaba subir el palo encebado, para dar vítores al Comandante-en-Jefe que bajaba de la Sierra. Yo sé que fue así; yo estaba allí.

AGRADECIMIENTOS

A Jorge Ulla, claro, porque sin su película no habría libro, y además porque sin su copiosa participación no habríamos podido escribir esta obra.

A Carlos Alberto Montaner, por su imprescindible respaldo a este proyecto.

A Ramón E. Díaz (Moncho), por la transcripción audiovisual del film.

A los entrevistados: Ramón Suárez, Julio Matilla, Orestes Matacena, Danilo Bardisa, Arturo O'Farrill y Gloria Piñeyro, por su cooperación e infinita paciencia. A Danilo Bardisa, además, por su disposición a ayudar en la preparación de este libro y su aporte al material fotográfico.

A Rich Le Page, por la grabación de entrevistas.

A Germán Puig, por habernos favorecido en sus magníficas fotos, y, además, por la revisión de nuestro trabajo, su ayuda en ciertos textos, sus consejos de redacción y sus inteligentes señalamientos, todo lo cual contribuyó en gran medida al resultado de esta obra.

Al pintor Arturo Rodríguez, por el dibujo que ilustra el texto de G. Cabrera Infante.

A Daisy Expósito, por su apoyo constante, sus sugerencias y —no podemos olvidarlo— por habernos preparado personalmente fabulosas comidas que —amén el aporte calórico— eran (son) dignas de los *gourmets* más exigentes.

A Maggie Díaz, por las fotocopias del manuscrito.

También queremos expresar nuestro especial agradecimiento a:

G. Cabrera Infante, Natalio Chediak, Carlos Francisco Elías, Néstor Almendros, José Guerra Alemán, Arturo Rodríguez Fernández, René Jordán y Susan Sontag.

Y a todos los incontables amigos cuyas indicaciones y estímulos nos resultaron mucho más útiles de lo que ellos creen.

CRÉDITOS FOTOGRÁFICOS

Foto de la portada, tomada de la escena 91, por *Robert McPherran*. Fotos en el guión, provenientes de fotogramas de las respectivas escenas. Sección 24 × segundo, pág. 199, fotograma; pág. 200, fotograma; págs. 201, 202, 203, 204, por *Robert McPherran;* págs. 205 y 206; fotogramas; pág. 207, cartel de la película. Pág. 211, foto de R. Suárez, por *Annette Wendler*. Pág. 221, foto de G. Piñeyro, por *Marshal M. Rosenthal*. Pág. 227, foto de O. Matacena, por *Eddy Chea*. Pág. 233, foto de D. Bardisa, por *Catalina Martín*. Pág. 240, foto de A. O'Farrill, por *Ricardo Betancourt*. Pág. 244, foto de O'Farrill, Ulla y P. D'Rivera, por *Octavio Soler*. Pág. 260, foto de J. Ulla, por *Germán Puig*. Págs. 320 y 321, fotograma. Foto de los autores, por *Germán Puig*.

ANDRÉS HERNÁNDEZ-ALENDE (La Habana, 1953). Mientras realizaba estudios de Periodismo en la Universidad de La Habana, es expulsado de la Facultad de Humanidades por su ruptura ideológica con el régimen. Emigra a España en 1983, y trabaja en Madrid con la editorial PLAYOR, y con la agencia de prensa FIRMAS. Es el traductor al español del libro de Hugh Thomas, *La revolución cubana: 25 años después*. Su libro de humorismo en la revolución cubana, *Fidel, cuántos chistes se cometen en tu nombre* (una recopilación de chistes populares que circulan clandestinamente en la isla y un esbozo de análisis sobre la evolución del humor en Cuba), será publicado también este año. Actualmente vive en Nueva York.

JORGE RONET (Jorge García Alvarez, La Habana, 7 de abril de 1942). El co-autor de este libro insiste en poner el día de su nacimiento, asegurando que la astrología es mucho más que un tema de salón de belleza. Ronet tiene por filosofía un curioso y ecléctico entramado en el que Buda, Ouspensky, Gurdjieff, Madame Blavatsky, Freud y Changó se ponen de acuerdo para bailar un mambo. Ronet piensa, por ejemplo, que Cuba es un indepurado desprendimiento de la Atlántida y que los países, como la gente, tienen un *karma* que purificar. Entre sus pasiones están el cine de Luis Buñuel, las películas de Libertad Lamarque y gente como Ninón Sevilla, Meche Barba, María Antonieta Pons y —de las americanas— Verónica Lake. Inspirador y uno de los protagonistas del film *Conducta Impropia*, de Néstor Almendros y Orlando Jiménez-Leal, inició estudios de drama en el Teatro Universitario de La Habana, en la época en que asistían allí también José San Marty y Nelson Dorr, hacia 1960. Prosiguió su aprendizaje en Teatro Estudio, con Vicente Revuelta, y en el Conjunto Dramático Nacional, que dirigía Eduardo Manet. En noviembre de 1965, por diferencias ideológicas con el proceso revolucionario cubano, fue enviado a los campos de trabajo forzado de la UMAP. Se fugó y regresó a La Habana. En 1971, emigró a España, más tarde a Australia, y por último fijó su residencia en Estados Unidos. Ha sido crítico de teatro y de cine, y contribuyó al cine experimental de Miñuca Villaverde con su participación en un corto —nunca terminado— sobre Rita Hayworth, en el que Ronet era la Hayworth. Ha escrito numerosos cuentos. Su colección de relatos *Del apagado corazón del canguro* —en su mayoría escritos en Australia— aparecerá también en 1986.